中国并购行业行为准则

THE BEST PRACTICES FOR CHINA M&A INDUSTRY

中国并购公会 ◎ 编著
China Mergers & Acquisitions Association（CMAA）

首都经济贸易大学出版社
Capital University of Economics and Business Press
·北 京·

图书在版编目（CIP）数据

中国并购行业行为准则/中国并购公会编著. —北京：首都经济贸易大学出版社，2013. 10

ISBN 978 -7 -5638 -2150 -1

Ⅰ. ①中… Ⅱ. ①中… Ⅲ. ①企业兼并—基本知识—中国 Ⅳ. ①F279. 21

中国版本图书馆 CIP 数据核字（2013）第 213111 号

中国并购行业行为准则

中国并购公会 编著

出版发行 首都经济贸易大学出版社

地　　址 北京市朝阳区红庙（邮编 100026）

电　　话 （010）65976483　65065761　65071505（传真）

网　　址 http://www. sjmcb. com

E - mail publish@cueb. edu. cn

经　　销 全国新华书店

照　　排 首都经济贸易大学出版社激光照排服务部

印　　刷 北京市泰锐印刷有限责任公司

开　　本 710 毫米×1000 毫米　1/16

字　　数 170 千字

印　　张 9

版　　次 2013 年 10 月第 1 版第 1 次印刷

书　　号 ISBN 978 -7 -5638 -2150 -1/F · 1230

定　　价 40. 00 元

序一

并购，是近年来使用频率越来越高的词汇。随着中国市场经济日益壮大和经济全球化不断加深，中国企业家的身影出现在世界的各个角落，以并购为手段，整合资源、整合资本、整合产能，优化生产布局、优化市场配置，努力提升企业和产品的竞争力。并购，从一门学问成长为一个新兴市场，我们生活在跌宕而充满激情的伟大时代。

王巍作为中国并购理论的拓荒者和并购产业发展的先驱者，聚集一大批志同道合者，在全国工商联的支持下，10 多年前创立了中国并购公会。这些年来，通过精心培养和服务，已孵化了许多各具特色的并购企业，也培养出一批并购专家奔走在各个领域。今天，王巍和中国并购公会已桃李满天下。

并购是年轻的产业，需要更多人的关心和参与，需要有专业的规则和规范的市场监管，需要创新和自律的动力机制。《中国并购行业行为准则》可以发挥这样的作用。它可以帮助有志者成才，帮助同业者守则，帮助监管者懂行。

这是一本值得研读的教材，也是行走天下不可或缺的工具。

全国工商联党组副书记、专职副主席　黄小祥

2013 年 8 月

序二

我们需要培育市场的规则

中国并购市场正在迅速孕育和发展，从并购观念的引进，到本土消化和制度创新，我们走过了一个艰辛但充满激情和成就感的时代。中国企业家、创业家和金融家将并购和产业整合作为重要的经济成长手段，并购融资与投资机构及其他中介服务机构也形成了专业独立的产业群体。政府监管机构日益增加对此新兴领域的关注，希望能有效并安全地利用这个市场推动经济结构调整和转型。特别是近年来，中国企业与全球企业之间的跨境并购发展迅速，对全球经济复苏起到了不可忽视的作用。

一个新兴领域和市场的形成是基于多种因素演化的结果，有金融观念的变化、金融创新的发展、消费者和企业群体需求的变化、监管机构的介入、外部市场的压力，等等，此外，同业之间竞争和组织规则的建立也是非常重要的动力。在完全管制的经济系统中，同业的自组织力量几乎不存在，也没有任何信号和渠道来表达从业机构和个人的认知。但是，随着30多年中国市场化进程的推进，在政府和企业之外的第三力量正在形成并发挥越来越重要的作用。中国并购公会便是其中之一。

过去10年中，中国并购公会从十几个人的小团体逐渐发展成为拥有两百多家机构成员和上万名积极参与人员的民间专业协会，在推动本土并购市场的观念传播、技术创新、资源组织和政策推动等方面，都作出了积极贡献，得到各界的认可。同时，中国并购公会组织了本土企业家的几十次跨境考察和论坛，足迹遍及全球主要并购市场。2013 年，中国并购公会更是与日本、韩国等亚洲并购同行创立了亚洲并购协会，凝聚亚洲地区的并购力量。

在与全球同行的密切交流和交易中，我们迫切地感受到专业规则的重要性。在并购这样一个高度全球化和创新的领域中，建立共同的价值标准，遵循同一交易程序和规则，形成公开透明稳定的交易框架，是大家的共识，也是互利的基础。作为行业协会，有责任和能力启动这个长期的过程。中国并购公会秘书处专门邀请了几十位专家共同讨论和研究，起草了一套框架性规则，并期待各界参与者献计献策，共同发展和完善该规则。

需要说明的是，我在接受邀请主持中国股权投资基金协会发起创立的两年中，特别重视规则的制定，视之为行业协会的基本工作之一。在 2011 年首次以民间协会立场率先发布行业指导原则，获得社会广泛响应。许多基金界同行和监管机构都陆续参与并提出修改意见，使得我们 2012 年再出修订版。这应当是中国金融业第一本民间制定的自律规则，也对中国并购公会的规则制定提供了宝贵的经验。

中国的并购市场需要规范化，不仅需要自上而下的监管，也需要自下而上的创新。政府扶植与监管和市场创新与自律都是不可或缺的成长动力机制。中国并购公会将不断根据市场和业界需求的变化，陆续启动一系列标准的制定工作，也为政府监管提供参照体系。

中国并购公会感谢业界专家们的支持，感谢各界相关机构的关注，也感谢政府各部门的理解和合作。让我们一起努力，推动中国并购市场的成熟。

谢谢！

中国并购公会会长　王巍

2013 年 7 月

目　　录

重要讲话节选

1. 国家主席习近平

时间：2013 年 4 月 7 日

我们将积极推动亚洲和世界范围的地区合作。中国将加快同周边地区的互联互通建设，积极探讨搭建地区性融资平台，促进区域内经济融合，提高地区竞争力。中国将积极参与亚洲区域合作进程，坚持推进同亚洲之外其他地区和国家的区域次区域合作。中国将继续倡导并推动贸易和投资自由化便利化，加强同各国的双向投资，打造合作新亮点。中国将坚定支持亚洲地区对其他地区的开放合作，更好促进本地区和世界其他地区共同发展。中国致力于缩小南北差距，支持发展中国家增强自主发展能力。

来源：在“博鳌亚洲论坛 2013 年年会”上的主旨演讲

2. 国务院总理李克强

时间：2013 年 9 月 11 日

我们要推进人民币资本项下的可兑换，这有利于企业更好地走出去参与并购或收购。我们也欢迎外国的企业到中国来并购、收购。另外，我们要求中国的企业要熟悉对方的市场，要了解并遵守投资所在国的法律。对外投资也会经过对方必要的安全审查，这作为每一个国家的法律存在，是无可非议的。中国将坚定不移地走和平发展道路。因为只有这样，中国经济才能长期持续健康发展。中国不会威胁任何一个国家。我们希望被投资所在国认同，能够为中国企业到海外投资并购创造公平竞争的环境和便利条件。

来源：对出席“2013 年夏季达沃斯论坛”企业家代表的回答

3. 国务院副总理张高丽

时间：2013 年 6 月 6 日

我们将积极同步推进工业化、信息化、城镇化、农业现代化，进一步扩大国内需求，大力培育新的消费热点，健全消费持续增长的长效机制，发挥合理投资对经济发展的重要作用，积极支持科技型、成长型、出口型、中小型和小微企业的发展，促进经济增长的拉动力向着正确的方向发展……

我们将全方位扩大开放，以更加宽广的视野、海纳百川的胸怀，吸收借鉴人类社会一切文明成果。实施更加积极主动的开放战略，进一步完善互利共赢、多元平衡、安全高效的开放型经济体系。坚持进口和出口并重，在优化出口结构的同时，更加重视扩大进口，推动对外贸易平衡发展。坚决反对各种形式的贸易保护主义，促进贸易和投资自由化便利化。

来源：在“2013 年《财富》全球论坛”上的主旨演讲

4. 中国人民银行行长周小川

时间：2012 年 4 月 3 日

中国鼓励资本的外流，特别是使资本“走出去”的战略，现在有越来越多的海外投资，或许还可以进一步的放松管制，允许中国的企业和中国的居民能够更方便地进行海外投资，这是我们政策改革的一个方向。

来源：在“软着陆：新兴经济体的政策选择”分论坛上的讲话

5. 中国银行业监督管理委员会主席尚福林

时间：2013年6月29日

鼓励民间资本投资入股和参与金融机构重组改造。允许发展成熟、经营稳健的村镇银行，在最低股比要求内，调整主发起行与其他股东资本比例。

支持银行与网络、电信运营商开展高水平、深层次合作，创新服务模式、服务渠道和业务产品，借助互联网技术进一步增强支付结算、资金融通、咨询顾问等综合化服务功能。下沉机构和网点，创新机制和产品，根据小微企业、新型农业经营主体和农产品批发商的特点，开发有针对性的金融产品和服务。以金融服务便利化为重点，鼓励具备条件的银行支持企业“走出去”。

来源：在“陆家嘴论坛”上的讲话

6. 中国证券监督管理委员会主席肖钢

时间：2013年7月9日

要全面落实党中央、国务院关于金融业改革开放以及金融支持经济结构调整和转型升级的战略部署，按照市场化、法制化、国际化的取向，加快发展多层次资本市场，进一步优化壮大主板、中小企业板和创业板市场，扩大新三版，改革发行、定价、并购重组等方面制度。规范非上市公众公司管理。稳步扩大公司债和中小企业私募债券发行，促进债券市场互联互通。规范发展机构投资者，探索发展并购投资基金，鼓励私募股权投资基金、风险投资基金产品创新，促进创新型、创业型中小企业发展。加快完善期货市场建设，稳步推进期货市场品种创新，进一步发挥期货市场的商品定价、分散风险、套期保值和推进经济转型升级的作用。着力解决人民群众反映强烈的突出问题，强化监管执法，进一步维护市场公开、公平、公正，维护投资者特别是中小投资者合法权益，促进资本市场健康发展。

来源：在“党的群众路线教育实践活动动员大会”上的讲话

第一章 总　　则

并购，即兼并和收购（Merger and Acquisition，M&A），其中，兼并指两家或更多的独立的企业合并组成一家企业，通常由一家占优势的企业吸收一家或更多的企业；收购是指一家企业对其他企业的资产或股权进行购买的行为。并购被视为经济中资源分配与再分配的过程。

中国改革开放三十余年间，经济的腾飞举世瞩目。在当今复杂多变的全球经济形势下，中国经济不但抵御住了金融危机的冲击，而且还在世界经济中扮演着愈发重要的角色，更加活跃地影响着世界经济的发展。在中国“十二五规划”提出的“转型升级、提高产业核心竞争力”与“统筹‘引进来’和‘走出去’”政策的指引下，近几年，中国境内外并购市场迅猛发展。一方面，中国企业完成了多起在境内外市场中具有重大影响的并购交易；另一方面，当前国内资本市场管控面临着重大调整，企业上市渠道收紧，大量风险投资（Venture Capitalist，VC）、私募股权（Private Equity，PE）投资机构开始寻求以并购方式退出，此外，国内并购基金的出现也给并购市场注入了强大的活力。因此，相信未来几年中国的并购市场将进一步迎来发展的高峰期。

通过并购交易，中国企业不断进行着积极的战略调整与资源整合，产业组织结构得到了优化，市场竞争力显著提高，但是，由于缺乏合理引导、市场环境不尽完善等诸多原因，中国并购市场也存在着诸多需要直面的问题，如行业重复建设、产业集中度低、自主创新能力不强、市场竞争力较弱①，等等。如何在未来的发展中克服这些问题，需要整个并购行业的从业者②共同思考、通力合作。

第一条 目标

本行为准则旨在为并购行业的从业者提供得到社会广泛认可的指引性自律规范，供并购行业的从业者参考，以健全相关制度和机制，不断提高并购行业的规范化运作水平，逐步发展出行业最佳实践标准。

第二条 方法

中国并购公会作为行业自律性组织，在本行为准则的基础上，将积极总结行业良好实践经验，并借鉴国际上行之有效的标准和做法，针对重要问题对行业最佳实践标准提出建议，鼓励、引导和监督并购行业的从业者逐步参照落实。

并购公会将通过不断加强自律组织建设，完善行业自律措施，推行对并购行业的从业者的评价机制，逐步培养良好的行业自律文化。

---

① 引自国务院于2010年8月28日发布的《国务院关于促进企业兼并重组的意见》(国发〔2010〕27号)。

② 本行文准则所指的并购行业的从业者，一般包括并购交易的买卖双方以及为并购交易方提供服务的第三方服务机构等。

第二章　核心原则

第三条　市场化原则

并购行业的从业者应始终遵循市场化运作，充分发挥市场机制的基础性作用，健全市场定价机制，尊重市场需求，体现效率价值，共同推动形成竞争有效、规范有序的市场格局。

第四条　企业增值原则

并购行业的从业者应通过共同努力，促进并购行业的发展，协助支持相关企业通过参与并购交易，优化产业结构和资源配置，引进先进技术和管理经验，提高生产力和研发水平，从而在整体上促进国家产业的整合、技术的创新和社会的进步。

并购行业的从业者应特别重视民营企业、中小微企业的成长，积极参与、引导民营、中小微企业的并购交易，为民营企业、中小微企业的发展提供必要的支持和平等发展的机遇，协助其获得企业的增值和提升。

第五条 公平交易原则

并购交易应在并购交易方自愿的原则下，通过平等协商、公平交易、程序透明的方式进行。交易估价合理，不存在欺诈、胁迫或乘人之危等影响并购交易方意思表示自由、损害并购交易方权益的事项。

第六条 合规交易原则

并购行业的从业者在从业过程中，应始终遵守相关法律、法规、规章制度和执业规范等要求，在合法合规的基本框架下完成并购交易，不损害国家、集体和第三人的合法权益。避免出现内幕交易，避免商业贿赂，避免利益冲突。

同时，并购行业的从业者应遵从契约精神，诚信、勤勉地履行并购交易框架内的相关合同义务，防范并购交易出现违法违规行为，努力推动并购交易圆满完成。

在并购交易的整个过程中，并购行业的从业者都应严格履行其相应的保密义务。

对于法律、法规规定的或合同约定的信息披露义务，并购行业的从业者应严格履行，全面、客观、及时地向相关方进行信息披露和风险提示，不隐瞒、欺骗或怠于履行披露义务。

第七条 社会责任原则

并购行业的从业者，特别是并购交易方，在并购交易的整个过程中都应重视并妥善解决并购交易中涉及的债务处置、员工安置等可能影响社会稳定的诸多问题，依法维护债权人、债务人以及企业职工等利益主体的合法权益。

第三章　第三方服务机构

并购交易主要可以分解为如下几个阶段：目标筛选、尽职调查[①]、方案制订、交易谈判、交割及并后整合[②]。在并购交易各阶段，不同的第三方服务机构将各自担任不同的角色，就并购交易的各个环节提供专业服务和建议，其中主要包括财务顾问公司、律师事务所、会计师事务所、税务顾问机构、资产评估机构、并购贷款提供方、资金托管机构以及其他第三方服务机构等。

第八条　服务原则

（一）委托人[③]利益最大化原则

第三方服务机构在并购交易的服务过程中应当从委托人的利益角度出发，参照行业最佳实践向委托人提供专业服务，在合法

---

① 一般尽职调查包括法律调查、税务调查、财务调查、商务调查、环境调查、企业文化调查等。

② 并后整合，是指在并购交易完成交割后进行的各项工作，一般包括：针对公司发展制定战略规划，明确管理层权责，完善内部风险控制，消除文化障碍，与员工、客户、供应商以及其他股东进行沟通交流等。

③ 委托人，即第二方服务机构所服务的客户，第三方服务机构通过接受客户的委托，为其提供特定服务，客户向第三方服务机构支付报酬。大多数情况下，双方属于法律上的委托合同关系，其中，客户是委托人，第三方服务机构是受托人。在并购交易中，第三方服务机构的委托人多为并购交易方中的买方；在一些交易金额巨大的并购交易中，卖方有时候也会聘请第三方服务机构为其提供并购服务。

合理的前提下，为委托人争取最大利益。

（二）保密原则

第三方服务机构应对从并购交易中获知的信息按照约定的期限及方式进行保密，不能利用该等信息获利。

（三）勤勉尽职原则

第三方服务机构在并购交易中应尽职尽责，为委托人全面考虑和把握与并购交易有关的事项，用专业知识进行判断和决策。

（四）客观诚实原则

第三方服务机构在并购交易的服务过程中提供任何建议都应秉承客观诚实的原则，对于建议的原因、适用范围以及潜在风险，均应进行详尽的说明。

（五）专业原则

第三方服务机构应具备相关服务领域的专业技术和能力。

（六）避免利益冲突原则

第三方服务机构应在接受委托前，完成内部利益冲突核查①，以避免利益冲突。

（七）合理收费原则

第三方服务机构在并购交易中提供的专业服务应获尊重，要求委托人支付的服务费用应合理体现服务价值，第三方服务机构之间更不应采用恶意低价竞争的方式争取并购业务。

---

① 利益冲突是指在专业服务领域，委托人的利益与提供专业服务的第三方服务机构自身或者与其所代表的其他委托人利益之间存在某种形式的对抗，进而有可能导致委托人的利益受损，或者有可能带来专业服务品质的实质性下降。为了避免发生此类利益冲突，诸如律师、会计师等行业的从业者应在接受委托前，按照相关法律法规的要求，履行一系列核查程序，在完成该系列程序后，若发现确实不存在利益冲突，方可接受该等委托。

第九条　服务范围

（一）财务顾问

在并购交易中，并购交易方通常会聘请财务顾问，对交易的全过程进行把握和统筹。财务顾问在并购项目中负责全过程和全方位地推进项目，根据预定时间表以最低的成本完成该项交易。

财务顾问在并购交易中的主要服务范围包括：

1. 公司战略把握。在并购交易之初，财务顾问需要配合委托人就委托人自身的业务拓展战略、可能的并购机会以及并购后的愿景进行统筹考虑，并以此作为后续并购的战略方针，指导后续工作。

2. 项目协调和统筹。在并购交易的全过程中，财务顾问都作为项目协调人，规划项目时间表，并严格按照时间表协调各第三方服务机构和委托人的相关职能部门开展工作以推进项目进程。

3. 与并购交易相对方沟通。在尽职调查和谈判阶段，财务顾问可以作为缓冲层来执行一些相对尖锐问题的沟通工作，为委托人留出进退的相对空间。

4. 交易结构设计。财务顾问可联合其他第三方服务机构，对交易结构进行设计，帮助委托人选择最有利的交易结构、制定交易方案等。

5. 尽职调查和评估。财务顾问应在尽职调查过程中协调各第三方服务机构，汇总尽职调查问题清单，跟进问题的解决，完成尽职调查分析报告。此外，在尽职调查过程中，财务顾问可以结合第三方服务机构和委托人自身的判断对目标公司的业务情况进行分析，并通过行业特定的评估方法对目标公司进行评估，从而为委托人的报价方案提供建议。

6. 协助完成监管审批。进行并购交易，特别是跨境并购，在国内外均可能涉及一系列政府机关的审批，包括签署并购协议之前的事前审批和签署并购协议之后的事后审批。财务顾问会在律师的配合下，协助委托人完成有关审批。

7. 担任融资顾问。为完成并购交易或改善投资收益，委托人往往需要进行融资。因此，对融资方案进行设计、寻找合适的财务投资者以及同财务投资者保持畅通的沟通，也是财务顾问的重要工作。

（二）律师

并购交易在各阶段均涉及诸多法律问题，因此，律师在并购交易过程中发挥着重要的作用。并购交易方应聘请具有良好信誉、专业知识技能及丰富行业经验的律师团队，为其提供相关法律服务。

律师在并购交易中的主要服务范围包括：

1. 方案论证。在初步确定并购目标公司后，协助买方收集目标公司的公开资料和企业资信情况、经营能力等信息，提供关于法律环境以及并购方向的咨询，协助买方界定并购目标范围。

2. 确定交易意向。在并购交易方达成初步意向的基础上，协助双方签署合作意向书、重点条款及保密协议等文件。

3. 尽职调查。通过文件核查、现场调查、管理层访谈、主管部门走访等方式，进行法律尽职调查。梳理重大法律问题，判断该等问题是否会对交易进展产生实质性影响，并提出相应的解决方案。

4. 文件起草及谈判。律师应在尽职调查的基础上，协助并购交易方起草并购协议及相关的附属协议，参与并购谈判，就并购协议中的具体条款进行审查及磋商，直至并购交易方签署最终文本。

5. 协助交割。协助并购交易方进行交割，完成法律法规要求的政府主管部门审批程序以及登记备案工作。在某些并购交易中，律师还可能参与并购后的企业管理制度重建和业务流程梳理工作。

（三）会计师①

在并购交易过程中，根据每个具体交易案例的目的及方案，会计师应以充分了解买方的交易目的为出发点，帮助买方在早期阶段发现风险问题，制订具体方案。会计师可以通过广泛而综合的财务尽职调查服务，帮助买方识别卖方低质量和不可靠的财务信息所带来的风险。

会计师在并购交易中的主要服务范围包括：

1. 信息获取。基于通过各种途径获取的相关交易资料，对并购交易进行初步分析。

2. 分析评估。会计师通常会通过深入的审阅调查揭示历史数据的真实性，为买方提供基础意见以帮助评估公司前景。

3. 提出专业建议。对并购协议如何安排诸如免责条款、价格调整机制、交割报表等事项提出建议。

4. 发现风险及谈判支持。会计师可以帮助买方充分利用尽职调查发现潜在风险，并在交易谈判中为买方提供必要的支持。

5. 协调沟通。了解投资者不同的投资偏好、交易背后的战

---

① 会计师的专业技能、团队人员在构成上与审计工作团队有所不同。在并购交易中会计师的职能一般至少包括财务和税务工作，也可以涵盖估值和其他服务。

略、财务和税务上的考虑，都需要与其他第三方服务机构进行紧密的沟通，而非仅专注于财务数字的梳理。

（四）税务顾问

为妥善处理并购交易的相关税务事项，并购交易方应聘请具有良好信誉、丰富专业知识技能及行业经验的税务顾问，在并购交易的各个阶段提供涉税专业服务。并购交易方需要考虑的税务事项主要包括：并购目标公司的税务合规情况，实施并购交易的税务成本，并购交易的后续整合及企业运营的税负支出等。

税务顾问在并购交易中的主要服务范围包括：

1. 尽职调查。在交易前期阶段，通过审阅并购目标公司的财务、税务及相关商业文件，约谈目标公司相关人员等方式向并购交易方提供尽职调查，出具税务尽职调查报告。

2. 税务规划。在可获得的信息资料范围内，对目标公司的税务风险进行分析与评估，综合性地分析、比较各种可能方案的相关税务影响，协助并购交易方选择最优方案。

3. 税务专项咨询。税务顾问应基于委托人选定的并购方案，就委托人提出的相关税务问题发表专业意见。

4. 涉税事项办理。根据合同约定，在委托人的授权范围内，协助委托人与政府机关、其他利益相关方就并购交易的税务事项进行沟通，协助委托人起草、提交必要的涉税文件，办理并购交易所需的相关涉税手续。

（五）资产评估机构

作为并购交易的定价依据，评估是整个并购过程中十分重要的环节之一。评估不仅建立在对目标公司历史财务信息及经营情况的了解之上，也建立在对宏观经济、市场行业、法律法规及竞争对手的深刻理解之上。优秀的评估服务必须能够很好地融合专业知识和专业判断进行分析。

1. 资产评估机构采用现金流折现法确定企业价值的，在并购交易中的主要服务范围包括：（1）业务理解。包括对目标公司财务状况以及所处行业及市场进行分析。（2）预测分析。包括审查、评估目标公司财务预测以及所用数据和假设的合理性，以及财务正常化处理。（3）参数测定。包括对长期增长率、折现率等模型参数进行假设，以及在估计完目标公司经营性现金流的现值之后对目标公司的负债、溢余现金和其他非经营性项目进行调整。

2. 资产评估机构采用市场法确定企业价值的，在并购交易中的主要服务范围包括：（1）财务正常化。包括寻求正常化的历史和预测性财务数据使其适用于与市场作比较。（2）选择可比公司。包括选择若干与经营实体共享相似特征的上市可比公司。（3）选择隐含倍数。包括根据数据的性质与可靠性和经营实体所处的行业选择适合的倍数。（4）考虑其他因素的影响。包括考虑目标公司经营实体的增长和风险状况与可比公司的差别对应用倍数的影响、市场流通性折扣以及控制权溢价。

（六）并购贷款提供方

通常在并购交易中，由于资金需求量巨大，买方往往需要借助外部融资的力量完成交易。并购贷款已经成为并购活动中最重要的融资方式之一[①]。与传统贷款提供方重点关注买方的信用、

---

① 并购交易的支付手段包括现金支付、权益工具支付及同时包含现金和权益工具的混合支付等。受法律、法规和政策限制，目前，国内涉及现金支付的并购交易融资手段主要为商业银行提供的并购贷款。而在国外的并购交易中，除并购贷款外，涉及现金支付的并购交易的融资手段还包括发行债券、票据等债务性融资工具，以及发行优先股、可转债等兼具债务与股权性质的混合工具等。

资产等现时状态相比，并购贷款提供方更加关注目标公司未来的收益和现金流等将来的还款能力。

并购贷款提供方在并购交易中的主要工作内容包括：

1. 尽职调查。在初期阶段，组织内部团队进行尽职调查和风险评估，并在有需要时聘请外部第三方服务机构进行协助。

2. 风险评估。在全面分析战略风险、法律与合规风险、整合风险、经营风险以及财务风险等各项风险的基础上，建立审慎的财务模型。

3. 贷款评审。根据全面风险评估的结果，综合判断并购贷款的偿债风险，并就并购贷款质量下滑时可采取的应对措施或退出策略提出建议，形成贷款评审报告。

4. 贷后管理。在并购贷款发放后的贷款存续期内，贷后管理人员定期对买方及目标公司进行检查以评估未来现金流的可预测性和稳定性，并重点关注借款合同中关键条款的履行情况。

此外，提供并购贷款的银行还可以同时担任并购顾问或融资顾问，积极地参与并购交易。

（七）资金托管机构

在并购交易中，并购交易方通常会引入资金托管机构提供交易资金的托管服务。在实践中，银行、公证处、担保公司、律师事务所和会计师事务所等机构都可以提供该服务。但基于并购交易的特性，其中又以银行独任或者由银行担任托管人、律师事务所提供协助的方式最为常见。

资金托管机构在并购交易中的主要服务范围包括：

1. 建立托管账户。接受并购交易方的委托，与并购交易方签署托管协议或账户监管协议，建立托管专户。

2. 保管交易资金。代为监督交易资金的收付和流动，以确保交易资金的安全。

3. 划付交易资金。当并购交易方履行并购协议、实现约定的条件后，资金托管机构按托管协议的约定，依据并购交易方出具的授权文件或支付指令，协助办理交易资金的划付。

4. 退回交易资金。如果并购交易未能达成，资金托管机构按照协议约定向买方退回交易资金。

（八）其他第三方服务机构

在并购交易中，根据交易的特殊性，并购交易方还可能会引入咨询机构、公关机构等其他第三方服务机构，共同推进并购交易的完成。

咨询机构在并购交易中主要根据并购交易方的意向和要求，以自身的专业知识和经验，向委托者提供诸如行业、管理、工程、技术等方面的建议或者具体服务。

公关机构在并购交易中主要负责为并购交易方提供公共关系咨询，或受并购交易方委托为其开展公共关系活动，提供诸如联络沟通、信息收集、新闻代理、活动策划、会议服务、印刷制作、培训服务等方面的服务。

第四章　并购风险管理原则与争议解决

第十条　并购风险管理原则

为了防范并购交易可能面临的各种风险，买方应建立全面且有效的并购风险管理机制。并购交易的风险管理应遵守以下原则：

（一）风险可控原则

买方在并购交易中，应对交易风险进行事前识别、预测和分析，并采取一切必要措施和手段防范、降低和转移风险，力求将并购交易可能面临的风险保持在可控范围之内。对于确实不能解决但影响重大的风险，应采取必要措施进行风险转移，从而将风险尽可能排除在并购交易之外。

（二）审慎调查原则

并购交易的尽职调查应遵循审慎调查的原则进行，以发现和识别可能面临的潜在风险。尽职调查的范围应当尽可能全面。审慎的尽职调查还应对调查获知的所有信息进行严谨而深入的分析。

（三）全面评估原则

并购交易方应在完成审慎尽职调查且获得法律、税务、财务等方面的专业意见后，对并购交易中可能面临的各项风险进行全面和整体的评估，以此作为确定并购交易所适用的并购方式、并购价格、资源整合、业务整合等并购方案的前提条件。

（四）依法交易原则

并购交易应严格遵守所涉国家和地区的法律法规，以及相关国际规则、国际惯例和有关政策的规定。在并购交易的具体交割过程中，也要遵守相关法律法规，做到依法交割，履行相应的备案和登记手续。

（五）优化交易原则

并购交易应注意优化、优选交易模式，即在审慎调查、全面评估和确认合法的基础上，选择利益最大、风险最小的交易方式。并购交易方应根据并购项目的具体情况，选择适用的具体并购方式。

第十一条　争议解决

并购交易方出现争端后，解决机制主要有三种：协商[①]、仲裁与诉讼。交易方应根据具体情况，选择合适的争端解决机制，以降低争端解决成本，最大限度地维护自身合法权益。

（一）协商

协商，指并购争议发生后，并购交易方进行磋商，通过谈判、和解等方式，相互作出一定让步，修正现有交易中各方失衡的权利义务关系，在并购交易方均认可的前提下，以和解协议等形式解决争端的机制。

协商以并购交易方自愿为前提，具有成本低、效率高、和解

① 包括引入第三方调解、斡旋。

内容灵活、方便快捷等优势，系最为高效便捷的争端解决机制。并购交易方在并购协议中往往约定，各方发生的任何争议，均应首先协商解决，协商不成的，再寻求其他方式解决等类似表述。

协商的劣势在于：

1. 并购交易方协商一致达成的协议虽具有法律效力，但并不具有强制执行力，需各方自觉履行。一旦一方违约，其他方无法向司法机关申请强制执行，仍需通过再次协商、仲裁、诉讼等方式寻求救济。

2. 就争端进行的协商不同于普通的商务合作协商，其通常发生在并购交易方就合作事项已存在一定分歧的前提下，此时的协商往往需要并购交易方投入更多的精力和时间，运用更多的智慧才能达到最后想要达到的效果。

如欲保证协商的效率和专业性，避免陷入就非关键争议点互相指责而真正的分歧难以得到解决的困境，并购交易方应当派遣拥有一定决策权的负责人以及具有专业纠纷谈判技能的专业人士参与协商过程。

（二）仲裁

仲裁，指并购交易方在争议发生前或争议发生后达成协议，自愿将争议交由仲裁机构作出裁决，争议各方有义务履行该裁决的一种争端解决机制。

1. 仲裁具有以下特点：（1）自愿性。选取仲裁方式解决争端，需以各方均同意为前提。各方达成仲裁协议，仲裁机构才对争议具有管辖权。（2）灵活性。仲裁程序尊重并购交易方意愿，并购交易方有权协商选定仲裁机构、约定仲裁庭的组成人数、选定仲裁员等。（3）保密性。仲裁一般不公开进行，有利于保护并购交易方的商业秘密和商业信誉。（4）权威性。仲裁裁决具有法律效力，除因违反仲裁程序等法定原因外，仲裁裁决不得被撤销。并购交易一方不履行仲裁裁决确定的义务的，其他并购交易方可向司法机关申请强制执行。（5）快捷性。仲裁实行一裁终局制度，有利于纠纷尽快解决。基于上述特点，仲裁成为并购争端解决最重要的方式之一。为降低争端解决成本，规避政策及法律风险，越来越多的并购交易方倾向于采用仲裁作为争端解决的首选方式。

2. 仲裁的劣势在于：（1）仲裁机构性质属于民间机构，无权采取强制措施，并购交易方的保全申请和执行仲裁裁决的申请必须由司法机关最终受理并实施；（2）仲裁一裁终局保证高效的同时，也意味着并购交易方仅有一次救济机会，仲裁参与人必须高度重视并且聘请有丰富仲裁经验的专业人士参与仲裁过程，一旦由于己方举证不力导致仲裁失利，则几乎无其他挽回可能，风险较诉讼更大。

（三）诉讼

诉讼，指并购交易的一方或双方，将争议提交有管辖权的司法机关，由司法机关依照法定程序作出裁判，各并购交易方有义务履行该裁判的一种争端解决机制。

1. 诉讼具有以下特点：（1）强制性。并购交易一方只要向有管辖权的司法机关提起诉讼，司法机关依法受理后，其他并购交易方必须应诉。如不应诉，司法机关有权缺席审判。（2）规范性。诉讼程序法定，诉讼案件的审判庭由司法机关指定，并购交易方无权选择，诉讼过程中并购交易方应严格按照诉讼法的规定进行。（3）公开性。诉讼以公开为原则，以非公开为例外。（4）终局性。诉讼有国家强制力为保证，系争端解决的最终机制。（5）两审终审制。并购交易方不服一审判决有权上诉。对于终审判决不服的，并购交易方有权申请再审或申诉。诉讼对并购交易方的程序救济较为充分。

2. 诉讼的劣势在于：（1）诉讼周期较长，成本较高，不利于并购交易方及时维护合法权益；（2）诉讼以公开审理为原则，对并购交易方商业秘密的保护力度较弱，尤其是对于一些涉及行业内重大事项且并购交易方不希望相关信息被并购交易方之外的公众得知的，诉讼是一个较为不利的选择。

第五章　附　　则

第十二条　适用范围及效力

本行为准则供中国并购行业的从业者参照适用。

第十三条　解释权

本行为准则的解释权归中国并购公会。

第十四条　生效日期

本行为准则自颁布之日起生效。

附　　录

附录一　常见境内、境外并购交易架构图

（一）常见境内并购交易架构图

1．股权并购。

（1）股权并购的方式。股权并购的方式主要有两种，交易架构如下。

方式一：购买目标公司存量股（图1）。

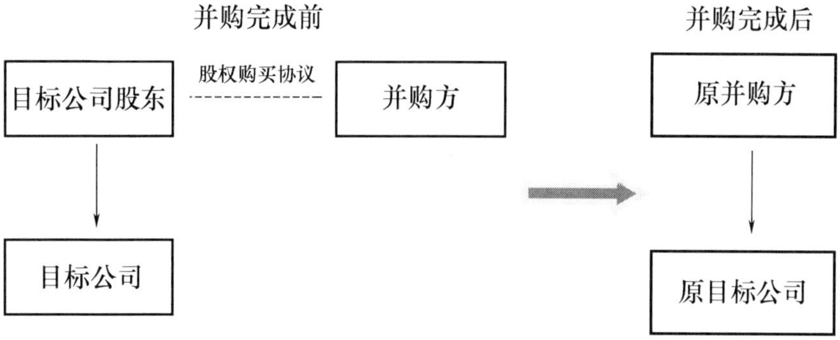

图例：——→股权关系；·········协议关系

图1

方式二：认购目标公司增资（图2）。

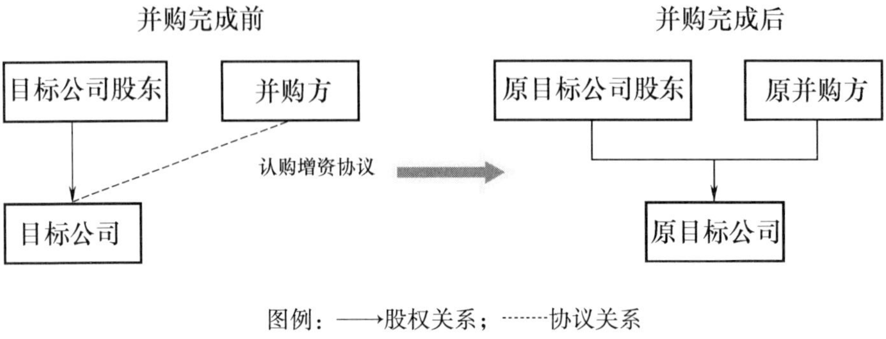

图2

（2）股权并购的积极意义与消极意义。①股权并购的积极意义在于：结构简单，无须设立新企业；可快速取得目标公司的相关资质。②股权并购的消极意义在于：可能存在财务陷阱。

2. 资产并购。

（1）资产并购的方式。资产并购的方式主要有两种，交易架构如下。

方式一：购买并运营目标公司的资产（图3）。

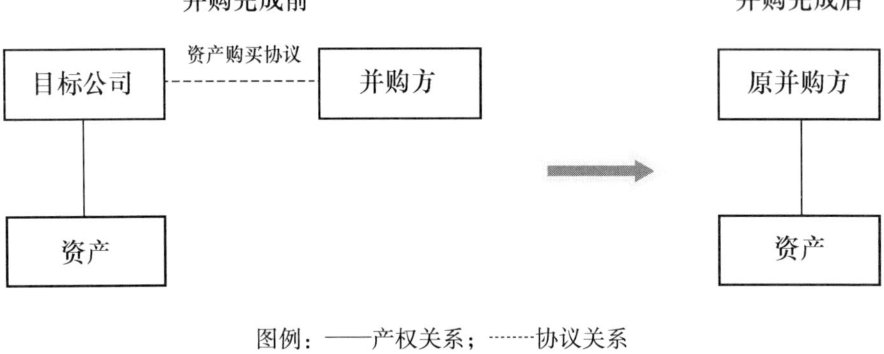

图3

方式二：购买目标公司的资产并以该资产投资设立新公司（图4）。

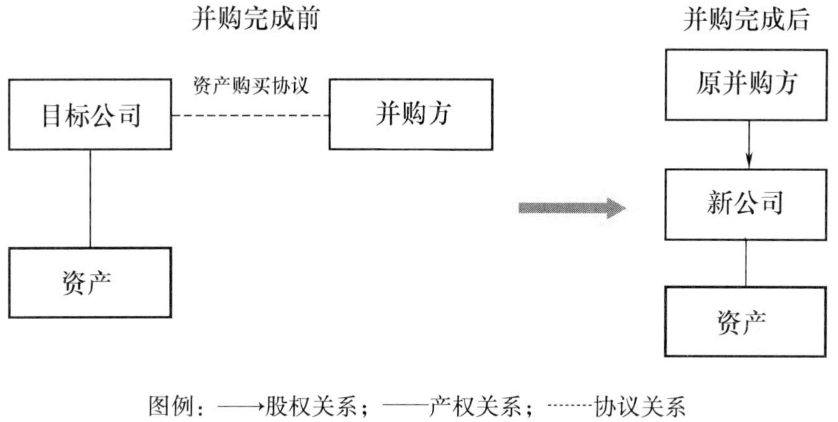

图4

（2）资产并购的积极意义与消极意义。①资产并购的积极意义在于：财务陷阱的风险较小。②资产并购的消极意义在于：资产的产权变动耗时可能较长；目标公司相关资质无法移转至新公司；采用第二种方式时，需设立新公司，耗时可能较长；另外须满足《公司法》关于货币出资金额不得低于有限责任公司注册资本的30%这一配比规定。

（二）常见境外并购交易架构图

常见境外并购交易架构图如图5所示。

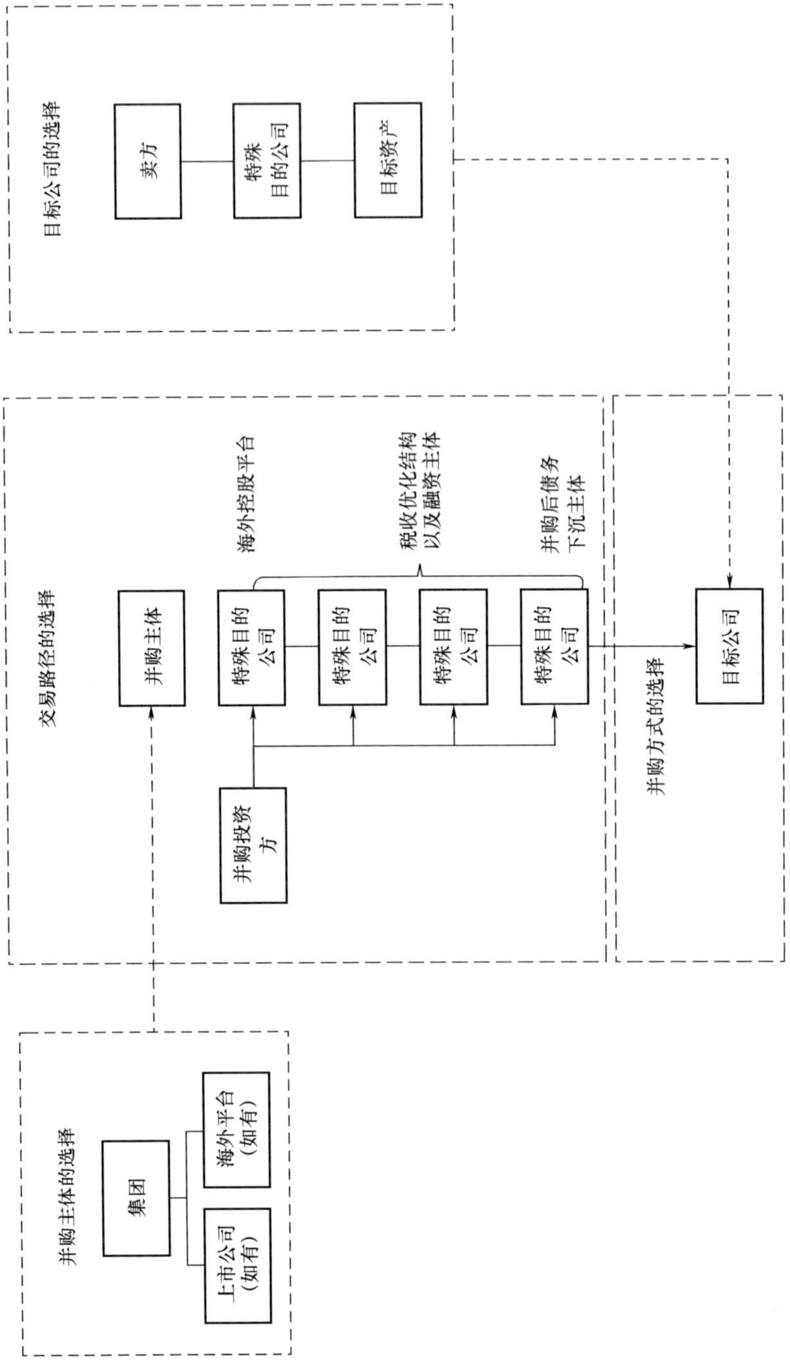
目标公司的选择
卖方
特殊目的公司
目标资产
交易路径的选择
并购主体
海外控股平台
税收优化结构以及融资主体
并购后债务下沉主体
特殊目的公司
特殊目的公司
特殊目的公司
特殊目的公司
并购投资方
并购方式的选择
目标公司
并购主体的选择
集团
海外平台（如有）
上市公司（如有）

图 5

1．企业进行跨境并购需要考虑交易架构的优化，搭建交易架构的主要工作有：

（1）目标公司的选择。通常遇到的问题在于，为了最好地达成跨境并购的战略目的，目标公司的业务范围如何选取，比如，是并购卖方控股目标资产的控股公司，还是仅并购目标资产，目标资产本身存在的各个子公司或者避税结构如何选取，等等。

（2）并购主体的选择。中国企业应特别注意并购主体的选择问题，比如，是通过集团进行并购，还是利用上市公司平台（如有），或者是通过已经建立的海外公司进行并购。

（3）并购方式的选择。选择并购方式需要考虑的问题包括，是并购卖方在目标资产的旧股，还是认购并购卖方增发的新股；是通过友好并购，还是通过市场进行要约并购等。

（4）交易路径的选择。特别的，在跨境并购中并购路径的选取主要指的是特殊目的公司的设立，为了规避有关税费、加快审批进度、未来退出便利、设立资本运作平台等需要，在买方到标的公司之间需要在特别的国别或者经济体设立持股公司。

对于特殊目的公司设立的国别或经济体，需要专门的中介机构，包括投资银行、税收顾问和跨境律师根据有关关税协定的专业积累来进行设计。

2．交易架构优化的主要目标包括：

（1）提高效率，保证项目按时完成。

（2）降低交易成本，最优化融资方案。

3．交易结构设计中的其他关键因素包括：

（1）税收因素。①交易涉及国家和地区的税收政策和税收优惠。②双边或多边的税收协定。

（2）监管因素。①上市公司相关审批、是否触发重大资产重组。②交易结构的合规性和审批可行性。

（3）融资方案。①债务融资还是股权融资。②融资方式的选取以及退出方式的设计。

（4）交割和后续整合。①目标公司所在地交割和整合便利。②标的资产和业务界定明晰。

附录二　法律、法规、规章及其他重要文件目录

序号	文件名称	相关内容
1	中华人民共和国公司法	第七十二条　有限责任公司的股东之间可以相互转让其全部或者部分股权。 股东向股东以外的人转让股权，应当经其他股东过半数同意。股东应就其股权转让事项书面通知其他股东征求同意，其他股东自接到书面通知之日起满三十日未答复的，视为同意转让。其他股东半数以上不同意转让的，不同意的股东应当购买该转让的股权；不购买的，视为同意转让。 经股东同意转让的股权，在同等条件下，其他股东有优先购买权。两个以上股东主张行使优先购买权的，协商确定各自的购买比例；协商不成的，按照转让时各自的出资比例行使优先购买权。 公司章程对股权转让另有规定的，从其规定。 第七十五条　有下列情形之一的，对股东会该项决议投反对票的股东可以请求公司按照合理的价格收购其股权： （一）公司连续五年不向股东分配利润，而公司该五年连续盈利，并且符合本法规定的分配利润条件的； （二）公司合并、分立、转让主要财产的； （三）公司章程规定的营业期限届满或者章程规定的其他解散事由出现，股东会会议通过决议修改章程使公司存续的。 自股东会会议决议通过之日起六十日内，股东与公司不能达成股权收购协议的，股东可以自股东会会议决议通过之日起九十日内向人民法院提起诉讼。

续表

序号	文件名称	相关内容
		第一百零四条　股份有限公司股东出席股东大会会议，所持每一股份有一表决权。但是，公司持有的本公司股份没有表决权。股东大会作出决议，必须经出席会议的股东所持表决权过半数通过。但是，股东大会作出修改公司章程、增加或者减少注册资本的决议，以及公司合并、分立、解散或者变更公司形式的决议，必须经出席会议的股东所持表决权的三分之二以上通过。 第一百二十二条　上市公司在一年内购买、出售重大资产或者担保金额超过公司资产总额百分之三十的，应当由股东大会作出决议，并经出席会议的股东所持表决权的三分之二以上通过。
2	中华人民共和国合伙企业法	第二十二条　普通合伙企业除合伙协议另有约定外，合伙人向合伙人以外的人转让其在合伙企业中的全部或者部分财产份额时，须经其他合伙人一致同意。 合伙人之间转让在合伙企业中的全部或者部分财产份额时，应当通知其他合伙人。 第二十三条　合伙人向合伙人以外的人转让其在合伙企业中的财产份额的，在同等条件下，其他合伙人有优先购买权；但是，合伙协议另有约定的除外。 第二十四条　合伙人以外的人依法受让合伙人在合伙企业中的财产份额的，经修改合伙协议即成为合伙企业的合伙人，依照本法和修改后的合伙协议享有权利，履行义务。 第七十三条　有限合伙企业有限合伙人可以按照合伙协议的约定向合伙人以外的人转让其在有限合伙企业中的财产份额，但应当提前三十日通知其他合伙人。

续表

序号	文件名称	相关内容
3	中华人民共和国合同法	第九十条　当事人订立合同后合并的，由合并后的法人或者其他组织行使合同权利，履行合同义务。当事人订立合同后分立的，除债权人和债务人另有约定的以外，由分立的法人或者其他组织对合同的权利和义务享有连带债权，承担连带债务。
4	中华人民共和国劳动合同法	第三十四条　用人单位发生合并或者分立等情况，原劳动合同继续有效，劳动合同由承继其权利和义务的用人单位继续履行。 第四十一条　有下列情形之一，需要裁减人员二十人以上或者裁减不足二十人但占企业职工总数百分之十以上的，用人单位提前三十日向工会或者全体职工说明情况，听取工会或者职工的意见后，裁减人员方案经向劳动行政部门报告，可以裁减人员： （一）依照企业破产法规定进行重整的； （二）生产经营发生严重困难的； （三）企业转产、重大技术革新或者经营方式调整，经变更劳动合同后，仍需裁减人员的； （四）其他因劳动合同订立时所依据的客观经济情况发生重大变化，致使劳动合同无法履行的。 裁减人员时，应当优先留用下列人员： （一）与本单位订立较长期限的固定期限劳动合同的； （二）与本单位订立无固定期限劳动合同的； （三）家庭无其他就业人员，有需要扶养的老人或者未成年人的。

续表

序号	文件名称	相关内容
		用人单位依照本条第一款规定裁减人员，在六个月内重新招用人员的，应当通知被裁减的人员，并在同等条件下优先招用被裁减的人员。
5	中华人民共和国中小企业促进法	第三十三条　国家引导、推动并规范中小企业通过合并、收购等方式，进行资产重组，优化资源配置。
6	最高人民法院关于适用《中华人民共和国公司法》若干问题的规定（三）	第十一条　出资人以其他公司股权出资，符合下列条件的，人民法院应当认定出资人已履行出资义务： （一）出资的股权由出资人合法持有并依法可以转让； （二）出资的股权无权利瑕疵或者权利负担； （三）出资人已履行关于股权转让的法定手续； （四）出资的股权已依法进行了价值评估。 股权出资不符合前款第（一）、（二）、（三）项的规定，公司、其他股东或者公司债权人请求认定出资人未履行出资义务的，人民法院应当责令该出资人在指定的合理期间内采取补正措施，以符合上述条件；逾期未补正的，人民法院应当认定其未依法全面履行出资义务。股权出资不符合本条第一款第（四）项的规定，公司、其他股东或者公司债权人请求认定出资人未履行出资义务的，人民法院应当按照本规定第九条的规定处理。

续表

序号	文件名称	相关内容
7	中华人民共和国企业所得税法	第十四条　企业对外投资期间，投资资产的成本在计算应纳税所得额时不得扣除。 第十六条　企业转让资产，该项资产的净值，准予在计算应纳税所得额时扣除。 第二十四条　居民企业从其直接或者间接控制的外国企业分得的来源于中国境外的股息、红利等权益性投资收益，外国企业在境外实际缴纳的所得税税额中属于该项所得负担的部分，可以作为该居民企业的可抵免境外所得税税额，在本法第二十三条规定的抵免限额内抵免。 第二十六条　企业的下列收入为免税收入： …… （三）在中国境内设立机构、场所的非居民企业从居民企业取得与该机构、场所有实际联系的股息、红利等权益性投资收益； 四十六条　企业从其关联方接受的债权性投资与权益性投资的比例超过规定标准而发生的利息支出，不得在计算应纳税所得额时扣除。
8	中华人民共和国个人所得税法	第三条　个人所得税的税率 …… 五、特许权使用费所得，利息、股息、红利所得，财产租赁所得，财产转让所得，偶然所得和其他所得，适用比例税率，税率为百分之二十。 第六条　应纳税所得额的计算： ……

续表

序号	文件名称	相关内容
		五、财产转让所得，以转让财产的收入额减除财产原值和合理费用后的余额，为应纳税所得额。 六、利息、股息、红利所得，偶然所得和其他所得，以每次收入额为应纳税所得额。
9	中华人民共和国证券法	第八十五条　投资者可以采取要约收购、协议收购及其他合法方式收购上市公司。 第八十六条　通过证券交易所的证券交易，投资者持有或者通过协议、其他安排与他人共同持有一个上市公司已发行的股份达到百分之五时，应当在该事实发生之日起三日内，向国务院证券监督管理机构、证券交易所作出书面报告，通知该上市公司，并予公告；在上述期限内，不得再行买卖该上市公司的股票。 投资者持有或者通过协议、其他安排与他人共同持有一个上市公司已发行的股份达到百分之五后，其所持该上市公司已发行的股份比例每增加或者减少百分之五，应当依照前款规定进行报告和公告。在报告期限内和作出报告、公告后二日内，不得再行买卖该上市公司的股票。 第八十八条　通过证券交易所的证券交易，投资者持有或者通过协议、其他安排与他人共同持有一个上市公司已发行的股份达到百分之三十时，继续进行收购的，应当依法向该上市公司所有股东发出收购上市公司全部或者部分股份的要约。

续表

序号	文件名称	相关内容
		收购上市公司部分股份的收购要约应当约定，被收购公司股东承诺出售的股份数额超过预定收购的股份数额的，收购人按比例进行收购。 第九十一条　在收购要约确定的承诺期限内，收购人不得撤销其收购要约。收购人需要变更收购要约的，必须事先向国务院证券监督管理机构及证券交易所提出报告，经批准后，予以公告。 第九十二条　收购要约提出的各项收购条件，适用于被收购公司的所有股东。 第九十三条　采取要约收购方式的，收购人在收购期限内，不得卖出被收购公司的股票，也不得采取要约规定以外的形式和超出要约的条件买入被收购公司的股票。 第九十四条　采取协议收购方式的，收购人可以依照法律、行政法规的规定同被收购公司的股东以协议方式进行股份转让。 以协议方式收购上市公司时，达成协议后，收购人必须在三日内将该收购协议向国务院证券监督管理机构及证券交易所作出书面报告，并予公告。 在公告前不得履行收购协议。 第九十六条　采取协议收购方式的，收购人收购或者通过协议、其他安排与他人共同收购一个上市公司已发行的股份达到百分之三十时，继续进行收购的，应当向该上市公司所有股东发出收购上市公司全部或者部分股份的要约。但是，经国务院证券监督管理机构免除发出要约的除外。

续表

序号	文件名称	相关内容
		收购人依照前款规定以要约方式收购上市公司股份，应当遵守本法第八十九条至第九十三条的规定。 第九十七条　收购期限届满，被收购公司股权分布不符合上市条件的，该上市公司的股票应当由证券交易所依法终止上市交易；其余仍持有被收购公司股票的股东，有权向收购人以收购要约的同等条件出售其股票，收购人应当收购。 收购行为完成后，被收购公司不再具备股份有限公司条件的，应当依法变更企业形式。 第九十八条　在上市公司收购中，收购人持有的被收购的上市公司的股票，在收购行为完成后的十二个月内不得转让。
10	中华人民共和国外资企业法	第十条　外资企业分立、合并或者其他重要事项变更，应当报审查批准机关批准，并向工商行政管理机关办理变更登记手续。
11	中华人民共和国企业所得税法实施条例	第七十五条　除国务院财政、税务主管部门另有规定外，企业在重组过程中，应当在交易发生时确认有关资产的转让所得或者损失，相关资产应当按照交易价格重新确定计税基础。 第一百一十七条　企业所得税法第四十五条所称控制，包括：

续表

序号	文件名称	相关内容
		（一）居民企业或者中国居民直接或者间接单一持有外国企业10%以上有表决权股份，且由其共同持有该外国企业50%以上股份； （二）居民企业，或者居民企业和中国居民持股比例没有达到第（一）项规定的标准，但在股份、资金、经营、购销等方面对该外国企业构成实质控制。
12	中华人民共和国外汇管理条例	第十六条　境外机构、境外个人在境内直接投资，经有关主管部门批准后，应当到外汇管理机关办理登记。 第十七条　境内机构、境内个人向境外直接投资或者从事境外有价证券、衍生产品发行、交易，应当按照国务院外汇管理部门的规定办理登记。国家规定需要事先经有关主管部门批准或者备案的，应当在外汇登记前办理批准或者备案手续。
13	财政部、国家税务总局关于企业重组业务企业所得税处理若干问题的通知	四、企业重组，除符合本通知规定适用特殊性税务处理规定的外，按以下规定进行税务处理： （一）企业由法人转变为个人独资企业、合伙企业等非法人组织，或将登记注册地转移至中华人民共和国境外（包括港澳台地区），应视同企业进行清算、分配，股东重新投资成立新企业。企业的全部资产以及股东投资的计税基础均应以公允价值为基础确定。 企业发生其他法律形式简单改变的，可直接变更税务登记，除另有规定外，有关企业所得税纳税事项（包括亏损结转、税收优惠等权益和义务）由变更后企业承继，但因住所发生变化而不符合税收优惠条件的除外。

续表

序号	文件名称	相关内容
		（二）企业债务重组，相关交易应按以下规定处理： 1. 以非货币资产清偿债务，应当分解为转让相关非货币性资产、按非货币性资产公允价值清偿债务两项业务，确认相关资产的所得或损失。 2. 发生债权转股权的，应当分解为债务清偿和股权投资两项业务，确认有关债务清偿所得或损失。 3. 债务人应当按照支付的债务清偿额低于债务计税基础的差额，确认债务重组所得；债权人应当按照收到的债务清偿额低于债权计税基础的差额，确认债务重组损失。 4. 债务人的相关所得税纳税事项原则上保持不变。 （三）企业股权收购、资产收购重组交易，相关交易应按以下规定处理： 1. 被收购方应确认股权、资产转让所得或损失。 2. 收购方取得股权或资产的计税基础应以公允价值为基础确定。 3. 被收购企业的相关所得税事项原则上保持不变。 （四）企业合并，当事各方应按下列规定处理： 1. 合并企业应按公允价值确定接受被合并企业各项资产和负债的计税基础。 2. 被合并企业及其股东都应按清算进行所得税处理。 3. 被合并企业的亏损不得在合并企业结转弥补。

续表

序号	文件名称	相关内容
		（五）企业分立，当事各方应按下列规定处理： 1. 被分立企业对分立出去资产应按公允价值确认资产转让所得或损失。 2. 分立企业应按公允价值确认接受资产的计税基础。 3. 被分立企业继续存在时，其股东取得的对价应视同被分立企业分配进行处理。 4. 被分立企业不再继续存在时，被分立企业及其股东都应按清算进行所得税处理。 5. 企业分立相关企业的亏损不得相互结转弥补。 五、企业重组同时符合下列条件的，适用特殊性税务处理规定： （一）具有合理的商业目的，且不以减少、免除或者推迟缴纳税款为主要目的。 （二）被收购、合并或分立部分的资产或股权比例符合本通知规定的比例。 （三）企业重组后的连续 12 个月内不改变重组资产原来的实质性经营活动。 （四）重组交易对价中涉及股权支付金额符合本通知规定比例。 （五）企业重组中取得股权支付的原主要股东，在重组后连续 12 个月内，不得转让所取得的股权。

续表

序号	文件名称	相关内容
14	财政部、国家税务总局关于企业事业单位改制重组契税政策的通知	二、公司股权（股份）转让 在股权（股份）转让中，单位、个人承受公司股权（股份），公司土地、房屋权属不发生转移，不征收契税。 三、公司合并 两个或两个以上的公司，依据法律规定、合同约定，合并为一个公司，且原投资主体存续的，对其合并后的公司承受原合并各方的土地、房屋权属，免征契税。 四、公司分立 公司依照法律规定、合同约定分设为两个或两个以上与原公司投资主体相同的公司，对派生方、新设方承受原企业土地、房屋权属，免征契税。
15	国务院关于股份有限公司境外募集股份及上市的特别规定	第二条　股份有限公司经国务院证券委员会批准，可以向境外特定的、非特定的投资人募集股份，其股票可以在境外上市。本规定所称境外上市，是指股份有限公司向境外投资人发行的股票，在境外公司公开的证券交易场所流通转让。 第六条　国有企业或者国有资产占主导地位的企业按照国家有关规定改建为向境外投资人募集股份并在境外上市的股份有限公司，以发起方式设立的，发起人可以少于5人；该股份有限公司一经成立，即可以发行新股。 第七条　向境外投资人募集股份并在境外上市的股份有限公司（以下简称公司）向境内投资人发行的股份（以下简称内资股），采取记名股票形式。

续表

序号	文件名称	相关内容
		第九条　公司在发行计划确定的股份总数内，分别发行境外上市外资股和内资股的，应当分别一次募足；有特殊情况不能一次募足，经国务院证券委员会批准，也可以分次发行。 第十条　公司发行计划确定的股份未募足的，不得在该发行计划外发行新股。公司需要调整发行计划的，由股东大会作出决议，经国务院授权的公司审批部门核准后，报国务院证券委员会审批。公司增资发行境外上市外资股与前一次发行股份的间隔期间，可以少于12个月。 第十一条　公司在发行计划确定的股份总数内发行境外上市外资股，经国务院证券委员会批准，可以与包销商在包销协议中约定，在包销数额之外预留不超过该次拟募集境外上市外资股数额5%的股份。预留股份的发行，视为该次发行的一部分。
16	创业投资企业管理暂行办法	第二十六条　管理部门已予备案的创业投资企业及其管理顾问机构，应当在每个会计年度结束后的4个月内向管理部门提交经注册会计师审计的年度财务报告与业务报告，并及时报告投资运作过程中的重大事件。 前款所称重大事件，系指：（一）修改公司章程等重要法律文件。（二）增减资本。（三）分立与合并。

续表

序号	文件名称	相关内容
17	利用外资改组国有企业暂行规定	第三条　本规定所称利用外资改组国有企业包括下列情形： （一）国有企业的国有产权持有人将全部或部分产权转让给外国公司、企业和其他经济组织或个人（以下简称外国投资者），企业改组为外商投资企业； （二）公司制企业的国有股权持有人将全部或部分国有股权转让给外国投资者，企业改组为外商投资企业； （三）国有企业的境内债权人将持有的债权转给外国投资者，企业改组为外商投资企业； （四）国有企业或含国有股权的公司制企业将企业的全部或主要资产出售给外国投资者，外国投资者以所购买的资产独自或与出售资产的企业等共同设立外商投资企业； （五）国有企业或含国有股权的公司制企业通过增资扩股吸收外国投资者投资，将该企业改组为外商投资企业。 第八条　利用外资改组国有企业应当符合下列要求： （一）企业改组前，国有产权持有人应当组织被改组企业进行资产清查、产权界定、债权债务清理，聘请具备资格的中介机构进行财务审计，按照《国有资产评估管理办法》（国务院令第91号）、《国有资产评估管理若干问题的规定》（财政部令第14号）等有关规定进行资产评估。评估结果按照规定核准或备案后，作为确定国有产权、资产价格的依据。

续表

序号	文件名称	相关内容
		（二）改组后企业控制权转移或企业的全部或主要经营资产出售给外国投资者的，改组方和被改组企业应当制定妥善安置职工的方案，并应当经职工代表大会审议通过。被改组企业应当以现有资产清偿拖欠职工的工资、未退还的集资款、欠缴的社会保险费等各项费用。被改组企业与职工实行双向选择。对留用职工要依法重新签订或变更劳动合同。对解除劳动合同的职工要依法支付经济补偿金，对移交社会保险机构的职工要依法一次性缴足社会保险费，所需资金从改组前被改组企业净资产抵扣，或从国有产权持有人转让国有产权收益中优先支付。 （三）以出售资产方式进行改组的，企业债权债务仍由原企业承继；以其他方式改组的，企业债权债务由改组后的企业承继。转让已抵押或质押的国有产权、资产的，应当符合《中华人民共和国担保法》的有关规定。债务承继人应当与债权人签订相关的债权债务处置协议。 （四）改组方应当公开发布改组信息，广泛地征集外国投资者，对外国投资者的资质、信誉、财务状况、管理能力、付款保障、经营者素质等进行调查。优先选择能带来先进技术和管理经验、产业关联度高的中长期投资者。 改组方和外国投资者应当应对方的合理要求，如实、详尽地提供有关信息资料，不得有误导和欺诈行为，并承担相应保密义务。

续表

序号	文件名称	相关内容
		（五）企业改组以转让国有产权或出售资产方式进行的，改组方应当优先采用公开竞价方式确定外国投资者及转让价格。采用公开竞价方式转让，应当依法履行有关手续，并将拟转让国有产权或拟出售资产的相关情况予以公告。采取协议转让的，也应当公开运作。 不论采取何种转让方式，改组方与外国投资者均应当按照国家有关规定和本规定签订转让协议。转让协议内容应当主要包括转让国有产权的基本情况、职工安置、债权债务处置、转让比例、转让价格、付款方式及付款条件、产权交割事项以及企业重整等条款。 第十二条 国有产权转让后企业控制权转移或企业的全部或主要经营资产出售给外国投资者的，在外国投资者付清全部价款前，改组方有权了解、监督改组后的企业的生产经营及财务状况，外国投资者和改组后的企业应当给予相应的便利。 外国投资者在以收购的资产投资设立外商投资企业之前，不得以上述资产开展经营活动。
18	对外贸易经济合作部、国家工商行政管理局关于外商投资企业境内投资的暂行规定	第六条 外商投资企业境内投资，其所累计投资额不得超过自身净资产的百分之五十；投资后，接受被投资公司以利润转增的资本，其增加额不包括在内。 第十六条 外商投资企业向中西部地区投资，被投资公司注册资本中外资比例不低于百分之二十五的，可享受外商投资企业待遇。

续表

序号	文件名称	相关内容
19	商务部实施外国投资者并购境内企业安全审查制度的规定	第一条　外国投资者并购境内企业，属于《国务院办公厅关于建立外国投资者并购境内企业安全审查制度的通知》明确的并购安全审查范围的，外国投资者应向商务部提出并购安全审查申请。 两个或者两个以上外国投资者共同并购的，可以共同或确定一个外国投资者（以下简称申请人）向商务部提出并购安全审查申请。 第七条　商务部收到联席会议书面审查意见后，在5个工作日内将审查意见书面通知申请人（或当事人），以及负责并购交易管理的地方商务主管部门。 （一）对不影响国家安全的，申请人可按照《关于外国投资者并购境内企业的规定》、《外商投资企业投资者股权变更的若干规定》、《关于外商投资企业境内投资的暂行规定》等有关规定，到具有相应管理权限的相关主管部门办理并购交易手续。 （二）对可能影响国家安全且并购交易尚未实施的，当事人应当终止交易。申请人未经调整并购交易、修改申报文件并经重新审查，不得申请并实施并购交易。 （三）外国投资者并购境内企业行为对国家安全已经造成或可能造成重大影响的，根据联席会议审查意见，商务部会同有关部门终止当事人的交易，或采取转让相关股权、资产或其他有效措施，以消除该并购行为对国家安全的影响。

续表

序号	文件名称	相关内容
		第九条　对于外国投资者并购境内企业，应从交易的实质内容和实际影响来判断并购交易是否属于并购安全审查的范围；外国投资者不得以任何方式实质规避并购安全审查，包括但不限于代持、信托、多层次再投资、租赁、贷款、协议控制、境外交易等方式。
20	商务部关于外国投资者并购境内企业的规定	第二条　本规定所称外国投资者并购境内企业，系指外国投资者购买境内非外商投资企业（以下称“境内公司”）股东的股权或认购境内公司增资，使该境内公司变更设立为外商投资企业（以下称“股权并购”）；或者，外国投资者设立外商投资企业，并通过该企业协议购买境内企业资产且运营该资产，或者，外国投资者协议购买境内企业资产，并以该资产投资设立外商投资企业运营该资产（以下称“资产并购”）。 第九条　外国投资者在并购后所设外商投资企业注册资本中的出资比例高于25%的，该企业享受外商投资企业待遇。 外国投资者在并购后所设外商投资企业注册资本中的出资比例低于25%的，除法律和行政法规另有规定外，该企业不享受外商投资企业待遇，其举借外债按照境内非外商投资企业举借外债的有关规定办理。审批机关向其颁发加注“外资比例低于25%”字样的外商投资企业批准证书（以下称“批准证书”）。登记管理机关、外汇管理机关分别向其颁发加注“外资比例低于25%”字样的外商投资企业营业执照和外汇登记证。

续表

序号	文件名称	相关内容
		境内公司、企业或自然人以其在境外合法设立或控制的公司名义并购与其有关联关系的境内公司，所设立的外商投资企业不享受外商投资企业待遇，但该境外公司认购境内公司增资，或者该境外公司向并购后所设企业增资，增资额占所设企业注册资本比例达到25%以上的除外。根据该款所述方式设立的外商投资企业，其实际控制人以外的外国投资者在企业注册资本中的出资比例高于25%的，享受外商投资企业待遇。 外国投资者并购境内上市公司后所设外商投资企业的待遇，按照国家有关规定办理。 第十一条　境内公司、企业或自然人以其在境外合法设立或控制的公司名义并购与其有关联关系的境内的公司，应报商务部审批。 当事人不得以外商投资企业境内投资或其他方式规避前述要求。 第十九条　外国投资者股权并购的，除国家另有规定外，对并购后所设外商投资企业应按照以下比例确定投资总额的上限： （一）注册资本在210万美元以下的，投资总额不得超过注册资本的10/7； （二）注册资本在210万美元以上至500万美元的，投资总额不得超过注册资本的2倍； （三）注册资本在500万美元以上至1 200万美元的，投资总额不得超过注册资本的2/5倍；

续表

序号	文件名称	相关内容
		（四）注册资本在1 200万美元以上的，投资总额不得超过注册资本的3倍。 第二十九条　外国投资者以股权并购境内公司所涉及的境内外公司的股权，应符合以下条件： （一）股东合法持有并依法可以转让； （二）无所有权争议且没有设定质押及任何其他权利限制； （三）境外公司的股权应在境外公开合法证券交易市场（柜台交易市场除外）挂牌交易； （四）境外公司的股权最近1年交易价格稳定。 前款第（三）、（四）项不适用于本章第三节所规定的特殊目的公司。
21	外商投资企业投资者股权变更的若干规定	第二条　本规定所称的外商投资企业投资者股权变更，是指依照中国法律在中国境内设立的中外合资经营企业、中外合作经营企业、外资企业（以下统称为企业）的投资者或其在企业的出资（包括提供合作条件）份额（以下称为股权）发生变化。包括但不限于下列主要原因导致外商投资企业投资者股权变更： （一）企业投资者之间协议转让股权； （二）企业投资者经其他各方投资者同意向其关联企业或其他受让人转让股权； （三）企业投资者协议调整企业注册资本导致变更各方投资者股权；

续表

序号	文件名称	相关内容
		（四）企业投资者经其他各方投资者同意将其股权质押给债权人，质权人或受益人依照法律规定和合同约定取得该投资者股权； （五）企业投资者破产、解散、被撤销、被吊销或死亡，其继承人、债权人或其他受益人依法取得该投资者股权； （六）企业投资者合并或者分立，其合并或分立后的承继者依法承继原投资者股权； （七）企业投资者不履行企业合同、章程规定的出资义务，经原审批机关批准，更换投资者或变更股权。 第三条　企业投资者股权变更应遵守中国有关法律、法规，并按照本规定经审批机关批准和登记机关变更登记。未经审批机关批准的股权变更无效。 第五条　除非外方投资者向中国投资者转让其全部股权，企业投资者股权变更不得导致外方投资者的投资比例低于企业注册资本的25%。 第七条　企业投资者股权变更的审批机关为批准设立该企业的审批机关，如果中外合资、合作企业中方投资者的股权变更而使企业变成外资企业，且该企业从事《外资细则》第五条所规定的限制设立外资企业的行业，则该企业中方投资者的股权变更必须经中华人民共和国对外贸易经济合作部（以下简称外经贸部）批准。

续表

序号	文件名称	相关内容
		企业因增加注册资本而使投资者股权发生变化并且导致其投资总额已超过原审批机关的审批权限的，则企业投资者的股权变更应按照审批权限和有关规定报上级审批机关审批。 企业投资者股权变更的登记机关为原登记机关，经外经贸部批准的股权变更，由国家工商行政管理局或其委托的原登记机关办理变更登记。
22	商务部关于外商投资举办投资性公司的规定	第八条　投资性公司的注册资本中至少应有三千万美元作为向其投资新设立的外商投资企业的出资，或作为向其母公司或关联公司已投资设立外商投资企业（已依法办理完毕股权转让手续）未缴付完毕的出资额的出资，或增资部分的出资，或用于设立研发中心等机构的投资，或用于购买中国境内公司股东的股权（不包括投资性公司母公司或其关联公司已缴付完毕的出资额形成的股权）。 第十二条　本规定所称投资性公司所投资企业系指符合下列条件的企业： （一）投资性公司直接投资或与其他外国投资者和/或中国投资者共同投资，投资性公司中折算出的外国投资者的投资单独或与其他外国投资者一起投资的比例占其所投资设立企业注册资本的25%以上的企业； （二）投资性公司将其投资者或其关联公司、其他外国投资者以及中国境内投资者在中国境内已投资设立的企业的股权部分或全部收购，投资性公司中折算出的外国投资者的投资单独或与其他外国投资者的投资额共同占该已设立企业的注册资本25%以上的企业；

续表

序号	文件名称	相关内容
		（三）投资性公司的投资额不低于其所投资设立企业的注册资本的10%。 第十四条　投资性公司可以作为发起人发起设立外商投资股份有限公司或持有外商投资股份有限公司未上市流通的法人股。投资性公司也可以根据国家有关规定持有境内其他股份有限公司未上市流通的法人股。投资性公司应视为股份有限公司境外发起人或股东。
23	商务部关于外商投资举办投资性公司的补充规定	四、允许投资性公司根据国家有关规定对上市公司进行战略投资，投资性公司应视为股份有限公司境外股东。 七、外国投资者以其在中国境内获得的人民币利润或因转股、清算等活动获得的人民币合法收益向投资性公司注册资本出资（或增资），投资性公司可将该部分注册资本的全部或部分用于境内投资设立企业。投资性公司以上述注册资本所设企业凭外商投资企业审批机关的批准文件、外汇管理部门核准外国投资者以人民币利润或其他人民币合法收益向投资性公司出资（或增资）的资本项目外汇业务核准件、投资性公司出具的对所投资企业人民币出资来源与上述注册资本的书面说明等文件，即可向所在地外汇管理部门申请办理外商投资企业外汇登记及验资询证相关手续，无需再次办理投资性公司以人民币境内投资的资本项目外汇业务核准件。

续表

序号	文件名称	相关内容
		中外合资的投资性公司以来源于其中方投资者人民币出资的注册资本在境内设立企业，无需办理外商投资企业外汇登记、转股收汇外资外汇登记、验资询证及外资外汇登记等外汇管理相关手续，可按普通境内企业的有关规定正常办理验资手续。
24	境内证券市场转持部分国有股充实全国社会保障基金实施办法	第四条　本办法所称国有股是指国有股东持有的上市公司股份。 第五条　本办法所称国有股转持是指股份有限公司首次公开发行股票并上市时，按实际发行股份数量的10%，将上市公司部分国有股转由全国社会保障基金理事会（以下简称社保基金会）持有。
25	国家税务局关于加强非居民企业股权转让所得企业所得税管理的通知	四、在计算股权转让所得时，以非居民企业向被转让股权的中国居民企业投资时或向原投资方购买该股权时的币种计算股权转让价和股权成本价。如果同一非居民企业存在多次投资的，以首次投入资本时的币种计算股权转让价和股权成本价，以加权平均法计算股权成本价；多次投资时币种不一致的，则应按照每次投入资本当日的汇率换算成首次投资时的币种。

续表

序号	文件名称	相关内容
		八、境外投资方（实际控制方）同时转让境内或境外多个控股公司股权的，被转让股权的中国居民企业应将整体转让合同和涉及本企业的分部合同提供给主管税务机关。如果没有分部合同的，被转让股权的中国居民企业应向主管税务机关提供被整体转让的各个控股公司的详细资料，准确划分境内被转让企业的转让价格。如果不能准确划分的，主管税务机关有权选择合理的方法对转让价格进行调整。
26	国家税务局关于股权激励有关个人所得税问题的通知	二、关于股票增值权应纳税所得额的确定 …… 股票增值权某次行权应纳税所得额 =（行权日股票价格 - 授权日股票价格）×行权股票份数。 三、关于限制性股票应纳税所得额的确定 …… 应纳税所得额 =（股票登记日股票市价 + 本批次解禁股票当日市价）÷2×本批次解禁股票份数 - 被激励对象实际支付的资金总额×（本批次解禁股票份数÷被激励对象获取的限制性股票总份数）。 四、关于股权激励所得应纳税额的计算 （一）个人在纳税年度内第一次取得股票期权、股票增值权所得和限制性股票所得的，上市公司应按照财税〔2005〕35 号文件第四条第一项所列公式计算扣缴其个人所得税。

续表

序号	文件名称	相关内容
		（二）个人在纳税年度内两次以上（含两次）取得股票期权、股票增值权和限制性股票等所得，包括两次以上（含两次）取得同一种股权激励形式所得或者同时兼有不同股权激励形式所得的，上市公司应将其纳税年度内各次股权激励所得合并，按照《国家税务总局关于个人股票期权所得缴纳个人所得税有关问题的补充通知》（国税函〔2006〕902号）第七条、第八条所列公式计算扣缴个人所得税。 七、其他有关问题的规定 （一）财税〔2005〕35号、国税函〔2006〕902号和财税〔2009〕5号以及本通知有关股权激励个人所得税政策，适用于上市公司（含所属分支机构）和上市公司控股企业的员工，其中上市公司占控股企业股份比例最低为30%（间接控股限于上市公司对二级子公司的持股）。 间接持股比例，按各层持股比例相乘计算，上市公司对一级子公司持股比例超过50%的，按100%计算。 （二）具有下列情形之一的股权激励所得，不适用本通知规定的优惠计税方法，直接计入个人当期所得征收个人所得税： 1. 除本条第（一）项规定之外的集团公司、非上市公司员工取得的股权激励所得； 2. 公司上市之前设立股权激励计划，待公司上市后取得的股权激励所得； 3. 上市公司未按照本通知第六条规定向其主管税务机关报备有关资料的。

续表

序号	文件名称	相关内容
		（三）被激励对象为缴纳个人所得税款而出售股票，其出售价格与原计税价格不一致的，按原计税价格计算其应纳税所得额和税额。
27	国家税务总局关于加强股权转让所得征收个人所得税管理的通知	一、股权交易各方在签订股权转让协议并完成股权转让交易以后至企业变更股权登记之前，负有纳税义务或代扣代缴义务的转让方或受让方，应到主管税务机关办理纳税（扣缴）申报，并持税务机关开具的股权转让所得缴纳个人所得税完税凭证或免税、不征税证明，到工商行政管理部门办理股权变更登记手续。
28	国家税务总局关于实施创业投资企业所得税优惠问题的通知	三、中小企业接受创业投资之后，经认定符合高新技术企业标准的，应自其被认定为高新技术企业的年度起，计算创业投资企业的投资期限。该期限内中小企业接受创业投资后，企业规模超过中小企业标准，但仍符合高新技术企业标准的，不影响创业投资企业享受有关税收优惠。

续表

序号	文件名称	相关内容
29	财政部关于执行企业所得税优惠政策若干问题的通知	三、企业在享受过渡税收优惠过程中发生合并、分立、重组等情形的，按照《财政部国家税务总局关于企业重组业务企业所得税处理若干问题的通知》（财税〔2009〕59号）的统一规定执行。
30	企业国有产权转让管理暂行办法	第四条　企业国有产权转让应当在依法设立的产权交易机构中公开进行，不受地区、行业、出资或者隶属关系的限制。国家法律、行政法规另有规定的，从其规定。 第二十条　企业国有产权转让的全部价款，受让方应当按照产权转让合同的约定支付。 转让价款原则上应当一次付清。如金额较大、一次付清确有困难的，可以采取分期付款的方式。采取分期付款方式的，受让方首期付款不得低于总价款的30%，并在合同生效之日起5个工作日内支付；其余款项应当提供合法的担保，并应当按同期银行贷款利率向转让方支付延期付款期间利息，付款期限不得超过1年。 第三十条　对于国民经济关键行业、领域中对受让方有特殊要求的，企业实施资产重组中将企业国有产权转让给所属控股企业的国有产权转让，经省级以上国有资产监督管理机构批准后，可以采取协议转让方式转让国有产权。

续表

序号	文件名称	相关内容
31	外国投资者并购境内企业反垄断申报指南	一、申报人 …… 二、申报时间 …… 三、申报材料 …… 四、审查期限 …… 五、申报前商谈 …… 六、保密 …… 七、报送时间、地点 ……
32	国家经贸委关于国有大中型企业主辅分离辅业改制分流安置富余人员的实施办法	（六）改制企业应当按照《中华人民共和国公司法》和其他有关法律法规的规定，通过合资、合作、出售等方式，逐步实现产权主体多元化。具备一定市场生存能力的改制企业，可直接改制为非国有法人控股的法人实体；暂时不具备上述条件的改制企业，可保持国有法人的控股地位，但必须产权明晰、独立核算、面向市场、自负盈亏。

续表

序号	文件名称	相关内容
33	财政部关于出售国有小型企业产权的暂行办法	二、出售国有企业产权，应由各级政府的国有资产管理部门负责。在目前尚未建立国有资产管理部门的地方，那些小企业产权需要出售，应按照企业隶属关系，由财政部门会同企业主管部门报同级政府作出决定，事先应征求企业经营者和职工代表大会的意见，做好职工的思想工作，减少不必要的震荡和损失。 四、国有小企业的产权原则上都可以出售。当前，出售的重点是下列三种类型的企业产权： 1. 资不抵债和接近破产的企业； 2. 长期经营不善，连续多年亏损或微利的企业； 3. 为了优化结构，当地政府认为需要出售产权的企业。 已经实行承包或租赁的企业，一般应在承包或租赁期满后再行出售产权。对经营不善或确有必要出售的承包或租赁企业，应按法律程序，先终止承包或租赁合同，再进行出售。 五、国有小企业可以整体拍卖的形式出售产权，资产数额较大的小型工业企业，可以折股分散出售。 六、国有小企业产权的购买者，可以是国内全民所有制企业、集体所有制企业、乡镇企业、“三资”企业、私营企业、合伙团体和个人。 十、被出售企业产权价格的确定，要遵循以下原则： 1. 要保证国家财产不受损失，防止贱价甩卖和泄露底价； 2. 底盘价格的确定应简便易行、公平合理； 3. 成交价格要在公开竞争中形成，禁止私下交易。

续表

序号	文件名称	相关内容
		十七、企业出售成交后，买卖双方要签订契约，并进行公正，办理产权和土地使用权转移手续。契约的内容包括：企业概况、出卖价格、付款方式、原有债权债务处理、退休及在职职工安置办法以及双方商定的其他事项。
34	国家体改委、国家计委、财政部、国家国有资产管理局关于企业兼并的暂行办法	四、企业兼并的形式 企业兼并主要有以下几种形式： 1. 承担债务式，即在资产与债务等价的情况下，兼并方以承担被兼并方债务为条件接收其资产。 2. 购买式，即被兼并方出资购买被兼并企业的资产。 3. 吸收股份式，即被兼并企业的所有者将被兼并的净资产作为股金投入兼并方，成为兼并方企业的一个股东。 4. 控股式，即一个企业通过购买其他企业的股权，达到控股，实现兼并。 七、企业兼并的资金来源和兼并后的产权归属 企业兼并也是一种投资方式，凡是国家规定可以用于投资的资金，都可用来兼并企业，当前主要有以下四项： 1. 企业留用利润； 2. 企业节余的折旧基金； 3. 计划内用于投资的银行贷款； 4. 企业经过有关部门批准发行债券、股票等筹集到的资金。企业兼并后的产权归属，原则上谁出资归谁所有。

续表

序号	文件名称	相关内容
		十、兼并后企业的财政税收管理 企业兼并后，如果被兼并企业丧失法人地位，按兼并方企业的财政税收管理办法执行；如果被兼并方企业仍保留法人地位，在所有制性质没有变化的情况下，按被兼并方企业原来的财政税收管理办法执行；如果被兼并方企业的所有制性质发生变化，按所有制性质变更后适用的财政税收管理办法执行；如果兼并双方通过参股、控股形成股份制企业，其财政税收的管理办法另行规定。有关全民所有制企业兼并后的财务处理办法，由财政部另行规定。
35	国务院关于中央企业主辅分离辅业改制分流安置富余人员资产处置有关问题的通知	将企业改制分流过程中涉及的非主业资产、闲置资产和关闭破产企业的有效资产（以下简称三类资产）处置的有关问题通知如下： …… 四、用国有净资产进行支付和预留后有剩余的，剩余部分可按规定向员工或外部投资者出售，或采取租赁、入股、转为债权等方式留在改制企业，但不得无偿量化到个人。

续表

序号	文件名称	相关内容
36	企业兼并有关财务问题的暂行规定	二、本规定所称“兼并”，指一个企业通过购买等有偿方式取得其他企业的产权，使其失去法人资格或虽然保留法人资格但变更投资主体的一种行为。 在被兼并企业资产与债务基本等价的情况下，兼并方企业承担被兼并企业债务的，经批准，兼并方企业可以采取划转方式取得被兼并企业的资产。 八、经批准采取划转方式取得被兼并企业资产的，应当办理企业产权和财务体制的划转手续，属于同一财政体制的企业兼并，由同级国有资产管理部门和主管财政机关负责办理；属于不同财政体制的企业兼并，由上一级国有资产管理部门和主管财政机关负责办理。 十、在被兼并企业法人资格取消的情况下，兼并方企业支持的产权转让价格与被兼并企业净资产的差额，兼并方企业应作为商誉计入无形资产，从兼并成交次月起按规定年限分月摊销，没有规定年限的可按十年摊销。 在被兼并企业继续保留法人资格的情况下，兼并方企业所支付的价款，作长期投资处理。 十一、兼并方企业的应付价款一般应在兼并程序终结日一次付清。如数额较大，一次付清确有困难的，在取得有担保资格人担保的前提下，可以分期付款。但付款期限不得超过三年，在兼并程序终结日支付的价款不得低于被兼并企业产权转让成交价款的50%。

续表

序号	文件名称	相关内容
37	企业兼并有关会计处理问题暂行规定	《企业兼并有关会计处理问题暂行规定》对企业兼并过程中涉及的被兼并企业的账务处理、兼并方企业的账务处理、会计报表、会计档案的移交及会计制度等问题进行了详细的规定。
38	实施《全国企业兼并破产和职工再就业工作计划》银行呆、坏账准备金核销办法	第五条　有下列情况之一者，不得核销呆、坏账： …… （二）兼并企业未落实分期还款计划或未按分期还款计划还款的；
39	国家经济贸易委员会、财政部、中国人民银行关于出售国有小型企业中若干问题意见的通知	四、出售企业应遵循的程序： （一）地级市以下人民政府（含地级市人民政府，以下简称出售方）将出售方案征求有关企业职工代表大会（以下简称职代会）或职工大会意见后，须向上一级人民政府提出申请，经批准后发布出售信息； （二）拟购买者须向出售方提出购买申请，由出售方审查其资信情况； （三）出售方要指定具备资格的审计机构对原企业法定代表人进行离任审计，财政部门和土地管理部门要对企业进行资产清查、土地使用权界定；

续表

序号	文件名称	相关内容
		（四）出售方委托具备资格的评估机构对企业资产（包括无形资产）和土地使用权进行评估，评估结果应按有关规定经有关部门确认； （五）出售方应以有关主管部门确认的评估值为依据，合理确定出售底价，通过拍卖、招标或协议转让等方式确定企业出售价格及购买者； （六）购买者须与社会保险经办机构落实企业职工社会保险的有关事宜，与出售企业的债权经营机构签订转贷和还款协议，并提供相应担保； （七）出售方与购买者签订出售协议。采取协议转让方式出售的企业，经上一级人民政府审核批准后协议方可生效。出售方与购买者要及时办理产权变更、企业法人变更和税务登记等有关手续。
40	国家劳动和社会保障部、财政部、发展和改革委员会关于国有大中型企业主辅分离辅业改制分流安置富余人员的劳动关系处理办法	（一）国有大中型企业实行主辅分离、辅业改制的企业（以下简称“改制企业”）应当在工商登记后30日内，与原主体企业分流到本单位的职工签订劳动合同。 （二）对分流到国有法人绝对控股改制企业的职工，应当采取原主体企业解除劳动合同，改制企业签订新劳动合同的方式变更劳动合同，由改制企业继续与职工履行原劳动合同约定的权利与义务。 改制企业与职工重新签订劳动合同就劳动合同期限不能协商一致的，应当继续履行原劳动合同中尚未履行的期限；原劳动合同未履行期限短于3年的，应延长至3年。

续表

序号	文件名称	相关内容
		符合签订无固定期限劳动合同条件的，职工提出签订无固定期限的劳动合同，用人单位应当签订无固定期限劳动合同。 （三）对分流到非国有法人控股改制企业的职工，原主体企业应当与其办理解除劳动合同手续，并依法支付经济补偿金；改制企业应当与职工重新签订劳动合同。劳动合同的期限由改制企业与职工协商确定，重新签订劳动合同的期限应不短于3年。 （四）对分流到国有法人绝对控股改制企业的职工，改制企业解除劳动合同时，对符合支付经济补偿金条件的，计发经济补偿金的年限应当将职工在原主体企业的工作年限与到改制企业后的工作年限合并计算。劳动合同期满，终止劳动合同时，支付生活补助费的办法按照《劳动保障部办公厅关于〈国营企业实行劳动合同制暂行规定〉废止后有关终止劳动合同支付生活补助费问题的复函》（劳社厅函〔2001〕280号）执行。 （六）企业改制分流时，对距法定退休年龄5年以内、符合内部退养条件的职工，原主体企业或国有法人控股的改制企业经与职工协商一致，可以实行内部退养。 职工在改制前已经办理内部退养手续的，一般由原主体企业继续履行与职工的内部退养协议。由改制企业履行原内部退养协议的，应当在改制分流总体方案中明确。

续表

序号	文件名称	相关内容
		（八）企业改制分流时，原主体企业要妥善处理好拖欠职工的工资和欠缴的社会保险费等债务。具体办法按照《财政部关于印发〈企业公司制改建有关国有资本管理与财务处理的暂行规定〉的通知》（财企〔2002〕313号）执行。
41	上市公司收购管理办法	第一条　为了规范上市公司的收购及相关股份权益变动活动，保护上市公司和投资者的合法权益，维护证券市场秩序和社会公共利益，促进证券市场资源的优化配置，根据《证券法》、《公司法》及其他相关法律、行政法规，制定本办法。 第五条　收购人可以通过取得股份的方式成为一个上市公司的控股股东，可以通过投资关系、协议、其他安排的途径成为一个上市公司的实际控制人，也可以同时采取上述方式和途径取得上市公司控制权。 收购人包括投资者及与其一致行动的他人。 第六条　任何人不得利用上市公司的收购损害被收购公司及其股东的合法权益。 有下列情形之一的，不得收购上市公司： （一）收购人负有数额较大债务，到期未清偿，且处于持续状态； （二）收购人最近3年有重大违法行为或者涉嫌有重大违法行为；

续表

序号	文件名称	相关内容
		（三）收购人最近3年有严重的证券市场失信行为； （四）收购人为自然人的，存在《公司法》第一百四十七条规定情形； （五）法律、行政法规规定以及中国证监会认定的不得收购上市公司的其他情形。
42	上市公司要约收购业务指引	一、以要约收购方式进行上市公司收购的，收购人应当在拟刊登要约收购报告书摘要前一工作日15：00之前到中国证券登记结算有限责任公司深圳分公司（以下简称中国结算深圳分公司）办理相关手续： 1. 收购人以现金支付的，应当委托证券公司将不少于收购总金额百分之二十的履约保证金存入其在中国结算深圳分公司开立的结算备付金账户中，然后将《要约收购履约资金划付申请表》（见附件1）传真给中国结算深圳分公司资金交收部（传真：0755—25987433），将该款项由其结算备付金账户划入收购证券资金结算账户。对于履约保证金，中国结算深圳分公司按照中国人民银行规定的企业活期存款利率计付利息。 在刊登《要约收购报告书摘要》的当日，收购人应当将《要约收购报告书摘要》传真给中国结算深圳分公司资金交收部。

续表

序号	文件名称	相关内容
		2. 收购人以依法可以转让的证券进行支付的，应当委托证券公司向中国结算深圳分公司申请办理其用于支付的全部证券的保管，但不在中国结算深圳分公司保管范围内的证券除外。
43	公开发行证券的公司信息披露内容与格式准则第15号——权益变动报告书	第一条　为了规范上市公司的收购及相关股份权益变动活动中的信息披露行为，保护投资者的合法权益，维护证券市场秩序，根据《证券法》、《上市公司收购管理办法》（以下简称《收购办法》）及其他相关法律、行政法规及部门规章的有关规定，制订本准则。 第十条　信息披露义务人因增加其在一个上市公司中拥有权益的股份，导致其在该上市公司中拥有权益的股份达到或超过该上市公司已发行股份的20%但未超过30%，或者虽未超过20%但成为该上市公司第一大股东或者实际控制人的，应当按照本准则第三章的规定编制详式权益变动报告书。 除依法须编制收购报告书、要约收购报告书、详式权益变动报告书的情形外，信息披露义务人增加或减少其在一个上市公司中拥有权益的股份变动达到法定比例的，应当按照本准则第二章的规定编制简式权益变动报告书。

续表

序号	文件名称	相关内容
44	财政部关于豁免国有创业投资机构和国有创业投资引导基金国有股转持义务有关问题的通知	为进一步提高国有资本从事创业投资的积极性，鼓励和引导国有创业投资机构加大对中早期项目的投资，促进我国创业投资事业的发展和科技创新目标的实现，经国务院批准，符合条件的国有创业投资机构和国有创业投资引导基金，投资于未上市中小企业形成的国有股，可申请豁免国有股转持义务。现将有关事项通知如下： 一、资质条件 （一）豁免国有股转持义务的国有创业投资机构应当符合下列条件： 1. 经营范围符合《创业投资企业管理暂行办法》（发展改革委等10部门令第39号，以下简称《办法》）规定，且工商登记名称中注有“创业投资”字样。在2005年11月15日《办法》发布前完成工商登记的，可保留原有工商登记名称，但经营范围须符合《办法》规定。 2. 遵照《办法》规定的条件和程序完成备案，经备案管理部门年度检查核实，投资运作符合《办法》有关规定。 （二）豁免国有股转持义务的国有创业投资引导基金应当为按照《关于创业投资引导基金规范设立与运作的指导意见》（国办发〔2008〕116号）规定，规范设立并运作的国有创业投资引导基金。

续表

序号	文件名称	相关内容
		（三）本通知所称未上市中小企业，应当同时符合下列条件： 1. 职工人数不超过500人。 2. 年销售（营业额）不超过2亿元。 3. 资产总额不超过2亿元。 上述条件按照国有创业投资机构和国有创业投资引导基金初始投资行为发生时被投资企业的规模确定。
45	国家税务总局关于贯彻落实企业所得税法若干税收问题的通知	二、关于债务重组收入确认问题 企业发生债务重组，应在债务重组合同或协议生效时确认收入的实现。 三、关于股权转让所得确认和计算问题 企业转让股权收入，应于转让协议生效、且完成股权变更手续时，确认收入的实现。转让股权收入扣除为取得该股权所发生的成本后，为股权转让所得。企业在计算股权转让所得时，不得扣除被投资企业未分配利润等股东留存收益中按该项股权所可能分配的金额。 四、关于股息、红利等权益性投资收益收入确认问题 企业权益性投资取得股息、红利等收入，应以被投资企业股东会或股东大会作出利润分配或转股决定的日期，确定收入的实现。 被投资企业将股权（票）溢价所形成的资本公积转为股本的，不作为投资方企业的股息、红利收入，投资方企业也不得增加该项长期投资的计税基础。

续表

序号	文件名称	相关内容
46	企业国有产权无偿划转工作指引	第二条　国有独资企业、国有独资公司、国有事业单位投资设立的一人有限责任公司及其再投资设立的一人有限责任公司（以下统称国有一人公司），可以作为划入方（划出方）。 国有一人公司作为划入方（划出方）的，无偿划转事项由董事会审议；不设董事会的，由股东作出书面决议，并加盖股东印章。 国有独资企业产权拟无偿划转国有独资公司或国有一人公司持有的，企业应当依法改制为公司。 第三条　中央企业及其子企业无偿划入（划出）企业国有产权的，适用本指引。 第四条　中央企业及其子企业无偿划入企业国有产权，应当符合国资委有关减少企业管理层次的要求，划转后企业管理层次原则上不超过三级。 第五条　划转双方应当严格防范和控制无偿划转的风险，所作承诺事项应严谨合理、切实可行，且与被划转企业直接相关；划转协议的内容应当符合《办法》的规定，不得以重新划回产权等作为违约责任条款。

续表

序号	文件名称	相关内容
47	信托公司管理办法	第十二条　信托公司有下列情形之一的，应当经中国银行业监督管理委员会批准： …… （七）变更股东或者调整股权结构，但持有上市公司流通股份未达到公司总股份5%的除外； （九）合并或者分立； 第十三条　信托公司出现分立、合并或者公司章程规定的解散事由，申请解散的，经中国银行业监督管理委员会批准后解散，并依法组织清算组进行清算。
48	信托公司私人股权投资信托业务操作指引	第七条　信托公司开展私人股权投资信托业务，应当遵循以下规定： …… （三）信托期限与股权退出安排相匹配，持股期限相对稳定，并在信托文件中明确股权退出安排； （四）以固有资金参与私人股权投资信托计划的，应当遵守信托公司净资本管理的有关规定，且在信托存续期间不转让受益权，也不得直接或间接以该受益权为标的进行融资。 第十五条　信托公司在管理私人股权投资信托计划时，可以通过股权上市、协议转让、被投资企业回购、股权分配等方式，实现投资退出。 通过股权上市方式退出的，应符合相关监管部门的有关规定。

续表

序号	文件名称	相关内容
49	中华人民共和国信托法	第二十七条　受托人不得将信托财产转为其固有财产。受托人将信托财产转为其固有财产的，必须恢复该信托财产的原状；造成信托财产损失的，应当承担赔偿责任。 第二十八条　受托人不得将其固有财产与信托财产进行交易或者将不同委托人的信托财产进行相互交易，但信托文件另有规定或者经委托人或者受益人同意，并以公平的市场价格进行交易的除外。 受托人违反前款规定，造成信托财产损失的，应当承担赔偿责任。
50	商业银行并购贷款风险管理指引	第一条　为规范商业银行并购贷款经营行为，提高商业银行并购贷款风险管理能力，促进银行业公平竞争，增强银行业竞争能力，维护银行业的合法、稳健运行，根据《中华人民共和国银行业监督管理法》、《中华人民共和国商业银行法》等法律法规，制定本指引。 第三条　本指引所称并购，是指境内并购方企业通过受让现有股权、认购新增股权，或收购资产、承接债务等方式以实现合并或实际控制已设立并持续经营的目标企业的交易行为。 并购可由并购方通过其专门设立的无其他业务经营活动的全资或控股子公司（以下称子公司）进行。

续表

序号	文件名称	相关内容
		第四条　本指引所称并购贷款，是指商业银行向并购方或其子公司发放的，用于支付并购交易价款的贷款。 第六条　商业银行应制定并购贷款业务发展策略，包括但不限于明确发展并购贷款业务的目标、并购贷款业务的客户范围及其主要风险特征，以及并购贷款业务的风险承受限额等。 第七条　商业银行应按照管理强度高于其他贷款种类的原则建立相应的并购贷款管理制度和管理信息系统，确保业务流程、内控制度以及管理信息系统能够有效地识别、计量、监测和控制并购贷款的风险。
51	银监会关于信托投资公司开展集合资金信托业务创新试点有关问题的通知	五、信托投资公司取得创新试点资格后，可以自行设计和推介创新产品。创新产品应当符合以下要求： …… （六）禁止将信托资金运用于信托投资公司关联方，禁止以固有财产与信托财产进行交易，禁止将不同信托财产进行相互交易； （七）信托文件应约定受托人报酬，除合理报酬外，信托投资公司不得以任何名义直接或间接以信托财产为自己或他人牟利；

续表

序号	文件名称	相关内容
52	证监会关于加强对上市公司非流通股协议转让活动规范管理的通知	证券交易所应当督促上市公司非流通股协议转让的有关当事人充分履行信息披露义务。上市公司非流通股协议转让涉及上市公司收购事宜的，证券交易所、证券登记结算公司应当督促有关当事人切实遵守法律、法规及中国证监会关于上市公司收购的相关规定。 对未按照证券交易所、证券登记结算公司有关业务规则进行的上市公司非流通股协议转让，证券交易所、证券登记结算公司一律不得办理股份转让、过户登记手续。
53	证监会关于加强上市公司主要股东变更审查工作的通知	一、交易所在根据《上市规则》特别指引第一号对30%以下股权转让的审查中，对受让方在受让后直接或者间接持有股份达到控股地位的，应要求受让方详细报告其控股后的经营、重组计划，并要求其对实施该计划过程中受让方所应履行的义务和承担的责任予以承诺。交易所应当对受让方承诺予以备案，并监督其履行承诺。 二、对于受让方属非国有企业或非国有控股企业的，应对其股权转让行为及经营、重组计划进行重点审查。对于受让方的主营业务范围与上市公司的主营业务范围不一致，受让后将对上市公司的原主营业务范围进行调整的，应及时向我部通报情况。 三、应审查受让方是否有长期持有受让股份的承诺（建议受让方持有时间应在3年以上），对于受让方受让股份后，在一年内又转让的，应不予核准。

续表

序号	文件名称	相关内容
54	证监会关于规范上市公司实际控制权转移行为有关问题的通知	二、以协议方式进行上市公司收购的，控股股东和收购人应当在收购协议中明确约定，双方在签订收购协议后至相关股份过户前的过渡期间各自的权利、义务，并采取切实有效措施保证控制权转移期间上市公司经营管理的平稳过渡。 在过渡期间，控股股东或者收购人不得利用收购行为损害上市公司和中小股东的权益，并应当遵守以下规定： （一）控股股东和收购人应当严格按照《上市公司治理准则》的要求，保持上市公司的独立性，完善公司治理；在相关股份过户前，控股股东应当切实履行控股股东的职责，收购人应当按照《收购办法》的规定切实履行其对被收购公司和其他股东的诚信义务。 （二）在过渡期间，收购人原则上不得通过控股股东提议改选上市公司董事会；确有充分理由改选董事会的，来自收购人的董事不得超过董事会三分之一。 （三）在过渡期间，控股股东和收购人应当保证不影响上市公司正常的生产经营；收购人不得将上市公司股权进行质押；上市公司不得进行再融资，不得进行重大购买、出售资产及重大投资行为，但收购人为挽救面临严重财务困难的上市公司的情形除外。

续表

序号	文件名称	相关内容
		（四）上市公司及其控股股东、收购人应当严格遵守《关于规范上市公司与关联方资金往来及上市公司对外担保若干问题的通知》（证监发〔2003〕56号）的规定，上市公司不得为收购人及其关联方提供担保，收购人及其关联方不得占用上市公司资金和资产。 （五）在收购行为完成后，收购人应当进行自查，说明过渡期间对上市公司资产、人员、业务及经营管理的调整情况，过渡期间的公司规范运作情况，是否存在上市公司为收购人及其关联方提供担保或借款等损害上市公司利益的情形。 上市公司董事会应当就收购人的自查报告出具明确意见，并聘请具有证券从业资格的注册会计师事务所或财务顾问对过渡期间上市公司经营情况进行专项核查，并就转移实际控制权前后公司业绩对比、收购人是否存在未清偿其对公司的负债、未解除公司为其提供的担保或者存在其他损害公司利益的情形出具意见；如存在上述情形的，上市公司董事会应当采取切实有效措施维护上市公司利益。 收购人的自查报告及董事会意见应当予以公告，并报送上市公司所在地中国证监会派出机构。

续表

序号	文件名称	相关内容
55	中国证监会股票发行审核委员会重大重组审核工作委员会工作程序	一、重组审核委员会根据《公司法》、《证券法》、《通知》及证监会有关规定，对上市公司重大购买、出售、置换资产活动进行审核。 二、重组审核委员会根据专业分为三组，每组设组长两人，由各组委员选举产生。每次审核工作会议采取随机抽取方式，分别确定出席会议的组长和委员，参会委员总数不少于九人。 三、中国证监会相关部门在审核工作会议召开的3个工作日前，将会议通知、初审意见和公司报送材料送达参会委员。 四、重组审核委员会工作会议以无记名投票方式对上市公司重组方案进行表决，与会委员可以对重组方案投同意票或者反对票。 经审核，上市公司重组方案符合有关法律、法规规定的，可以对其申请投同意票；附加条件同意的，应当说明附加条件的内容；上市公司重组方案不符合有关法律、法规规定的，可以对其申请投反对票，并说明反对理由。 同意票数达到参会委员人数的三分之二，即为通过；同意票数未能达到参会委员人数的三分之二，即为不通过。 五、上市公司重组方案经重组审核委员会审核未予通过的，上市公司应当予以公告。公司复牌后，对原方案进行修改或提出新方案的，可以依照《通知》的规定重新报送审核材料，符合《通知》规定条件的，可以再次提交重组审核委员会审议。 六、重组审核委员会根据工作需要，可以邀请委员以外的专家到会提供专业咨询意见。所邀请的专家不参加表决。

续表

序号	文件名称	相关内容
56	外资参股证券公司设立规则	第七条　外资参股证券公司的境外股东，应当具备下列条件： （一）所在国家或者地区具有完善的证券法律和监管制度，已与中国证监会或者中国证监会认可的机构签定证券监管合作谅解备忘录，并保持着有效的监管合作关系； （二）在所在国家或者地区合法成立，至少有1名是具有合法的金融业务经营资格的机构；境外股东自参股之日起3年内不得转让所持有的外资参股证券公司股权； （三）持续经营5年以上，近3年未受到所在国家或者地区监管机构或者行政、司法机关的重大处罚； （四）近3年各项财务指标符合所在国家或者地区法律的规定和监管机构的要求； （五）具有完善的内部控制制度； （六）具有良好的声誉和经营业绩； （七）中国证监会规定的其他审慎性条件。 第十条　境外股东持股比例或者在外资参股证券公司中拥有的权益比例，累计（包括直接持有和间接控制）不得超过49%。 境内股东中的内资证券公司，应当至少有1名的持股比例或者在外资参股证券公司中拥有的权益比例不低于49%。 内资证券公司变更为外资参股证券公司后，应当至少有1名内资股东的持股比例不低于49%。

续表

序号	文件名称	相关内容
		第二十五条　境外投资者可以依法通过证券交易所的证券交易持有上市内资证券公司股份，或者与上市内资证券公司建立战略合作关系并经中国证监会批准持有上市内资证券公司股份，上市内资证券公司经批准的业务范围不变；在控股股东为内资股东的前提下，上市内资证券公司不受至少有1名内资股东的持股比例不低于49%的限制。 境外投资者依法通过证券交易所的证券交易持有或者通过协议、其他安排与他人共同持有上市内资证券公司5%以上股份的，应当符合本规则第七条规定的条件，并遵守《证券法》第一百二十九条的规定。 单个境外投资者持有（包括直接持有和间接控制）上市内资证券公司股份的比例不得超过20%；全部境外投资者持有（包括直接持有和间接控制）上市内资证券公司股份的比例不得超过25%。
57	商务部关于涉及外商投资企业股权出资的暂行规定	第二条　境内外投资者（以下统称股权出资人）以其持有的中国境内企业（以下统称股权企业）的股权作为出资，设立及变更外商投资企业（以下统称被投资企业）的行为适用本规定，包括： （一）以新设公司形式设立外商投资企业； （二）增资使非外商投资企业变更为外商投资企业； （三）增资使外商投资企业股权发生变更。 以上所称企业是指在中国境内依法设立的有限责任公司或股份有限公司。

续表

序号	文件名称	相关内容
		第三条　本规定所称审批机关为中华人民共和国商务部或地方商务主管部门。 投资者以股权出资设立及变更外商投资企业，除按照有关外商投资审批管理规定由商务部批准的之外，其余由被投资企业所在省、自治区、直辖市和计划单列市的商务主管部门（以下简称省级审批机关）负责批准。 第四条　用作出资的股权应当权属清晰、权能完整，依法可以转让；股权企业为外商投资企业的，该企业应依法批准设立，符合外商投资产业政策。 属于以下情形的，股权不得用于出资： （一）股权企业的注册资本未缴足； （二）股权已被设立质权； （三）股权已被依法冻结； （四）股权企业章程（合同）约定不得转让的股权； （五）未按规定参加或未通过上一年度外商投资企业联合年检的外商投资企业的股权； （六）房地产企业、外商投资性公司、外商投资创业（股权）投资企业的股权； （七）法律、行政法规或者国务院决定规定股权转让应当报经批准而未经批准； （八）法律、行政法规或者国务院决定规定不得转让的其他情形。 第八条　被投资企业全体股东的股权出资金额和以其他非货币财产作价出资金额之和不得高于其注册资本的70%。

续表

序号	文件名称	相关内容
58	外商投资合伙企业登记管理规定	第二条　本规定所称外商投资合伙企业是指2个以上外国企业或者个人在中国境内设立的合伙企业，以及外国企业或者个人与中国的自然人、法人和其他组织在中国境内设立的合伙企业。 外商投资合伙企业的设立、变更、注销登记适用本规定。 申请办理外商投资合伙企业登记，申请人应当对申请材料的真实性负责。 第三条　外商投资合伙企业应当遵守《合伙企业法》以及其他有关法律、行政法规、规章的规定，应当符合外商投资的产业政策。 …… 《外商投资产业指导目录》禁止类和标注"限于合资"、"限于合作"、"限于合资、合作"、"中方控股"、"中方相对控股"和有外资比例要求的项目，不得设立外商投资合伙企业。 第十五条　以实物、知识产权、土地使用权或者其他财产权利出资，由全体合伙人协商作价的，应当向企业登记机关提交全体合伙人签署的协商作价确认书；由全体合伙人委托法定评估机构评估作价的，应当向企业登记机关提交中国境内法定评估机构出具的评估作价证明。 外国普通合伙人以劳务出资的，应当向企业登记机关提交外国人就业许可文件，具体程序依照国家有关规定执行。

续表

序号	文件名称	相关内容
59	外国企业或者个人在中国境内设立合伙企业管理办法	第八条　外商投资合伙企业的外国合伙人全部退伙，该合伙企业继续存续的，应当依法向企业登记机关申请变更登记。 第九条　外商投资合伙企业变更登记或者注销登记的，企业登记机关应当同时将有关变更登记或者注销登记的信息向同级商务主管部门通报。
60	股权出质登记管理办法	第十条　出现主债权消灭、质权实现、质权人放弃质权或法律规定的其他情形导致质权消灭的，应当申请办理注销登记。 第十一条　申请股权出质注销登记，应当提交申请人签字或者盖章的《股权出质注销登记申请书》。 指定代表或者共同委托代理人办理的，还应当提交申请人指定代表或者共同委托代理人的证明。
61	工商行政总局关于做好合伙企业登记管理工作的通知	合伙人申请变更登记，除应当提交《合伙企业登记管理办法》第十九条规定的文件外，涉及变更具体登记事项的，还应当提交以下文件： …… （五）新合伙人入伙的，应当提交新合伙人的主体资格证明或自然人身份证明、入伙协议以及全体合伙人对新合伙人认缴或者实际缴付出资的确认书。 （六）合伙人增加或减少对合伙企业出资的，提交全体合伙人对该合伙人认缴或者实际缴付出资的确认书。

续表

序号	文件名称	相关内容
62	国家工商行政管理总局、商务部关于外国投资者通过股权并购举办外商投资广告企业有关问题的通知	一、外国投资者可以依据《并购规定》和《广告规定》等有关规定，通过购买境内广告企业的部分股权举办中外合营广告企业，通过购买境内广告企业的全部股权举办外资广告企业。 二、外国投资者以股权并购方式举办的外商投资广告企业，中外投资者应符合《广告规定》第九条、第十条规定的条件。 如被并购的境内广告企业已主营或兼营二年以上广告业务，则该境内广告企业的原中方投资者可继续保留其股东地位，不受前款规定限制。 四、申请人获得国家工商行政管理总局颁发的《外商投资广告企业项目审定意见书》后，应当按照《广告规定》及国家有关并购的相关规定向商务主管部门报送文件并办理审批手续。
63	境内机构境外直接投资外汇管理规定	第二条　本规定所称境外直接投资是指境内机构经境外直接投资主管部门核准，通过设立（独资、合资、合作）、并购、参股等方式在境外设立或取得既有企业或项目所有权、控制权或经营管理权等权益的行为。 第六条　外汇局对境内机构境外直接投资及其形成的资产、相关权益实行外汇登记及备案制度。

续表

序号	文件名称	相关内容
		境内机构在向所在地外汇局办理境外直接投资外汇登记时，应说明其境外投资外汇资金来源情况。 第八条　境内机构应凭境外直接投资主管部门的核准文件和境外直接投资外汇登记证，在外汇指定银行办理境外直接投资资金汇出手续。外汇指定银行进行真实性审核后为其办理。 外汇指定银行为境内机构办理境外直接投资资金汇出的累计金额，不得超过该境内机构事先已经外汇局在相关业务系统中登记的境外直接投资外汇资金总额。 第十条　境内机构持有的境外企业股权因转股、破产、解散、清算、经营期满等原因注销的，境内机构应在取得境外直接投资主管部门相关证明材料之日起60天内，凭相关材料到所在地外汇局办理注销境外直接投资外汇登记手续。 第十八条　境内机构因所设境外企业减资、转股、清算等所得资本项下外汇收入，通过资产变现专用外汇账户办理入账，或经外汇局批准留存境外。资产变现专用外汇账户的开立及入账经所在地外汇局按照相关规定核准，账户内资金的结汇，按照有关规定直接向外汇指定银行申请办理。

续表

序号	文件名称	相关内容
64	国家外汇管理局关于境内居民通过境外特殊目的公司融资及返程投资外汇管理有关问题的通知	一、本通知所称“特殊目的公司”，是指境内居民法人或境内居民自然人以其持有的境内企业资产或权益在境外进行股权融资（包括可转换债融资）为目的而直接设立或间接控制的境外企业。 本通知所称“返程投资”，是指境内居民通过特殊目的公司对境内开展的直接投资活动，包括但不限于以下方式：购买或置换境内企业中方股权、在境内设立外商投资企业及通过该企业购买或协议控制境内资产、协议购买境内资产及以该项资产投资设立外商投资企业、向境内企业增资。 本通知所称“境内居民法人”，是指在中国境内依法设立的企业事业法人以及其他经济组织；“境内居民自然人”是指持有中华人民共和国居民身份证或护照等合法身份证件的自然人，或者虽无中国境内合法身份但因经济利益关系在中国境内习惯性居住的自然人。 本通知所称“控制”，是指境内居民通过收购、信托、代持、投票权、回购、可转换债券等方式取得特殊目的公司或境内企业的经营权、收益权或者决策权。 五、特殊目的公司使用境外融资所得资金返程投资或向境内企业提供股东贷款及其他债务资金，相关境内企业应按照现行利用外资、外债管理法律、法规办理有关外汇管理手续。外汇局为相关境内企业办理外商投资企业设立登记及变更登记、外债登记，或者为特殊目的公司办理转股收汇外资外汇登记时，应审核《境外投资外汇登记证》或《境内居民个人境外投资外汇登记表》。

续表

序号	文件名称	相关内容
		六、境内居民按规定办理境外投资外汇登记及变更手续后，可向特殊目的公司支付利润、红利、清算、转股、减资等款项。 境内居民从特殊目的公司获得的利润、红利及资本变动外汇收入应于获得之日起180日内调回境内，利润或红利可以进入经常项目外汇账户或者结汇，资本变动外汇收入经外汇局核准，可以开立资本项目专用账户保留，也可经外汇局核准后结汇。 七、特殊目的公司发生增资或减资、股权转让或置换、合并或分立、长期股权或债权投资、对外担保等重大资本变更事项且不涉及返程投资的，境内居民应于重大事项发生之日起30日内向外汇局申请办理境外投资外汇登记变更或备案手续。
65	外管局关于完善外商投资企业外汇资本金支付结汇管理有关业务操作问题的通知	三、银行为外商投资企业办理资本金支付结汇业务，应当执行国家外汇管理局关于支付结汇的管理规定。外商投资企业资本金结汇所得人民币资金，应当在政府审批部门批准的经营范围内使用，除另有规定外，结汇所得人民币资金不得用于境内股权投资。 …… 商务主管部门批准成立的投资性外商投资企业从事境内股权投资，其资本金的境内划转应当经外汇局核准后才可办理。

续表

序号	文件名称	相关内容
		五、外商投资企业资本金账户及人民币账户开立在同一家银行的，结汇银行须在当日办理完毕结汇、人民币资金入账及对外支付划出手续；不在同一家银行的，结汇银行在办理结汇所得人民币资金划出时，应当在划款凭证上注明“资本金结汇”字样，人民币资金划入银行应当在2个工作日内（含划入当日）根据支付命令函办理该笔资金的对外支付划转手续。 企业资本金结汇用于本企业备用金周转、工资奖金发放的，其结汇所得人民币资金可在企业自身的人民币账户留存。 六、境内机构或个人向外国投资者转让所持境内企业股份或权益而收取的外汇购买对价（以下简称“股权转让对价”），应当通过资产变现专用外汇账户办理入账及结汇。资产变现专用外汇账户的开立及资金入账应当经所在地外汇局根据相关规定核准，银行凭外汇局出具的核准件办理相应业务。
66	上市公司并购重组审核委员会工作规程	第二条 中国证券监督管理委员会（以下简称中国证监会）在发行审核委员会中设立上市公司并购重组审核委员会（以下简称并购重组委）。 并购重组委审核下列并购重组事项的，适用本规程： （一）根据中国证监会的相关规定构成上市公司重大资产重组的； （二）上市公司以新增股份向特定对象购买资产的；

续表

序号	文件名称	相关内容
		（三）上市公司实施合并、分立的； （四）中国证监会规定的其他并购重组事项。 第六条　并购重组委委员由中国证监会的专业人员和中国证监会外的有关专家组成，由中国证监会聘任。 并购重组委委员为25名。其中，中国证监会的人员5名，中国证监会以外的人员20名。 并购重组委设会议召集人5名。 第十条　并购重组委的职责是：根据有关法律、行政法规和中国证监会的相关规定，审核上市公司并购重组申请是否符合相关条件；审核财务顾问、会计师事务所、律师事务所、资产评估机构等证券服务机构及相关人员为并购重组申请事项出具的有关材料及意见书；审核中国证监会有关职能部门出具的初审报告；依法对并购重组申请事项提出审核意见。
67	上市公司并购重组财务顾问业务管理办法	第二条　上市公司并购重组财务顾问业务是指为上市公司的收购、重大资产重组、合并、分立、股份回购等对上市公司股权结构、资产和负债、收入和利润等具有重大影响的并购重组活动提供交易估值、方案设计、出具专业意见等专业服务。 经中国证券监督管理委员会（以下简称中国证监会）核准具有上市公司并购重组财务顾问业务资格的证券公司、证券投资咨询机构或者其他符合条件的财务顾问机构（以下简称财务顾问），可以依照本办法的规定从事上市公司并购重组财务顾问业务。

续表

序号	文件名称	相关内容
		未经中国证监会核准，任何单位和个人不得从事上市公司并购重组财务顾问业务。 第三条　财务顾问应当遵守法律、行政法规、中国证监会的规定和行业规范，诚实守信，勤勉尽责，对上市公司并购重组活动进行尽职调查，对委托人的申报文件进行核查，出具专业意见，并保证其所出具的意见真实、准确、完整。 第六条　证券公司从事上市公司并购重组财务顾问业务，应当具备下列条件： （一）公司净资本符合中国证监会的规定； （二）具有健全且运行良好的内部控制机制和管理制度，严格执行风险控制和内部隔离制度； （三）建立健全的尽职调查制度，具备良好的项目风险评估和内核机制； （四）公司财务会计信息真实、准确、完整； （五）公司控股股东、实际控制人信誉良好且最近3年无重大违法违规记录； （六）财务顾问主办人不少于5人； （七）中国证监会规定的其他条件。 第十九条　财务顾问从事上市公司并购重组财务顾问业务，应当履行以下职责： （一）接受并购重组当事人的委托，对上市公司并购重组活动进行尽职调查，全面评估相关活动所涉及的风险；

续表

序号	文件名称	相关内容
		（二）就上市公司并购重组活动向委托人提供专业服务，帮助委托人分析并购重组相关活动所涉及的法律、财务、经营风险，提出对策和建议，设计并购重组方案，并指导委托人按照上市公司并购重组的相关规定制作申报文件； （三）对委托人进行证券市场规范化运作的辅导，使其熟悉有关法律、行政法规和中国证监会的规定，充分了解其应承担的义务和责任，督促其依法履行报告、公告和其他法定义务； （四）在对上市公司并购重组活动及申报文件的真实性、准确性、完整性进行充分核查和验证的基础上，依据中国证监会的规定和监管要求，客观、公正地发表专业意见； （五）接受委托人的委托，向中国证监会报送有关上市公司并购重组的申报材料，并根据中国证监会的审核意见，组织和协调委托人及其他专业机构进行答复； （六）根据中国证监会的相关规定，持续督导委托人依法履行相关义务； （七）中国证监会要求的其他事项。

续表

序号	文件名称	相关内容
68	上市公司股权分置改革管理办法	第五条　公司股权分置改革动议，原则上应当由全体非流通股股东一致同意提出；未能达成一致意见的，也可以由单独或者合并持有公司三分之二以上非流通股份的股东提出。非流通股股东提出改革动议，应以书面形式委托公司董事会召集A股市场相关股东举行会议（以下简称相关股东会议），审议上市公司股权分置改革方案（以下简称改革方案）。 相关股东会议的召开、表决和信息披露等事宜，参照执行上市公司股东大会的有关规定，并由相关股东对改革方案进行分类表决。 第二十二条　改革方案应当兼顾全体股东的即期利益和长远利益，有利于公司发展和市场稳定，并可根据公司实际情况，采用控股股东增持股份、上市公司回购股份、预设原非流通股股份实际出售的条件、预设回售价格、认沽权等具有可行性的股价稳定措施。 第二十五条　改革方案应当对表示反对或者未明确表示同意的非流通股股东所持有股份的处理，提出合法可行的解决办法并予以说明。 第二十六条　股权分置改革与公司资产重组结合，重组方通过注入优质资产、承担债务等方式，以实现公司盈利能力或者财务状况改善作为对价安排的，其资产重组程序与股权分置改革程序应当遵循本办法和中国证监会的相关规定。 第三十九条　持有、控制公司股份百分之五以上的原非流通股股东，通过证券交易所挂牌交易出售的股份数量，每达到该公司股份总数百分之一时，应当在该事实发生之日起两个工作日内做出公告，公告期间无须停止出售股份。

续表

序号	文件名称	相关内容
69	上市公司重大资产重组管理办法	第二条　本办法适用于上市公司及其控股或者控制的公司在日常经营活动之外购买、出售资产或者通过其他方式进行资产交易达到规定的比例，导致上市公司的主营业务、资产、收入发生重大变化的资产交易行为（以下简称重大资产重组）。 …… 上市公司按照经中国证券监督管理委员会（以下简称中国证监会）核准的发行证券文件披露的募集资金用途，使用募集资金购买资产、对外投资的行为，不适用本办法。 第八条　中国证监会依法对上市公司重大资产重组行为进行监管。 第十条　上市公司实施重大资产重组，应当符合下列要求： （一）符合国家产业政策和有关环境保护、土地管理、反垄断等法律和行政法规的规定； （二）不会导致上市公司不符合股票上市条件； （三）重大资产重组所涉及的资产定价公允，不存在损害上市公司和股东合法权益的情形； （四）重大资产重组所涉及的资产权属清晰，资产过户或者转移不存在法律障碍，相关债权债务处理合法； （五）有利于上市公司增强持续经营能力，不存在可能导致上市公司重组后主要资产为现金或者无具体经营业务的情形；

续表

序号	文件名称	相关内容
		（六）有利于上市公司在业务、资产、财务、人员、机构等方面与实际控制人及其关联人保持独立，符合中国证监会关于上市公司独立性的相关规定； （七）有利于上市公司形成或者保持健全有效的法人治理结构。 第十一条　上市公司及其控股或者控制的公司购买、出售资产，达到下列标准之一的，构成重大资产重组： （一）购买、出售的资产总额占上市公司最近一个会计年度经审计的合并财务会计报告期末资产总额的比例达到50%以上； （二）购买、出售的资产在最近一个会计年度所产生的营业收入占上市公司同期经审计的合并财务会计报告营业收入的比例达到50%以上； （三）购买、出售的资产净额占上市公司最近一个会计年度经审计的合并财务会计报告期末净资产额的比例达到50%以上，且超过5 000万元人民币。 购买、出售资产未达到前款规定标准，但中国证监会发现存在可能损害上市公司或者投资者合法权益的重大问题的，可以根据审慎监管原则责令上市公司按照本办法的规定补充披露相关信息、暂停交易并报送申请文件。

续表

序号	文件名称	相关内容
70	证监会关于加强与上市公司重大资产重组相关股票异常交易监管的暂行规定	第一条　为加强与上市公司重大资产重组相关股票异常交易监管，防控和打击内幕交易，维护证券市场秩序，保护投资者合法权益，根据《中华人民共和国证券法》、《中华人民共和国行政许可法》、《国务院办公厅转发证监会等部门关于依法打击和防控资本市场内幕交易意见的通知》、《上市公司信息披露管理办法》、《上市公司重大资产重组管理办法》，制定本规定。 第三条　上市公司及其控股股东、实际控制人等相关方研究、筹划、决策涉及上市公司重大资产重组事项的，原则上应当在相关股票停牌后或者非交易时间进行，并应当简化决策流程、提高决策效率、缩短决策时限，尽可能缩小内幕信息知情人范围。如需要向有关部门进行政策咨询、方案论证的，应当在相关股票停牌后进行。 上市公司控股股东、实际控制人等相关方，应当及时主动向上市公司通报有关信息，并配合上市公司做好股票停牌和信息披露工作。 第十一条　重大资产重组行政许可申请被中国证监会不予受理、恢复受理程序、暂停审核、恢复审核或者终止审核的，上市公司应当及时公告并作出风险提示。 第十二条　上市公司披露重大资产重组预案或者草案后主动终止重大资产重组进程的，上市公司应当同时承诺自公告之日起至少3个月内不再筹划重大资产重组，并予以披露。

续表

序号	文件名称	相关内容
		重大资产重组行政许可申请因上市公司控股股东及其实际控制人存在内幕交易被中国证监会依照本规定第十条的规定终止审核的，上市公司应当同时承诺自公告之日起至少12个月内不再筹划重大资产重组，并予以披露。
71	国家外汇管理局关于进一步改进和调整直接投资外汇管理政策的通知	一、取消直接投资项下外汇账户开立及入账核准 …… 二、取消外国投资者境内合法所得再投资核准 …… 三、简化外商投资性公司境内再投资外汇管理 …… 四、简化外商投资企业验资询证手续 …… 五、简化外国投资者收购中方股权外资外汇登记手续 …… 六、取消直接投资项下购汇及对外支付核准 …… 七、取消直接投资项下境内外汇划转核准 …… 八、进一步放宽境外放款管理 …… 九、改进外商投资企业外汇资本金结汇管理 …… 十、提高银行办理直接投资项下外汇业务的合规意识 ……

续表

序号	文件名称	相关内容
72	非上市公众公司监督管理办法	第十五条　进行公众公司收购，收购人或者其实际控制人应当具有健全的公司治理机制和良好的诚信记录。收购人不得以任何形式从被收购公司获得财务资助，不得利用收购活动损害被收购公司及其股东的合法权益。 在公众公司收购中，收购人持有的被收购公司的股份，在收购完成后12个月内不得转让。 第三十一条　股票向特定对象转让导致股东累计超过200人的股份有限公司，应当自上述行为发生之日起3个月内，按照中国证监会有关规定制作申请文件，申请文件应当包括但不限于：定向转让说明书、律师事务所出具的法律意见书、会计师事务所出具的审计报告。股份有限公司持申请文件向中国证监会申请核准。在提交申请文件前，股份有限公司应当将相关情况通知所有股东。 在3个月内股东人数降至200人以内的，可以不提出申请。 股票向特定对象转让应当以非公开方式协议转让。申请股票向社会公众公开转让的，按照本办法第三十二条、第三十三条的规定办理。 第三十六条　本办法所称定向发行包括向特定对象发行股票导致股东累计超过200人，以及股东人数超过200人的公众公司向特定对象发行股票两种情形。

续表

序号	文件名称	相关内容
		前款所称特定对象的范围包括下列机构或者自然人: (一)公司股东; (二)公司的董事、监事、高级管理人员、核心员工; (三)符合投资者适当性管理规定的自然人投资者、法人投资者及其他经济组织。 公司确定发行对象时,符合本条第二款第(二)项、第(三)项规定的投资者合计不得超过35名。 核心员工的认定,应当由公司董事会提名,并向全体员工公示和征求意见,由监事会发表明确意见后,经股东大会审议批准。 投资者适当性管理规定由中国证监会另行制定。
73	公开发行证券的公司信息披露内容与格式准则——第26号上市公司重大资产重组申请文件	第二条 申请文件是拟进行重大资产重组的上市公司(以下简称申请人)向中国证券监督管理委员会(以下简称中国证监会)报送的必备文件。申请人未按照本准则的要求制作、报送申请文件的,中国证监会可不予受理或者要求其重新制作、报送。 第三条 本准则规定的申请文件目录是上市公司重大资产重组申请文件的最低要求。不论本准则是否有明确规定,凡对投资者做出投资决策有重大影响的信息,上市公司均应当提供并披露。目录中的文件对本次重大资产重组确实不适用的,上市公司可以根据实际情况调整,但应当在申请时向中国证监会作出书面说明。

续表

序号	文件名称	相关内容
		中国证监会可以根据审核实际需要，要求上市公司提供其他有关的补充文件。 第六条　上市公司披露的重大资产重组报告书（以下简称重组报告书）中引用的经审计的最近一期财务资料在财务报告截止日后6个月内有效；特别情况下可申请适当延长，但延长时间至多不超过1个月。 交易标的资产的财务资料虽处于前款所述有效期内，但截至重组报告书披露之日，该等资产的财务状况和经营成果发生重大变动的，应当补充披露最近一期的相关财务资料（包括该等资产的财务报告、备考财务资料等）。
74	保险公司股权管理办法	第四条　保险公司单个股东（包括关联方）出资或者持股比例不得超过保险公司注册资本的20%。 中国保监会根据坚持战略投资、优化治理结构、避免同业竞争、维护稳健发展的原则，对于满足本办法 第十五条　规定的主要股东，经批准，其持股比例不受前款规定的限制。 第六条　保险公司的股东应当用货币出资，不得用实物、知识产权、土地使用权等非货币财产作价出资。 保险公司股东的出资，应当经会计师事务所验资并出具证明。

续表

序号	文件名称	相关内容
		第七条　股东应当以来源合法的自有资金向保险公司投资，不得用银行贷款及其他形式的非自有资金向保险公司投资。 第十二条　向保险公司投资入股，应当为符合本办法规定条件的中华人民共和国境内企业法人、境外金融机构，但通过证券交易所购买上市保险公司股票的除外。 中国保监会对投资入股另有规定的，从其规定。 第十六条　保险公司变更出资额占有限责任公司注册资本5%以上的股东，或者变更持有股份有限公司股份5%以上的股东，应当经中国保监会批准。 第十七条　投资人通过证券交易所持有上市保险公司已发行的股份达到5%以上，应当在该事实发生之日起5日内，由保险公司报中国保监会批准。中国保监会有权要求不符合本办法规定资格条件的投资人转让所持有的股份。 第十八条　保险公司变更出资或者持股比例不足注册资本5%的股东，应当在股权转让协议书签署后的15日内，就股权变更报中国保监会备案，上市保险公司除外。 第十九条　保险公司股权转让获中国保监会批准或者向中国保监会备案后3个月内未完成工商变更登记的，保险公司应当及时向中国保监会书面报告。

续表

序号	文件名称	相关内容
75	公开发行证券的公司信息披露内容与格式准则第16号——上市公司收购报告书	第二条 通过协议收购、间接收购和其他合法方式，在上市公司中拥有权益的股份超过该上市公司已发行股份的30%的投资者及其一致行动人（以下简称收购人），应当按照本准则的要求编制和披露上市公司收购报告书（以下简称收购报告书）。 第三条 收购人是多人的，可以书面形式约定由其中一人作为指定代表以共同名义负责统一编制和报送收购报告书，依照《收购办法》及本准则的规定披露相关信息，并同意授权指定代表在信息披露文件上签字盖章。 第四条 本准则的规定是对上市公司收购信息披露的最低要求。不论本准则中是否有明确规定，凡对上市公司投资者做出投资决策有重大影响的信息，收购人均应当予以披露。
76	公开发行证券的公司信息披露内容与格式准则第17号——要约收购报告书	第二条 以要约收购方式增持被收购上市公司股份的收购人（以下简称收购人）应当按照本准则的要求编制要约收购报告书。 收购人应当自公告收购要约文件之日起30日内就本次要约收购在中国证监会指定报刊上至少做出3次提示性公告。 第三条 收购人为多人或者通过成为上市公司实际控制人方式取得公司控制权的，各成员可以书面约定推选其中一人作为指定代表以共同名义统一编制并提交要约收购报告书，并同意授权指定代表在要约收购报告书上签字盖章。

续表

序号	文件名称	相关内容
		第四条　本准则的规定是对要约收购报告书有关信息披露的最低要求。不论本准则是否有明确规定，凡对上市公司投资者做出投资决策有重大影响的信息，均应当予以披露。
77	公开发行证券的公司信息披露内容与格式准则第18号——被收购公司董事会报告书	第二条　被收购公司董事会（以下简称董事会）应当在收购人要约收购上市公司或管理层收购本公司时，按照本准则的要求编制被收购公司董事会报告书（以下简称董事会报告书）。 第三条　本准则的规定是对董事会报告书信息披露的最低要求。不论本准则是否有明确规定，凡对投资者做出投资决策有重大影响的信息，均应披露。 第四条　本准则某些具体要求确实不适用的，董事会可针对实际情况，在不影响披露内容完整性的前提下做出适当修改，但应在报送时作书面说明。 董事会认为无本准则要求披露的情况的，必须明确注明无此类情形的字样。

续表

序号	文件名称	相关内容
78	公开发行证券的公司信息披露内容与格式准则第19号——豁免要约收购申请文件	第二条　根据《收购办法》的规定应当以要约收购方式增持上市公司股份、但符合《收购办法》有关豁免要约收购规定情形的收购人（以下简称申请人），向中国证券监督管理委员会（以下简称中国证监会）申请豁免要约收购时，应当按照本准则的要求制作豁免要约收购的申请文件（以下统称申请文件）。 第三条　申请文件是申请人请求豁免要约收购向中国证监会报送的必备文件。对于符合本准则要求的申请文件，中国证监会做出予以受理的决定；中国证监会的审核期限自正式受理之日起计算，中国证监会在审核期限内要求申请人对报送材料予以补充或者修改的，不计入审核期限。 第四条　申请人为多人的，以书面形式约定由其中一人作为指定代表以共同名义统一制作并报送申请文件，并同意授权指定代表在申请文件上签字盖章。 第五条　本准则规定的申请文件目录是申请人豁免要约收购申请文件的最低要求，申请人可视实际情况增加。目录中的文件对申请人确实不适用的，可不必提供，但是应当向中国证监会做出书面说明。中国证监会可视审核实际需要要求申请人提供有关的补充文件。

续表

序号	文件名称	相关内容
79	国家税务总局、财政部关于企业清算业务企业所得税处理若干问题的通知	一、企业清算的所得税处理，是指企业在不再持续经营，发生结束自身业务、处置资产、偿还债务以及向所有者分配剩余财产等经济行为时，对清算所得、清算所得税、股息分配等事项的处理。 二、下列企业应进行清算的所得税处理： （一）按《公司法》、《企业破产法》等规定需要进行清算的企业； （二）企业重组中需要按清算处理的企业。 三、企业清算的所得税处理包括以下内容： （一）全部资产均应按可变现价值或交易价格，确认资产转让所得或损失； （二）确认债权清理、债务清偿的所得或损失； （三）改变持续经营核算原则，对预提或待摊性质的费用进行处理； （四）依法弥补亏损，确定清算所得； （五）计算并缴纳清算所得税； （六）确定可向股东分配的剩余财产、应付股息等。 四、企业的全部资产可变现价值或交易价格，减除资产的计税基础、清算费用、相关税费，加上债务清偿损益等后的余额，为清算所得。 企业应将整个清算期作为一个独立的纳税年度计算清算所得。

续表

序号	文件名称	相关内容
		五、企业全部资产的可变现价值或交易价格减除清算费用，职工的工资、社会保险费用和法定补偿金，结清清算所得税、以前年度欠税等税款，清偿企业债务，按规定计算可以向所有者分配的剩余资产。 被清算企业的股东分得的剩余资产的金额，其中相当于被清算企业累计未分配利润和累计盈余公积中按该股东所占股份比例计算的部分，应确认为股息所得；剩余资产减除股息所得后的余额，超过或低于股东投资成本的部分，应确认为股东的投资转让所得或损失。 被清算企业的股东从被清算企业分得的资产应按可变现价值或实际交易价格确定计税基础。
80	工业和信息化部、国家发展和改革委员会等部门关于加快推进重点行业企业兼并重组的指导意见	推动重点行业企业兼并重组，要以产业政策为引导、以产业发展的重点关键领域为切入点，鼓励大型骨干企业开展跨地区、跨所有制兼并重组；鼓励企业通过兼并重组延伸产业链，组成战略联盟；鼓励企业“走出去”，参与全球资源整合与经营，提升国际化经营能力，增强国际竞争力。

续表

序号	文件名称	相关内容
81	关于2012年国民经济和社会发展计划执行情况与2013年国民经济和社会发展计划的决议	（五）加快产业转型升级。(1) 化解产能过剩矛盾。坚持以市场为导向，加强政策引导，按照尊重规律、分业施策、多管齐下、标本兼治的原则，把化解过剩产能与加强节能减排、调整生产力布局和改造传统产业结合起来，通过多种方式消化、转移、整合、淘汰一批产能。发挥产业结构调整指导目录作用，制定实施钢铁、石化、有色、建材、造船、轻纺等重点行业生产力布局调整规划。严格执行技术、能耗、环保、安全等市场准入标准，加快推进产能过剩行业兼并重组。 …… 实行更加积极主动的开放战略，坚持把深化沿海开放与扩大内陆和沿边开放结合起来，全面提升开放型经济水平。(1) 促进对外贸易稳定增长。落实和完善促进外贸稳定增长的政策措施，巩固传统市场，拓展新兴市场。积极引导加工贸易转型升级。扩大重要原材料、先进技术设备、关键零部件等进口。大力发展服务贸易和承接服务外包。妥善处理贸易摩擦。(2) 提高利用外资综合优势和总体效益。加强外商投资管理和政策体系建设，完善外资并购安全审查制度，促进外资产业结构优化。继续用好国外贷款，提高贷款使用效益。2013年，非金融领域外商直接投资预期达到1 130亿美元，增长1.2%。(3) 加快走出去步伐。完善境外投资法律法规和管理制度，健全境外投资产业导向和国别指导政策，支持引导各类所有制企业有序开展境外投资合作。继续做好对外援助工作。2013年，非金融类境外直接投资预期达到887亿美元，增长15%。

续表

序号	文件名称	相关内容
82	中华人民共和国国民经济和社会发展第十二个五年规划	第九章　改造提升制造业 第四节　引导企业兼并重组 坚持市场化运作，发挥企业主体作用，完善配套政策，消除制度障碍，以汽车、钢铁、水泥、机械制造、电解铝、稀土、电子信息、医药等行业为重点，推动优势企业实施强强联合、跨地区兼并重组，提高产业集中度。推动自主品牌建设，提升品牌价值和效应，加快发展拥有国际知名品牌和核心竞争力的大型企业 第十一章　推动能源生产和利用方式变革 第一节　推进能源多元清洁发展 发展安全高效煤矿，推进煤炭资源整合和煤矿企业兼并重组，发展大型煤炭企业集团。有序开展煤制天然气、煤制液体燃料和煤基多联产研发示范，稳步推进产业化发展。加大石油、天然气资源勘探开发力度，稳定国内石油产量，促进天然气产量快速增长，推进煤层气、页岩气等非常规油气资源开发利用。

续表

序号	文件名称	相关内容
83	2013年政府工作报告	必须加快改造提升传统产业，大力发展高新技术产业，提高产品质量和市场竞争力。要加强政策引导，鼓励企业跨行业跨区域跨所有制兼并重组，利用市场倒逼机制促进优胜劣汰。以扩大国内市场应用、重要关键技术攻关为重点，推动战略性新兴产业健康发展。积极推动信息化和工业化融合，加快建设新一代信息基础设施，促进信息网络技术广泛应用。 …… 坚持把稳定出口和扩大进口结合起来，推动对外贸易从规模扩张向质量效益提高转变、从成本和价格优势向综合竞争优势转变，促进形成以技术、品牌、质量、服务为核心的出口竞争新优势；坚持把利用外资与对外投资结合起来，支持企业“走出去”，拓展经济发展的新空间。

附录三 中国并购公会简介

中国并购公会（全联并购公会）是经国务院批准、由民政部批复成立的非盈利性民间行业协会。并购公会业务主管单位为全国工商联与社团登记管理机关民政部。并购公会设立于2004年9月，总部位于北京，在上海、江苏、福建、广东、香港等地和日本、美国等国家设有分支机构。并购公会为国内外企业界和政府部门提供战略顾问、并购操作、管理咨询、资产评估、融资安排、法律及财务等投资银行服务，广泛联络各界精英，致力于推动中国并购市场的规范与成熟，促进中国企业的全球化进程。

宗旨

- 把握产业趋势，反映业界动态，维护行业利益
- 建设并购交易数据库，打造并购电子交易平台
- 参与行业发展规划与行业标准的制定，推动并购市场规范化和专业化发展
- 构建会员群体在并购业务方面的交流与合作平台

组织结构

中国并购公会最高权力机构是会员大会。理事会是会员大会在闭会期间的执行机构，对会员大会负责并报告工作。理事会选举产生会长、副会长、常务理事。常务理事会选举产生轮值主席。监事会由会员大会选举产生。

中国并购公会第三届理事会（截止到2013年8月31日）

荣誉会长

刘　吉　全球并购研究中心理事会主席

朱　利　中国银河证券股份有限公司名誉董事长

会长

王　巍　万盟并购集团董事长

常务副会长

葛　明　安永华明会计师事务所主任会计师，管理合伙人

副会长

王东明　中信证券股份有限公司董事长

费国平　国浩律师集团合伙人

谢佳扬　德勤中国合伙人

熊　焰　北京产权交易所有限公司董事长

李祥军　中勤万信会计师事务所有限公司执行董事、高级合伙人

李　肃　和君创业管理咨询有限公司总裁

首席经济学家

夏　斌　国务院发展研究中心金融研究所名誉所长、国务院参事

第七任轮值主席

王　平　宏易资本集团创始人、董事长

第七任轮值秘书长

曹　嬿　宏易资本集团高级合伙人

常务理事

汤世生　北京大学基金会投资委员会副主席

孙月焕　中企华资产评估公司董事长

谢思敏　北京市信利律师事务所高级合伙人

冯　戎　宏源证券股份有限公司董事长

王少华　中诚信托有限责任公司总经理

林怡仲　普华永道中国主管合伙人

张晓森　北京中咨律师事务所合伙人
郑建彪　致同会计师事务所董事合伙人
冯　兵　大亚科技集团有限公司执行副总裁、首席战略官
陈　爽　中国光大控股有限公司执行董事兼首席执行官
冀光恒　上海浦东发展银行副行长
李　弘　中国国际金融有限公司董事总经理
王　波　埃森哲（中国）有限公司董事总经理
叶有明　乔丹投资咨询（中国）有限公司总裁
傅继军　中华财务咨询有限责任公司董事长、总经理
项绍琨　美国威嘉律师事务所驻北京代表处首席代表
北尾吉孝　SBI 控股株式会社董事长兼 CEO
张云岭　万盟并购集团执行董事
顾宁珂　中节能华禹基金管理有限公司董事总经理
郝　荃　毕马威华振会计师事务所（特殊普通合伙）合伙人
柳志伟　上海金融与法律研究院董事长
陈东升　泰康人寿保险股份有限公司董事长兼 CEO
程　亮　厦门新景地投资有限公司总裁
朱新礼　北京汇源食品饮料有限公司董事长
甘佳庚　北京星牌体育用品集团有限责任公司执行董事
田　源　中企万盟国际公司董事长
张文浩　长甲资本管理（香港）有限公司总裁
雷建辉　华英证券有限责任公司董事长
韩国贺　盼盼安居门业有限责任公司董事长兼总经理
黄飞建　南京航空航天大学金城学院董事长
马卫国　深圳市同创伟业创业投资有限公司董事总经理、合伙人
郭　为　神州数码控股有限公司董事局主席
李海鹰　河南辉煌科技股份有限公司董事长
毛振华　中国诚信信用管理有限公司董事长

周海江　红豆集团党委书记、总裁

于明礼　招商证券股份有限公司投资银行部董事总经理

刘　欣　国泰君安证券股份有限公司副总裁

吕镇冰　Merrytime Capital（Hong Kong）Limited 主席

尉立东　北京惠农资本管理有限公司管理合伙人、总裁

理　事

张　克　信永中和会计师事务所董事长

张宏久　竞天公诚律师事务所执行合伙人

沈　琦　中联资产评估有限公司董事长

温嘉旋　镒源资本有限公司董事长

丛培国　北京君佑律师事务所主任

石铁军　君合律师事务所合伙人

吕红兵　国浩律师（上海）事务所首席执行合伙人

蒋尚义　香港蒋尚义律师行合伙人

刘　艳　北京天元律师事务所合伙人

沈功伟　重庆汉尊律师事务所执行合伙人

田溯宁　中国宽带产业基金董事长

蔡　咏　国元证券有限责任公司总裁

贝彼德　银硃合伙人有限公司董事长

黄齐元　蓝涛亚洲有限公司总裁、台湾并购与私募股权协会理事长

李　欣　中国信达资产管理股份有限公司辽宁省分公司总经理

李沛伦　日本 SBI 投资株式会社执行董事

江月枫　日本 SBI 控股株式会社北京代表处首席代表

周华龙　中信银行股份有限公司上海分行投资银行部总经理

邹　姬　英国安理国际律师事务所上海代表处管理合伙人

姜山赫　北京市铭泰律师事务所主任

温嘉明　香港梁温律师事务所主任律师

赵向青　江苏普华力拓电器股份有限公司董事长
洪　涛　宏源证券股份有限公司并购私募融资部总经理
邱丽霞　杭州世导科技有限公司董事长
范国辉　渥美坂井律师事务所国际并购业务部合伙人律师
黄富成　普华永道合伙人
盛　溢　亚洲商学院副院长
王　阳　中国基金博物馆执行董事
惠　宣　深圳智又盈投资顾问有限公司董事长
彭作豪　汇联投资服务（深圳）有限公司总裁
匡双礼　北京市大成律师事务所合伙人
李利凯　北京市广盛律师事务所高级合伙人
任金春　北京智德盛投资顾问有限公司总经理
王绍东　深圳市信永方略投资管理有限公司总裁
柯希杰　厦门恒兴集团有限公司副总裁
周永伟　福建七匹狼集团有限公司董事局主席
周　蕊　北京市金杜（深圳）律师事务所合伙人
陈若剑　段和段律师事务所合伙人
刘　晖　太盟投资集团合伙人
王国珍　福建海天轻纺有限公司总经理
提瑞婷　北京华信破产清算服务有限公司董事长
毛凤丽　丰利财富（北京）国际资本管理有限公司董事长

监事会

监事长　宫少林　招商证券股份有限公司董事长
监　事　潘跃新　上海日鼎盛股权投资服务有限公司首席合伙人
监　事　马卫京　亚洲商学院院长助理

秘书处

顾问兼秘书长　刘红路　中国社会科学院民营经济研究中心总干事

副秘书长　常　芳

会长助理　赵优优

联络方式

北京总部

地址：北京市建国路77号华贸中心3号楼701A

邮编：100025

电话：010—65171198

传真：010—65171125

E-mail：cmaa@mergers－china.com

网址：http：//www.ma-china.com

新浪微博：@并购公会

　　　　　http：//e.weibo.com/cmaa

公众微信号：cmaa2012

中国并购公会与全球并购研究中心联手向并购业界长期奉献

● **政策建议与制定**。中国并购公会旨在把握产业趋势，反映业界动态，维护行业利益，参与行业发展规划和行业标准的制定。每年代表业界向政府机构提出各大项专业建议，并获得了全国“两会”、中国人民银行、国家发改委、商务部、证监会等各监管部门的一致认可。

● **中国并购年会**。中国并购年会业已成为中国并购业界和金融界的权威盛会。自2003年起，历届年会都秉承以往的成功经验，延续高端、高质、高效的活动特色，包括监管要员、企业高管、并购专家等在内的并购领域翘楚精英汇聚一堂，围绕并购热点、并购价值等话题展开讨论，共同演绎激情对话。同时，并购当事双方案例评述、全场互动点评、并购专项奖盛典的举办，更有助于与会者了解并购、参与并购，并吸引更多的专业人士关注中国并购业的发展。

● **十大并购评选**。评选将中国并购领域的年度风云人物和极具震撼力的焦点、热点事件几乎全部网罗其中，评选结果以及其展现的并购行业发展趋势备受业界和海内外经济界关注。经过多年的积累和沉淀，“中国十大并购”评选活动的知名度、影响力与权威性日臻成熟和强大，对中国并购市场逐渐走向规范、成熟，对中国企业的全球化进程起到了积极的推动作用。

● **中国并购专项奖**。自2007年起，中国并购公会每年评选并颁布“中国并购专项奖”，为并购精英们立传，向专业经济人士与社会公众展示中国并购领域的中坚力量和最高水平，全面推动中国并购走向规范和成熟，步入繁荣。评选活动采取自荐和推荐的形式进行奖项的报名工作，由中国并购公会专业技术评委会和常务理事会进行综合评定。

● **并购俱乐部**。拥有北京、上海、东北和日本并购俱乐部，有效促进当地业界交流与合作。

● **并购刊物**。每年编辑并出版《中国并购报告》、《中国产业地图》等，每月协办《资本交易》杂志。

● **并购研究**。以中国并购公会下设各专业委员会为基础，对并购热点、行业趋势等提供解决方案和分析报告。

● **业界联盟**。通过与中国股权投资基金协会、中国企业家论坛等合作联盟的建立，具备广泛业界资源。

● **国际合作**。与OECD、ACG、AM&AA等十余家国际组织有着密切合作，并牵头发起成立亚洲并购协会。

中国并购公会专业委员会

中国并购公会下设八个专业委员会，作为理事会、常务理事会领导下的专门工作机构：

● **并购法律委员会**。负责与并购有关的法律、规则的研究，开展国际间并购法律和规则的交流与合作，加强与相关立法和监管机构之间的沟通联系。

● **并购标准委员会。**负责研究并购行业标准，建立市场规范，编制技术规则，设立并组织评选并购相关奖项。

● **并购估值委员会。**专注税务制度优化研究和实务，负责开展并购交易估值、并购债评级的研究和实践。

● **并购融资委员会。**专注于并购融资领域的风险与防范。

● **国际并购委员会。**负责吸收从事跨境并购业务的企业与机构为会员，开展中国与各国之间的跨境并购交易、交流与合作，推动公平、对等的跨境并购环境，促进跨境并购投资和资本的自由流动。

● **上市公司委员会。**负责吸收上市公司为会员，促进上市公司的并购重组，关注上市公司并购中的治理和社会责任。

● **并购维权委员会。**负责维护并购行业的共同执业权益，争取并购行业的优惠政策，依法维护本会会员的合法权益，组织专业提案工作。

● **国有企业并购委员会。**负责吸收国有企业为会员，促进国有企业的并购重组，关注国有企业并购绩效管理和效率。

中国并购公会并购仲裁委员会

在中国经济全球化进程中，中国企业走出去、外国企业走进来引发的企业并购案件纠纷日益增多，考虑到市场经济条件下并购案件的复杂性和专业性，迫切需要民间专业人士组织起来，按照公开、公平、公正的原则，应并购企业的要求及时提供客观评判和仲裁意见，以维护企业的正当合法权益。2013 年 3 月 26 日，并购公会发起成立了并购仲裁委员会。并购仲裁委员会成员均具备长期从事并购业务并具备仲裁、审判、律师、法务、财务、投行、基金、教学、研究、投资等领域十年以上工作经历，具有丰富并购实务操作经验和理论研究能力。并购仲裁委员会作为行业性的专业仲裁机构，将秉承“公正、公平、公开、诚信、专业”的原则，开展并购仲裁工作。

中国并购公会金融与并购人力资源研究中心

中国并购公会金融与并购人力资源研究中心旨在对接企业金融/并购人才需求和行业从业人员职业发展需求，帮助企业/机构储备和选拔人才，帮助人才寻找施展才华的平台，实现共赢。

中国并购公会金融与并购人力资源中心的主要任务是：

- 建设中国最大的金融与并购行业人力资源数据库；
- 编制中国金融与并购执业者名录和工作市场快讯专刊；
- 实时发布金融与并购行业薪资报告；
- 深入了解金融与并购行业企业/机构的需求，向企业/机构提供优质的人力资源管理咨询服务。

附录四　亚洲并购协会简介

“亚洲并购协会”是由亚洲及大洋洲的国家（地区）内从事并购及相关行业的协会（组织）组成的非盈利的会员组织。该协会由中国并购公会、韩国并购投资协会、日中友好经济交流机构在亚洲并购交易日趋活跃，全球并购中心正在向亚洲逐步转移的背景下，于2010年11月25日共同签署发起协议，旨在通过联合亚洲及大洋洲并购同行的力量，建立和完善亚洲和国际并购交流合作平台，取得共同持续发展的机会。

经两年多的筹备，亚洲并购协会于2013年6月13日在韩国首尔举行创立大会，韩、中、日三国并购协会代表签署了成立宣言，并共同签订了亚洲并购协会章程和运营方案，全球第一家地区性国际并购组织自此成立并开始运作。

附录五 《资本交易》简介

《资本交易》是中国唯一专注并购、基金与产业整合的高端行业杂志，由中国国际企业融资洽谈会组委会与天津财经大学亚洲商学院主办，中国并购公会协办，中国社会科学院全球并购研究中心承办，目前，杂志已形成纸质版月刊与电子版周刊相结合的产品形态，单期覆盖人群达30万以上。

附录六　全体起草人名录

总顾问

王　巍　中国并购公会会长，万盟并购集团董事长。自1982年以来曾任职中国建设银行、中国银行、日本野村证券、摩根大通银行、世界银行和中国南方证券等多家境内外金融机构。2004年主持创建了中国并购公会。2012年，在纽约举办的第十二届国际并购论坛上，王巍获得“2012年度并购终身成就奖”。

起草小组负责人

刘红路　中国并购公会顾问兼秘书长，有26年律师执业经验，曾长期担任全国工商联会员部部长、后任联络部部长。

曹　雪　纽约州执业律师资格。予墨信息技术（北京）有限公司创始人，中国并购公会金融和并购人力资源中心副秘书长，中国股权投资基金协会顾问，曾供职于华尔街律师事务所Shearman&Sterling LLP、中国移动通信集团（借调）、北京产权交易所等机构。

吴杰江　北京市竞天公诚律师事务所合伙人。主要的执业领域为：收购与兼并、融资。

常　芳　中国并购公会副秘书长，曾直接参与实施历届中国并购年会组织、策划和服务等工作，在政府关系协调和行业协会组织建设方面拥有丰富经验。

起草人

鲍　治　奋迅律师事务所合伙人，中国股权投资基金协会特聘法律顾问，中华股权投资协会行业政策委员会委员，中国投资协会创业投资专业委员会的行业自律规范的主笔人。主要执业领域包括外商投资、并购、私募基金、证券以及竞争法业务。曾分别在中华人民共和国商务部和君合律师事务所工作多年。

陈若剑 段和段（北京）律师事务所管理合伙人、国际争议解决部负责合伙人，担任中国并购公会理事和法律维权委员会副主任。在国际诉讼和仲裁领域，居于国内领先水平。

陈　莹 德勤会计师事务所税务部经理。中国注册税务师，有7年的税务工作经验，曾经为多个行业多家跨国公司提供各类税务咨询服务。

高尔基 中信证券企业并购业务线副总裁。在汽车、装备、交通和传媒等领域，有丰富的并购经验，过往交易涉及美国、欧洲、亚洲等主要国际市场。曾在香港汇丰银行环球投资银行部从事香港资本市场运作以及跨境并购交易。

郭　彬 历任和君创业咨询顾问、投行业务顾问及总裁助理。熟悉企业并购、经营战略研究等企业领域，参与多起中国企业跨境并购、融资业务。

过琳琳 中伦律师事务所律师。从事的专业领域为境内外公开发行股票上市、私募基金投资、公司常年法律顾问、公司收购重组等法律业务。

韩汾泉 招商证券投资银行总部保荐代表人。具有丰富的股权融资和财务顾问经验，主持和参与多个企业IPO项目，曾为多个公司提供并购重组顾问咨询和方案设计服务等。

黄伟民 国浩律师事务所合伙人。北京律师协会证券专业委员会委员，中国国际贸易促进委员会调解员，中国银行间市场交易商协会注册专家。擅长资本市场法律业务。

金　艳　国浩律师事务所律师。主要从事公司兼并收购，私募股权投资，境内外上市业务。曾供职于金杜律师事务所、美国威嘉律师事务所上海分所。

刘海奕　历任和君创业资讯投行部合伙人，华源集团、中国通用集团法务部及投资部主管。熟悉企业并购与债务重组工作。

路谷春　普华永道企业购并服务合伙人。有超过14年的财务及企业购并专业服务经验。中国注册会计师协会会员以及英国特许会计师工会资深会员。

钱立强　普华永道北方区企业购并服务主管合伙人。企业并购经验包括为私募基金和战略投资者的境内收购提供尽职调查和咨询服务，为国内企业融资提供咨询服务，为国内企业海外收购提供尽职调查和咨询服务。

庞文爱　段和段（北京）律师事务所执业律师。在国际诉讼和仲裁领域具有丰富经验，并对国际投资和融资、国际并购、私募基金以及知识产权保护等有深入研究。

邱伟彬　德勤北京评估咨询服务的主管合伙人。主要从事并购交易、知识产权和无形资产的评估，为企业上市要求和公允性要求提供估值，曾供职于芝加哥德勤咨询 、新加坡大华创业投资管理及深圳市创新投资。

宋　博　振邦律师事务所律师。曾任职中国移动通信集团终端有限公司，从事公司法务、人力资源工作。

宋晓明　中伦律师事务所资本市场部合伙人。主要业务领域为境内外资本市场上市及再融资、公司并购相关法律服务。

孙　杰　普华永道企业融资与并购业务组总监。拥有16年的专业经验，其中包括国有大型企业重组改制、海外上市及中国企业海外并购、政府机构基础设施融资等。曾任职于美国银行、美国波士顿律师事务所。

王斯圆　竞天公诚律师事务所律师。主要从事银行融资、并购私募及公司常年法律顾问等业务。

王晓娟　德勤北京评估咨询服务的副总监。有丰富的审计和并购交易经验，主要从事评估模型、购买价格分摊、无形资产价格评估等的评估咨询服务。

熊定中　振邦律师事务所合伙人。从业以来主要从事商事诉讼、仲裁业务及互联网广告、公关服务等非传统行业企业的日常法律顾问业务。

杨力今　国浩律师事务所律师。主要从事公司境内外上市及再融资、兼并收购、税务筹划以及资产管理等业务。曾供职于毕马威华振会计师事务所。

杨　晟　德勤咨询（北京）有限公司财务咨询服务的合伙人。中国注册会计师，具有超过13年的审计、尽职调查和并购财务顾问服务经验 。

杨颖菲　奋迅律师事务所律师。主要执业领域包括兼并收购、企业境内外上市、私募股权投资、外商直接投资、公司常年法律顾问等。

张志迪　奋迅律师事务所律师。主要执业领域包括兼并收购、私募股权投资、境内企业重组并境外上市、外商直接投资等。曾供职于通商律师事务所。

臧海川　中伦律师事务所合伙人。业务领域集中于私募基金设立、私募基金投资、境内IPO以及并购重组领域等。

张　博　德勤北京国际税务服务及企业并购服务组税务合伙人。美国纽约州及加州注册律师，具有14年税务咨询服务经验。

郑厚哲　振邦律师事务所律师。曾供职于北京市天同律师事务所，擅长并购、私募股权投资等领域争议解决。

现代测绘工程与遥感技术应用

王　坤　李　琳　陈　飞　主编

哈尔滨出版社
HARBIN PUBLISHING HOUSE

图书在版编目（CIP）数据

现代测绘工程与遥感技术应用 / 王坤，李琳，陈飞主编. -- 哈尔滨：哈尔滨出版社，2025. 4. -- ISBN 978-7-5484-8482-0

Ⅰ. TB22; P237

中国国家版本馆 CIP 数据核字第 2025TA2150 号

书　　名：现代测绘工程与遥感技术应用
XIANDAI CEHUI GONGCHENG YU YAOGAN JISHU YINGYONG

作　　者：王　坤　李　琳　陈　飞　主编
责任编辑：赵志强
封面设计：刘梦杳

出版发行：哈尔滨出版社（Harbin Publishing House）
社　　址：哈尔滨市香坊区泰山路82-9号　　邮编：150090
经　　销：全国新华书店
印　　刷：北京鑫益晖印刷有限公司
网　　址：www.hrbcbs.com
E-mail：hrbcbs@yeah.net
编辑版权热线：(0451)87900271　87900272

开　　本：787mm × 1092mm　1/16　　印张：11.75　　字数：194千字
版　　次：2025 年 4 月第 1 版
印　　次：2025 年 4 月第 1 次印刷
书　　号：ISBN 978-7-5484-8482-0
定　　价：48.00 元

凡购本社图书发现印装错误，请与本社印制部联系调换。
服务热线：（0451）87900279

编委会

主　编　王　坤　李　琳　陈　飞

副主编　陈　帅　聂罗飞　梁　雯

张　兵　王　勇　郭晓雷

刘玮江　徐浩哲　李　才

王体云

前言

工程测绘行业是一个技术密集型行业，行业发展极大地依赖技术方法和仪器装备的变革。自20世纪70年代以来，我国从最初的大平板、经纬仪、小笔尖，到资源三号测绘卫星遨游太空，航空摄影测量飞机、无人机俯瞰大地，各类移动测量系统扫描地面，探地雷达深入地下测绘；从以光学仪器为标志的传统测绘技术体系，到以航空航天遥感、卫星导航定位、地理信息系统为核心的数字化测绘技术体系，再到以数据获取实时化、数据处理自动化、数据管理智能化、信息服务网络化、信息应用社会化为特征的信息化测绘技术体系，科技进步有力地推动了测绘生产方式的重大变革，使测绘生产力水平发生质的飞跃。特别是在现代高新技术发展的大力推动下，测绘地理信息技术与移动互联网、大数据、云计算、人工智能等跨界深度融合，催生出许多新业态、新产品、新服务。新形势下，测绘地理信息人还肩负着为自然资源管理提供科学支撑和决策依据的新使命。

遥感是在不直接接触的情况下，对目标物或自然现象远距离感知的一门探测技术。具体地讲，是指在高空和外层空间的各种平台上，运用各种传感器获取反映地表特征的各种数据，通过传输、变换和处理，提取有用的信息，实现研究地物空间形状、位置、性质、变化及其与环境的相互关系的一门现代应用技术科学。

遥感技术的发展不仅仅表现在传感器空间分辨率的提高上，其他各个方面发展也十分快速，遥感平台由遥感卫星、宇宙飞船、航天飞机有一定时间间隔的短中期观测，发展为以国际空间站为主的多平台、多层面、长期的动态观测。还计划发射小卫星群，获取任意时相的卫星影像，以适应不同遥感监测项目的要求。遥感传感器的光谱探测能力也在急速提高，成像光谱仪的出现，能探测到地物在某些狭窄波区光谱辐射特性的差别，目前已在运行的有36个波段的MODIS成像光谱仪，未来成像光谱仪的波段个数将达到

384个，每个波段的波长区间窄到5nm。在立体成像方面，由邻轨立体观测发展到同轨立体观测，使立体影像能在很短时间内获得，并且几何关系相对简单，处理更方便。侧视雷达立体成像和相干雷达（INSAR）的出现，使立体测量方法更多样化，同时实现全天候作业。

随着我国空间技术的不断发展，特别是启动高分辨率对地观测系统重大科技专项以来，卫星遥感技术取得了举世瞩目的成就。在可见光、红外、高光谱、微波遥感等种类遥感卫星的总体设计，高速图像数据处理与传输，以及高精度控制等方面取得了重大突破，先后发射了高分一号、高分二号、高分三号、高分四号、高分八号、高分九号等高分辨率遥感卫星。上述卫星在国土资源监测、矿产资源开发、城市精细化管理、交通设施监测、农林业资源调查、灾区恢复重建等方面发挥着重要作用，在生物多样性保护、防灾减灾、能源与矿产资源管理、粮食安全与绿色农业、公共健康基础设施管理、城市发展、水资源管理、国家安全等重大领域起着不可替代的作用，这些都使我国卫星遥感技术水平实现了跨越式发展。

本书以现代测绘工程与遥感技术为主题，由浅入深地介绍了现代测绘工程，重点论述角度测量、大比例尺地形图的测绘，并详细分析了遥感（RS）技术、遥感图像处理与制图等内容。本书在写作时突出基本概念与基本原理，同时注重理论与实践结合，希望可以对广大相关从业者提供借鉴或帮助。

由于作者水平有限，书中肯定还存在一些缺点和不足，恳请读者批评指正。

目 录

第一章　现代测绘工程

第一节　现代测绘科学的形成与发展趋势

一、现代测绘科学的形成

电子技术、计算机技术、卫星定位技术的发展，导致了现代测绘科学的形成。现代测绘科学的特点体现在测绘仪器的发展和测绘理论的发展两个方面。

测绘仪器的发展不胜枚举，这里仅列出20世纪以来对测绘仪器设备影响最大的几个方面。首先是电子技术与计算机技术，其次是激光技术、卫星定位测量技术遥感技术、计算机辅助设计（CAD）技术、地理信息系统（GIS）技术、数据库技术、计算技术、无线电通信技术、网络技术等。由此导致了包括光电测距仪、电子经纬仪、全站仪、各种激光测绘仪器、数字水准仪、全球卫星定位测量设备、机助制图系统等现代测绘仪器设备的设计与制造。正是由于这些现代测绘仪器的发展，使古老的测绘学科发生了深刻的变革。

测绘理论的发展主要体现在3个方面：测量平差理论的发展；控制网优化设计理论和方法；变形测量数据处理方法。

测量平差理论的发展主要包括：平差函数模型误差、随机模型误差的鉴别或诊断；模型误差对参数估计的影响，对参数和残差统计性质的影响；病态方程与控制网及其观测方案设计的关系。由于监测网参考点稳定性检验的需要，导致了自由网平差和拟稳平差的出现和发展。对观测值粗差的研究促进了控制网可靠性理论以及变形监测网变形和观测值粗差的可区分理论的研究和发展。针对观测值存在粗差的客观实际，出现了稳健估计（或称抗差估计）；针对法方程系数矩阵存在病态的可能，发展了有偏估计。

控制网优化设计从二十世纪六七十年代开始研究，到20世纪80年代形成研究高潮。目前，控制网的优化设计方法主要有解析法和模拟法两种。解析法是基于优化设计理论构造目标函数和约束条件，求解目标函数的极大值或极小值。一般将网的质量指标作为目标函数或约束条件。网的质量指标主要有精度、可靠性和费用，对于变形监测网还包括网的灵敏度或可区分性。模拟法是根据设计资料和地图资料在图上选点布网，获取网点近似坐标，根据仪器确定观测值精度，模拟观测值，计算网的各种质量指标如精度、可靠性、灵敏度等。

变形观测数据处理理论包括根据变形观测数据建立变形与影响因子之间的模型关系、变形几何分析与物理解释、变形预报。变形分析与预报传统上多采用回归分析的方法，以后又有灰色系统理论、时间序列分析理论、傅里叶变换方法、人工神经网络方法等。尤其需要提出的是，系统论方法用于变形观测的分析已为人们重视和研究，系统论方法涉及许多非线性科学的知识，如系统论、控制论、信息论、突变论、协同论、分形理论、混沌理论、耗散结构等。

二、现代测绘科学的发展趋势

随着传统测绘技术走向数字化和信息化测绘技术，测量的服务面不断拓宽，与其他学科的互相渗透和交叉不断加强，新技术、新理论的引进和应用更加深入。现代测绘科学总的发展趋势为：测量数据采集和处理向一体化、实时化、数字化方向发展；测量仪器和技术向精密、自动化、智能化、信息化方向发展；测量产品向多样化、网络化、社会化方向发展。具体表现在以下几个方面。

（一）测（成）图数字化

地形图的测绘是测量的重要内容和任务之一。工程建设规模扩大、城市迅速发展以及土地利用、地籍测量的紧迫要求，都希望缩短成图周期和实现成图自动化。

数字成图首先是测图，即野外数据采集、处理到绘图的数字化系统，整个系统形成一个数据流，而且是双向的，包括全站型仪器、卫星定位设备、计算机和数控绘图仪。数字成图的广义概念除了测图方面外，还包括形成各种专门用途的数字化图件，实际上是一个组合式的系统，包括测图系统和工程软件两部分。前者主要是获得原始地形资料，而后者可以生成单色或彩色的各种图件，如地形图、等高线图、带状平面图、立体透视图、纵横断面图、剖面图、地籍图、竣工图、地下管网图等，可以进行工程量计算，如计算模型面积、体积及填挖方量等，还可进行土地规划及工程设计。

（二）工业测量系统

现代工业生产对于流水线安装、生产过程控制、产品检查等，需要进行位置和形状的精准测定，并给出工件或复杂形体的三维数学模型，这是传统的光学、机械等工业测量方法所无法完成的，所以测绘学科的工业测量系统便应运而生。工业测量系统是指以全站仪、数码相机等为传感器，在计算机的控制下，完成工件的非接触实时三维坐标测量，并在现场进行测量数据的处理、分析和管理的系统。目前工业测量系统有全站仪坐标测量系统、激光跟踪测量系统和数字摄影测量系统等。与传统的工业测量方法相比，工业测量系统在实时性、非接触性、机动性和与 CAD/CAM 联接等方面具有突出的优点，因此在工业界得到了广泛的应用。随着全站仪向高精度和自动化方向的发展以及激光干涉测量技术和数字摄影测量技术的应用，出现了诸多商用的工业三维坐标测量系统，它们在航空航天工业、汽车工业、造船工业、电力工业、机械工业和核工业等行业和部门得到了极大的推广和应用。

（三）施工测量自动化和智能化

施工测量工作量大，现场条件复杂，所以施工测量的自动化、智能化是人们期盼已久的目标。由卫星定位设备和智能全站仪构成的自动测量和控制系统在施工测量自动化方面已得到广泛应用，例如，我国自行开发的利用多台自动目标照准全站仪构成的顶管自动引导测量系统，已在地下顶管施工中发挥了巨大的作用。该系统利用 4 台自动目标照准全站仪，在计算机的控制下按自动导线测量方式，实时测出机头的位置并与设计坐标进行比较，从而在不影响顶管施工的情况下实时引导机头走向正确的位置。

（四）工程测量仪器和专用仪器向自动化方向发展

精密角度测量仪器，发展到用光电测角代替光学测角。光电测角能够实现数据的自动获取、改正、显示、存储和传输，测角精度超过光学仪器，达到 0.5″，马达驱动和目标自动识别功能实现了目标的自动照准。

精密工程安装、放样仪器，以全站仪的发展最为迅速。全站仪不仅具有测角和测距的功能，而且包含丰富的软件，具有自动记录、存储和运算能力，可实现地面控制测量施工放样和大比例尺图测绘碎部测量的一体化，有很高的作业效率。

精密距离测量仪器，其精度及自动化程度愈来愈高。干涉法测距精度很高，例如，欧洲核子中心（CERN）在美国 HP5526A 激光干涉仪基础上，设计了有同服回路控制的自准直反射器系统，施测 60m 以内距离误差小于 0.01mm；瑞士与英国联合生产的 ME5000 电磁波测距仪，采用 He-Ne 红色激光束，单镜测程达 5km，精度为 $\pm 0.2mm+（0.1 \sim 0.2）\times 10^{-6}D$。

高精度定向仪器，即陀螺经纬仪在自动化观测方法上有了较大进步。采用电子计时法，定向精度从 ±20″提高到 ±4″。新型陀螺经纬仪由微处理器控制，可以自动观测陀螺连续摆，并能补偿外部干扰，因此定向时间短、精度高。目前，陀螺经纬仪正在向高精度和激光可见定向发展。

精密高程测量仪器，采用数字水准仪实现了高程测量的自动化。全自动数字式水准仪配合条码水准标尺，利用图像匹配原理实现自动读取视线高和距离，测量精度最高可达到每公里往返测高差均值的标准差为 0.2mm，测量速度比常规水准测量快 30%。记录式精密补偿器水准仪和激光扫平仪实现了几何水准测量的自动安平、自动读数和记录、自动检核，为高程测量和放样提供了极大的方便。

用于应变测量、准直测量和倾斜测量等需要的专用仪器。应变测量仪器有直接使用的各种传感器，以及采用机械法和激光干涉法的精密测量应变的仪器，如欧洲核子中心研制的 Distinvar 是精密机械法测距的装置，精度达 0.05mm。激光干涉仪可用于直接变形测量，还可检核其他仪器。用于地面或高大建筑物倾斜测量的倾斜仪，一类是根据“长基线”做成的静力水准仪，精度高达 0.001″，另一类采用垂直摆或水平气泡作为参考线，通过机械法或电学法测量倾斜度，精度为 0.01″。遥测倾斜仪，用于监测滑坡、地面沉陷、地壳形变等方面。波带板激光准直系统，其精度在大气中为 $10^{4} \sim 10^{3}$，在真空中可达 10^{7}，已成功地用于精密轨道安装和加速器磁块的定位、大坝变形观测等。

(五) 特种精密工程测量

1. 基于卫星定位的工程控制测量

由于卫星定位具有速度快、精度均匀、无须站间通视、对控制网图形要求低等特点，已广泛应用于建立各种工程控制网，并且同高精度、高分辨率(似)大地水准面数据模型相结合，使工程控制网从二维发展到三维一体化建设，彻底改变了传统工程测量中将平面和高程控制网分别布设和多级控制的方法。

2. 城市 GPS 连续运行基准站系统的多用途实用化服务

城市 GPS 连续运行基准站系统是一个将空间定位技术、现代通信技术、计算机网络技术、测绘新技术等集成，并与测绘学、气象学、水利学、地震学、建筑学等多学科领域相融合的实用化综合服务系统，可为城市规划、市政建设、交通管理、城市基础测绘、工程测量、气象预报、灾害监测等多种行业提供导航、定位和授时等多种信息服务，实现一网多用。

3. 三维测绘技术的工程应用

三维测绘技术就是测量目标的空间三维坐标，确定目标的几何形态、空间位置和姿态，对目标进行三维重建，并在计算机上建立虚拟现实景观模型，真实再现目标。目前有多种三维测量仪器，其中三维激光扫描仪是近年来发展起来的新型三维测绘仪器。

4. 精密大型复杂工程的施工测量新技术

近年来，我国完成了许多在世界建筑史上具有开创意义的建筑工程。这些工程建筑物造型独特，设计新颖，结构复杂，施工困难。这对建筑施工测量技术与精度要求提出严峻的挑战，因此，针对这些建筑的施工测量必须开展一系列技术开发，创造相应的新方法，攻克大量施工技术难关。如在国家大剧院施工测量中研制了一套复杂曲面计算程序与放样、检核方法；在奥运建筑工程“鸟巢”的施工测量中研制了超大型弯扭钢构件数据采集、三维拼装测量和高空三维定位测量等一整套测量方法；在国家游泳中心“水立方”施工测量中创造了空间无规则球形节点快速定位测量方法。这些新的施工测量技术和方法，在提高测量质量、满足施工要求、保证施工周期等方面起到突出的保障作用。

5. 精密工业测量系统的建立与应用

工业测量已成为现代工业生产不可缺少的重要生产环节。工业测量的技术手段和仪器设备主要以电子经纬仪或全站仪、投影仪或显微投影仪、激光扫描仪等为传感器，在电子计算机和软件的支持下形成三维测量系统，按其传感器不同分为以下几类：工业大地测量系统、工业摄影测量系统、激光扫描测量系统、基于莫尔条纹的工业测量系统、基于磁力场的三维测量系统和用于空间抛物体运动轨迹测定的全球定位系统等。工业测量系统归纳起来主要应用于众多工业目标的外形、容积、运动状态测量，现在工业生产流水线上产品的直径、厚度、斑痕、平整度等的快速检测，动态目标的运动轨迹、姿态等的测定。工业测量技术设备正向着自动化、智能化和信息化的方向发展。

（六）工程测量数据处理自动化

随着测量仪器的发展，一方面由于仪器精度的提高，使许多一般性的工程测量问题变得简单，另一方面又因所获得的信息量很大，对数据动态处理和解释的要求提高，从而对结果的可靠性和精度的要求也大大提高。特别是大型建筑和工业设备的施工、安装、检校、质量控制以及变形测量等，要求测量工作者除了具有丰富的经验外，还应在测量技术方案设计、仪器方法选择等方面，与相邻学科如地球物理、工程地质和水文地质的专业技术人员密切合作，在研究和制定恰当的数据处理方法及计算机软件等方面，应具有丰富的专业知识和独立的工作能力。

随着计算机技术的发展，测量数据处理正在逐步走向自动化，主要表现在对各种控制网的整体平差、控制网的最优化设计和变形观测的数据处理和分析等方面。测量工作者更好地使用和管理海量测量信息的最有效途径是建立测量数据库或与 GIS 技术结合，建立各种工程信息系统。目前，测量部门已经建立了各种用途的数据库和信息系统，如控制测量数据库、地下管网数据库、道路数据库、营房数据库、土地资源信息系统、城市基础地理信息系统、军事工程信息系统等，为管理部门进行信息、数据检索与使用管理的科学化、实时化和现代化创造了条件。

（七）摄影测量和遥感技术

摄影测量是用量测相机或非量测相机对目标摄影，解析出空间坐标。它是通过直接线性变换法获得的，不必进行常规的相片内、外方位定向，根据这些点位的空间坐标，绘出目标的等值线图及其状态。摄影测量的应用范围非常广泛，可应用于文物、考古、园林、环境保护、医学等。例如，园林部门借助测绘单位的技术力量和设备，测绘了大量园林古建筑图，得到了建筑学家和文物专家的认可，认为采用近景摄影测量技术进行文物古迹和古建筑测绘是高效、优质的好方法。

近景摄影测量发展的趋势，重点是发展非量测摄影机和数码相机，因为其使用方便且价格便宜。量测摄影机则向全能自动化方向发展。实时摄影测量是利用面阵列摄影机直接对目标进行数字化影像获取，并直接输入计算机系统中进行处理，将它应用于近景摄影测量有独特的优点，如图像稳定性强、处理周期短、获取物方空间坐标快、价格便宜等，在制造工业、医学、天文学和机器人制造中得到广泛应用。

（八）卫星定位测量

卫星定位测量有许多优点：精度高，作业时间短，不受时间、气候条件和点间通视的限制，可在统一坐标系中提供三维坐标信息等。因此，在测量中卫星定位测量有着极广的应用，如在城市控制网和工程控制网的建立与改造中已普遍地应用卫星定位测量技术，在石油勘探、公路铁路、通信线路、地下铁路、隧道贯通、建筑变形、大坝监测、山体滑坡、地壳形变监测等方面也已广泛应用卫星定位测量技术。

随着卫星定位差分技术和实时动态技术（RTK）的发展，出现了卫星定位全站仪的概念，可以利用 RTK 进行施工放样和碎部点测量，并在动态测量中有着极为广泛的应用，从而进一步拓宽了卫星定位技术在测量中的应用前景。卫星定位设备与其他传感器（如 CCD 相机）或测量系统的组合解决了定位、测量和通信的一体化问题，已成功地应用于快速地形测绘。高精度卫星定位实时动态监测系统实现了大坝变形监测的全天候、高频率、高精度和自动化，是大坝外部变形观测的一个发展方向。

(九) 三维激光扫描技术

三维激光扫描技术也称为三维激光成图系统，主要由三维激光扫描仪和系统软件组成，能够快速、方便、准确地获取近距离静态物体的空间三维坐标并建立模型，利用软件对模型进行进一步的分析和数据处理。三维激光扫描技术具有精度高、测量方式灵活方便的特点，特别适合建筑物的三维建模、大型工业设备的三维模型建立以及小范围数字地面模型的建立等，其应用前景非常广泛。

三维激光扫描仪是通过激光测距原理（其中包括脉冲激光和相位激光），瞬间测得空间三维坐标的测量仪器。它是一种高精度、全自动的立体扫描技术，与常规的测绘技术不同，它主要面向高精度的三维建模与重构。资料显示，国外正向设计的三维模型仅占设计总量的40%，而逆向设计的三维模型达到60%。因此，三维激光扫描技术的应用十分广泛，这项技术是正向建模的对称应用，也称为逆向建模技术。由于该技术能将设计、生产、实验、使用等过程中的变化内容重构回来，所以可用于进行各种结构特性分析（如形变、应力、过程、工艺、姿态、预测等）、检测、模拟、仿真、虚拟现实、虚拟制造、虚拟装备等。因为价格偏高，这种逆向工程目前在我国应用还处在逐步推广的阶段，我国非常多的设施、设备、生产资料、空间环境、文物古迹，以及其他无数据的目标和变换的目标都需要三维激光扫描技术来进行研究和应用。

1. 三维激光扫描系统

三维激光扫描系统的组成

近年来，应用于医学、工业、规划及测绘等领域的三维激光扫描设备的生产呈现发展高潮。国际上约有30家著名的三维激光扫描仪的制造商，生产出近100种型号的三维激光扫描仪。种类繁多的扫描仪虽然应用的领域、技术性能、扫描测量原理各有差异，但作为三维激光扫描技术的基本组成部分，其实现功能是较为相近的。

地面三维激光扫描仪主要包含以下几个部分：

①扫描仪，激光扫描仪本身包括激光测距系统和激光扫描系统；

②控制器（计算机）；

③电源供应系统。

三维激光扫描仪的配置主要包括一台高速精确的激光测距仪、一组可以引导激光并以均匀角速度扫描的反射棱镜。其中，部分仪器具有内置的数码相机，可直接获得目标对象的影像。

(2) 三维激光扫描仪的基本原理

三维激光扫描仪是采用非接触式高速激光测量的方法，通过点云的形式来表现目标物体表面的几何特征；三维激光扫描仪由自身发射激光束到旋转式镜头中心，镜头通过快速、有序地旋转用激光依次扫描被测区域，若接触到目标物体，光束则立刻反射回三维激光扫描仪，内部微电脑则通过计算光束的飞行时间来计算激光光斑与三维激光扫描仪两者间的距离。同时，三维激光扫描仪通过内置的角度测量系统来量测每一束激光束的水平角和竖直角，以便获取每一个扫描点在扫描仪所定义的坐标系统内的 x、y 及 z 的坐标值。三维激光扫描仪在记录激光点的三维坐标的同时也会对激光点位置处物体的反射强度进行记录，将其称为“反射率”。

(3) 三维激光扫描仪的测距模式

主要有两种：第一种是脉冲测量模式；第二种是基于相位差的测量模式，即通过测量发射信号和目标反射信号间的相位差来间接测距，相位差测距模式使用的是连续波激光。脉冲激光测距是利用发射和接收激光脉冲信号的时间差来实现对被测目标的距离测量，测距远、精度低；相位式激光测距利用发射连续激光信号和接收之间的相位差所含有的距离信息来实现对被测目标距离的测量，测距精度高。

(4) 扫描方式

与测绘单位使用的免棱镜全站仪一样，三维激光扫描系统发射一束激光脉冲产生的一次回波信号只能获得一个激光脚点的距离信息。获得一系列连续的激光脚点的距离信息，必须借助专用的机械装置，采用扫描方式进行测量。目前，三维激光扫描系统常用的扫描方式有线扫描、圆锥扫描、纤维光学阵列 3 种。

2. 三维点云数据处理

点云数据去噪：在三维点云数据处理中，人机交互的方法是用来处理三维点云数据中杂点的最简单的方法。操作人员首先通过软件显示图形，找出明显的坏点并删除它，但是在点云数据量特别大的情况下该方法并不适用。点云数据根据其排列形式可以分为：

(1) 陈列数据，即行列分布都是均匀分布，且排列有序；

(2) 部分散乱数据，由于扫描时按线扫描，所以数据点基本上位于同一等截面线上；

(3) 完全散乱的点云数据，由于扫描时完全无组织、无规律，所以出现完全散乱的点云数据。

随着三维激光扫描技术的不断发展及广泛应用，目前许多学者已对这种散乱无序的点云数据的去噪进行了大量的研究，虽然还不太成熟，但也取得了一定的成果。对于散乱点云数据的去噪一般有两种方式：第一种，直接作用于点云数据中的点；第二种，首先网格化，然后进行网格分析，进而去除不合格的顶点，从而实现去噪平滑的目的。由于完全散乱的点云数据之间不存在拓扑关系，因而目前所提出的网格去噪光顺方法不能简单地应用于数据。由于完全散乱点云数据的去噪处理相对困难，因此其相应的光顺算法也较少。目前主要采用的方法有以下几种：

①直接通过操作人员来判断特别异常的点，并手动删除，但在数据量特别大的情况下，这种方法就很不科学，所以意义不是很大。

②高斯滤波、平均滤波或中值滤波算法。高斯滤波器在指定域内的权重服从高斯分布，其平均效果较小，因而在滤波的同时可以较好地保持点云数据的形貌；平均滤波器采用的数据点是窗口中所有点云数据的平均值；而中值滤波器则使用窗口内各点的统计中值作为数据点，中值滤波器对消除点云数据毛刺有较好的效果。

③曲线分段去噪法。其原理是基于曲率的变化，该算法需要找到分段点，寻找的方法是依据曲率的变化，对于每一个分段区间，进行各自的曲线拟合，根据扫描线来一行一行地进行去噪处理，极大地提高了删除测量误差点的准确度，从而使拟合后的曲线的光滑性和真实性大大增强。曲线分段去噪法主要适用于曲率变化较小的情况。

④角度法去噪。角度法的基本原理是计算沿扫描线方向的检查点与检查点的前后两点所形成的夹角，如果此夹角小于一个阈值，则此检查点就被认定是一个三维激光扫描数据噪点。

3. 点云数据的压缩

随着三维激光扫描技术的发展，三维激光扫描仪的性能越来越好，外业实测的效率得到很大的提高，在很短的时间内就可以获取大量的、密集的点云数据。直接使用庞大的原始点云数据进行模型的曲面重建是很不现实的。一方面，过多的点云数据在存储过程中需要耗费大量的空间，从而生成目标物体曲面模型时需要运行很长的时间，降低了计算机的运行效率，更甚者将导致无法运行；另一方面，过多的、密集的点云数据会影响目标物体曲面重构的光顺，而模型的光顺性在满足生成需求中具有非常重要的作用。因此，提取出点云数据中显示物体特征的特征点，删除其中大量的坏点，极大地精简点云数据有助于模型的重建，既可以提高建模的效率，又可以提高建模的质量。目前，点云数据的精简压缩是逆向工程的一项关键技术。

近年来，国内外的许多学者对点云数据的精简压缩进行了大量的研究，并取得了一定的成果。他们提出的点云精简算法虽然在“既保留特征点又去除冗余点”方面难以做到完全兼顾，但也取得了良好的效果。下面对这些成果进行简要介绍和点评。

(1) 角度法

角度法的基本原理很简单，就是先选取点云数据点中的三个邻近点 a、b 及 c；然后获取中间点 b 与 a、c 两点连线之间的夹角，再将此夹角与设定的门限值进行比较，从而精简掉冗余数据。该方法实现简单，点云数据的处理效率也较高，不足之处在于难以识别点云数据中的特征点。基于此，王志清等对角度法进行了改进，提出了一种更优的方法，即角度偏差迭代法。该方法既保留了角度法的优点，处理效率高，同时又弥补了它的缺点，增强了它的特征识别能力。角度偏差迭代法的特点在于它的角度门限值及参与计算夹角的点云数据点数是慢慢减少的，而不是一成不变的。角度偏差迭代法的不足之处在于点云数据的自动化水平不高，在整个处理过程中，人工干预过大。另外，包围盒法和角度—弦高法相结合也是在此基础上发展而成的。

(2) 均匀网格法

马丁等提出的均匀网格法在图像处理中已得到了广泛应用，该方法是基于“中值滤波”原理提出的。均匀网格法首先需要在垂直于扫描方向的平面上确立一系列均匀的小方格；然后将点云数据中的每个点都对应分配给其中的一个小方格，并将其与小方格的距离求出；最后根据这个距离的大小重新依序排列每个小方格中所有的点数据，让中间值的点数据代表此格中所有的点云数据点，删除其余的。均匀网格法的优点在于能精简扫描方向垂直于扫描目标表面的单块点云数据，并克服了样条曲线的限制。但它有个明显的缺点，就是对目标物的形状特征识别能力较弱，容易遗失目标物体形状急剧变化处的点云数据特征点，因为均匀网格法使用的是大小均匀的网格，并没有考虑目标物体的形状。

（3）三角网格法

三角网格法首先是将点云数据点三角网格化，然后将数据点所在的三角面片法向量和邻近的三角面片法向量进行对比，利用向量的加权算法，在比较平坦的区域中，用大的三角面片代替小的三角面片，从而删除相对多余的点云数据，来达到精简目的。三角网格法由于要对点云数据进行三角网格化处理，所以对于点云数据特别散乱的数据不太实用，因为复杂平面和散乱点云的三角网格化处理非常困难，效率不高，因此，三角格网法在实际应用中受到了一定的限制。

（十）海洋与航道测绘新技术

1. 海洋与航道中的卫星定位测量

目前，以中国沿海范围内为区域的无线电指向标 / 差分全球定位系统（RBN-GPS）已经投入使用。此系统的有效工作距离可以达到 300 千米，定位的精确程度可以保持在 5 米之内，很大程度上满足了沿岸海道的测量大比例尺绘图过程中导航与定位的要求。但对于要求高精度测量的区域而言，此系统依旧无法满足水位更正方式的需求。而 GPS-PPK 技术在测量时具有很高的精密程度，而且在使用过程中数据链可以不用进行实时的通信。结合在海洋测量规范的要求，在综合对设备运行的成本、测量高精度的要求、导航实时性的需求等许多实际问题考虑的前提下，进行精密海洋测绘中的定位工作需要结合 RBN/DGPS 和 GPS-PPK 技术，使用将两者相互结合的技术方案。其主要工作流程是，首先经 RBN/DGPS 系统对实时的定位导航进行系统支持，提供误差在 3 米之内的实时定位数据，之后再由双频载波对其载波的相位数据进行记录。

2. 水深测量

在运动平台上进行水深测量，受到测量船与仪器噪声、海况和测深仪参数设置等因素影响，导致异常深度和虚假地形现象，因此对单波速或多波速测深技术的研究，主要集中在提高测量效率和精度以及测深数据的处理。例如，航测线数据跳点的剔除、海洋表层声速对多波速测深的影响、统计滤波估计检测海洋测深异常数据以及利用趋势面滤波法进行粗差标定等方法。采用这些方法可以消除不同水下地形测量的粗差，较好地保留了真实水下地形信息。

3. 海洋与航道的遥感遥测技术

海洋与航道的遥感遥测技术的研究同陆地航空航天测绘技术相似。这里的研究主要集中在该技术在海洋与航道测绘中的应用上。如水域界限的提取、海岸带监测、浅海障碍物探测、声呐图像处理、影像制图，以及航道水下地形和水文因子的实时更新、助航标志的动态变化监测等。不同的对象有不同的技术方法。另外，声呐探测及其图像分析与判读也是海洋测绘技术的重点研究方向之一。

4. 基于“数字海洋”与“数字航道”的测绘信息化服务

海洋地理信息系统是在海洋测绘、海洋水文、海洋气象、海洋生物、海洋地质等学科研究成果的基础上建立起来的面向海洋的地理信息系统。它集合了 GIS、数据库和实用数字模型等技术，可以为遥感数据、海图数据、GIS 和数字模型信息提供协调坐标、数据存储、管理和集成信息的系统结构。要在海洋地理信息系统上实现海洋信息服务，还必须建立统一的海洋信息管理网络系统，在现有相关部门局域网的基础上进行统一规划，实现网络互联，建立集成化的海洋信息服务门户网站，提供海洋信息的社会化、网络化的应用服务。同样，为了提供航道信息服务，则必须建立“数字航道”。它是以航道为对象，以地理坐标为依据，将江河干流航道及相关的附属设施，以多维、多尺度、多分辨率的信息进行描述，实现真实航道的虚拟化、数字化、网络化、智能化和可视化的规划、设计、建设、养护、管理和综合应用。

第二节　测绘学科的地位及作用

一、测绘学科的地位及其与其他学科的关系

测绘学科的发展，与现代科学技术的发展水平和速度、人类社会改善生活和工作环境所进行的生产活动、现代战争的要求和军事活动密切相关。测绘学的发展已经突破原来的为土木工程服务的狭窄概念，向着更广义的方向发展，是研究并提供地表上、下及周围空间建筑和非建筑工程几何物理信息和图形信息的应用技术学科。几乎一切高科技发展的成就，都可以用来解决精密复杂的测量课题。因此它不是一个单一的学科，而是与许多学科互相渗透、互相补充、互相促进的技术学科。一方面它需要应用摄影与遥感、地图绘制、地理学、环境科学、建筑学、力学、计算机科学、人工智能、自动化理论、计量技术、电子工程和网络技术等新技术新理论解决测量中的难题，丰富其内容；另一方面通过在测量中的应用，也使这些新的科学成就更富有生命力。例如，空间定位技术在工程建设部门获得极为广泛的应用；地理信息系统和遥感技术应用于工程勘探、资源开发、城市和区域专用信息管理系统及工程管理信息数据库；固态摄影机使“立体视觉系统”迅速发展，应用到三维工业测量系统中；机器人技术应用于施工测量自动化；传感器技术和激光技术、计算机技术促进了测量仪器的自动化；等等。由此可见，这些新技术新理论不断充实了测绘学科，成为测绘学不可缺少的内容，同时也促进了这些学科本身的发展和应用。

(一) 大地测量学

大地测量学主要研究地球表面及其外层空间点位的精密测定，地球的形状、大小和重力场，地球整体与局部运动，以及它们的变化的理论和技术。在大地测量学中，测定地球的大小是指测定与真实地球最为密合的地球椭球的大小 (指椭球的长半轴)；研究地球形状是指研究大地水准面的形状 (或地球椭球的扁率)；测定地面或空间点的几何位置是指测定以地球椭球面为参考面的地面点位置，即将地面点沿球法线方向投影到地球椭球面上，用投影点在椭球面上的大地经纬度表示该点的水平位置，用地面至地球球面上投影点

的法线距离表示该点的大地高程。通常在一般应用领域，如水利工程，都是以平均海水面（即大地水准面）为起算面的高度，即通常所称的海拔。

解决大地测量学所提出的任务，传统上有几何法和物理法两种方法。所谓几何法是用几何观测量（距离、角度、方向）通过三角测量等方法建立水平控制网，最后推算出地面点的水平位置；通过水准测量方法，获得几何量高差，建立高程控制网提供点的海拔。物理法是用地球的重力等物理观测量通过地球重力场的理论和方法推求大地水准面相对于地球椭球的距离（称为大地水准面差距）、地球球的扁率（地球形状）等。

（二）摄影测量学

摄影测量学主要利用摄影手段获取被测物体的影像数据，对所获得的影像进行量测、处理，从而提取被测物体的几何的或物理的信息，并用图形、图像和数字形式表达测绘成果。它的主要研究内容有：获取被测物体的影像并对影像进行量测和处理，将所测得的成果用图形、图像或数字表示。摄影测量学包括航空摄影、航空摄影测量、地面摄影测量等。航空摄影是在飞机或其他航空飞行器上利用航摄机摄取地面景物影像的技术；航空摄影测量是根据在航空飞行器上对地面摄取的被测物体的影像与被测物体间的几何关系以及其他有关信息，测定被测物体的形状、大小、空间位置和性质，一般用来测绘地形图；地面摄影测量是利用安置在地面上基线两端点处的专用摄影机（摄影经纬仪）拍摄同一被测物体的相片，经过量测和处理，对所摄物体进行测绘。地面摄影测量可用来测绘地形图，也可用于工程、工业、建筑、考古、医学等，通常又称为近景摄影测量。

（三）地图制图学（地图学）

地图制图学主要是研究地图及其编制和应用的学科。具体研究内容：地图设计，它是通过研究、实验，制订新编地图的内容、表现形式及其生产工艺程序的工作；地图投影，它是依据一定的数学法则建立地球椭球表面上的经纬线网与在地图平面上相应的经纬线网之间函数关系的理论和方法，也就是研究把不可展曲面上的经纬线网描绘成平面上的经纬线网所产生各种变形的特性和大小以及地图投影的方法等；地图编制，它是研究制作地图的理论和技术，即从领受制图任务到完成地图原图的制图全过程，主要包括制图资料的分析和处理，地图原图的编绘以及图例、表示方法、色彩、图形和制印方案等编图过程的设计；地图制印，它是研究复制和印刷地图过程中各种工艺的理论和技术方法；地图应用，它是研究地图分析、地图评价、地图阅读、地图量算和图上作业等。

（四）工程测量学

工程测量学主要研究在工程建设和自然资源开发各个阶段进行测量工作的理论和技术。它是测绘学在国民经济、社会发展和国防建设中的直接应用，因此，包括规划设计阶段的测量、施工建设阶段的测量和运行管理阶段的测量。每个阶段测量工作的重点和要求各不相同。规划设计阶段的测量主要是提供地形资料和配合地质勘探、水文测量所进行的测量工作；施工建设阶段的测量主要是按照设计要求，在实地准确地标定出工程结构各部分的平面位置和高程，作为施工和安装的依据；运行管理阶段的测量是指工程竣工后为监视工程的状况和保证安全所进行的周期性重复测量，即变形观测。

（五）海洋测绘学

海洋测绘学是研究以海洋及其邻近陆地和江河湖泊为对象所进行的测量和海图编制的理论和方法，主要包括海洋大地测量、海道测量、海底地形测量、海洋专题测量及航海图、海底地形图、各种海洋专题图和海洋图集的编制。海洋大地测量是在海面、海底所进行的大地测量工作。海道测量是以保证航行安全为目的，对地球表面水域及毗邻陆地所进行的水深和岸线测量以及底质、障碍物的探测等工作。海洋专题测量是以海洋区域与地理位置相关的专题要素为对象的测量工作，如海洋重力、海洋磁力、领海基线等要素的测量工作。海图制图是设计、编绘、整饰和印刷海图的工作，同陆地地图制图方法基本一致。

二、测绘学科的作用

(一) 测绘学科在国家经济建设和发展中的作用

测绘在国家经济建设和发展的各个领域中发挥着重要作用，具体如下：

(1) 城乡规划和发展离不开测绘。我国城乡面貌正在发生日新月异的变化，城市和村镇的建设与发展迫切需要加强规划与指导，而做好城乡建设规划，首先要有现势性好的地形图，提供城市和村镇面貌的动态信息，以促进城乡建设的协调发展。

(2) 资源勘察与开发离不开测绘。地球蕴藏着丰富的自然资源，需要人们去开发。勘探人员在野外工作，从确定勘探地域到最后绘制地质图、地貌图、矿藏分布图等，都需要用测绘技术手段。随着技术的发展，重力测量还可以直接用于资源勘探，如根据测量取得的地球重力场数据可以分析地下是否存在矿藏以及分类。

(3) 交通运输、水利建设离不开测绘。铁路公路的建设从选线、勘测设计到施工建设都离不开测绘。大、中型水利工程也是先在地形图上选定河流渠道和水库的位置，划定流域范围计算面积，再测得更详细的地形图作为河渠布设、水库及坝址选择、库容计算和工程设计的依据。中华人民共和国成立以来，我国修筑了无数条公路、铁路，建造了数不清的隧道，架设了万千座桥梁。如川藏公路、兰新铁路、成昆铁路、京九铁路、青藏铁路等，都是巨大而艰难的工程。为了保证工程建设的顺利进行，测绘工作者进行了线路测量、曲线放样、桥梁测量、隧道控制测量和贯通测量等精密而细致的测量工作。水利建设方面，在祖国无数条大小河流上建设了成千上万座水库、水坝、引水洞、水电站工程，例如，举世瞩目的长江三峡工程、长江葛洲坝工程、黄河小浪底工程以及刘家峡、万家寨工程等，都是大型的拦洪蓄水、发电、灌溉的水利枢纽工程。这些工程不仅在清理坝基浇灌基础、树立模板、开凿隧洞、建设厂房与设备安装中进行多种测量，建成后还要进行长期的变形观测，监视大坝的安全。

(4) 国土资源调查、土地利用和土壤改良离不开测绘。建设现代化的农业，首先要进行土地资源调查，摸清土地“家底”，还要充分认识各地区的具体条件，进而制定出切实可行的发展规划，测绘为这些工作提供有效的保障。地形图，反映地表的各种形态特征、发育过程、发育程度等，对土地资源的开发利用具有重要的参考价值；土壤图，表示各类土壤及其在地表的分布特征，为土地资源评价和估算、土壤改良、农业区划提供科学依据。

（5）科学试验、高科技发展离不开测绘。发展空间技术是一项庞大的系统工程，要成功地发射一颗人造地球卫星，首先要精心设计、制造、安装、调试、计算轨道，再进行发射。如果没有测绘保障，就很难确定人造卫星的发射坐标点和发射方向，以及地球引力场对卫星飞行的影响等，因而也就不能将人造卫星准确地送入预定轨道。

测绘学科对国家建设和国民经济发展非常重要，其服务领域在不断地拓展，除了传统的工程建设三阶段的测量工作及土地资源调查外，地震观测、海底探测、大型工业设备安装与荷载试验、采矿、军事、医学、考古、环境、体育运动、罪证调查和科学研究等，都在应用测绘学科的理论、技术和方法。

2. 在科学研究中的作用

地球是人类和社会赖以生存和发展的唯一星球。经过古往今来人类的活动和自然变迁，如今人类正面临一系列全球性或区域性的重大难题和挑战。测绘学在探索地球的奥秘和规律、深入认识和研究地球的各种问题中发挥着重要作用。由于现代测量技术已经或将要实现无人工干预自动连续观测和数据处理，可以提供几乎任意时域分辨率的观测系列，具有检测瞬时地学事件（如地壳运动、重力场的时空变化、地球的潮汐和自转变化等）的能力，这些观测成果可以用于地球内部物质结构和演化的研究，尤其像大地测量观测结果在解决地球物理问题中可以起着某种佐证作用。

2. 在国民经济建设中的作用

测绘学在国民经济建设中的作用是广泛的。在经济发展规划、土地资源调查和利用、海洋开发、农林牧渔业的发展、生态环境保护以及各种工程、矿山和城市建设等各个方面都必须进行相应的测量工作，编制各种地图和建立相应的地理信息系统，以供规划、设计、施工、管理和决策使用。如在城市化进程中，城市规划、城镇建设、交通管理等都需要城市测绘数据、高分辨率卫星影像、三维景观模型、智能交通系统和城市地理信息系统等测绘高新技术的支持。在水利、交通、能源和通信设施的大规模、高难度工程建设中，不仅需要精确勘测和大量现势性强的测绘资料，而且需要在工程全过程采用地理信息数据进行辅助决策。丰富的地理信息是国民经济和社会信息化的重要基础，传统产业的改造、优化、升级与企业生产经营，发展精细农业，构建“数字中国”和“数字城市”，发展现代物流配送系统和电子商务，实现金融、财税、贸易等信息化，都需要以测绘数据为基础的地理空间信息平台。

3. 在国防建设中的作用

在现代化战争中，武器的定位、发射和精确制导需要高精度的定位数据、高分辨率的地球重力场参数、数字地面模型和数字正射影像。以地理空间信息为基础的战场指挥系统，可持续、实时地提供虚拟数字化战场环境信息，为作战方案的优化、战场指挥和战场态势评估实现自动化、系统化和信息化提供测绘数据和基础地理信息保障。测绘信息可以提高战场上的精确打击力，夺得战争胜利或主动。公安部门合理部署警力，有效预防和打击犯罪也需要电子地图、全球定位系统和地理信息系统的技术支持。为建立国家边界及国内行政界线，测绘空间数据库和多媒体地理信息系统不仅在实际疆界划定工作中起着基础信息的作用，而且在边界谈判、缉私禁毒、边防建设与界线管理中均有重要的作用。尤其是测绘信息中的许多内容涉及国家主权和利益，决不可失其严肃性和严密性。

4. 在社会发展中的作用

国民经济建设和社会发展的大多数活动是在广袤的地域空间进行的。政府部门或职能机构既要及时了解自然和社会经济要素的分布特征与资源环境条件，也要进行空间规划布局，还要掌握空间发展状态和政策的空间效应。但现代经济与社会的快速发展与自然关系的复杂性，使人们解决现代经济和社会问题的难度增加，因此，为实现政府管理和决策的科学化、民主化，要求提供广泛通用的地理空间信息平台，测绘数据是其基础。在此基础上，将大量经济和社会信息加载到这个平台上，形成符合真实世界的空间分布形式，建立空间决策系统，进行空间分析和管理决策，以及实施电子政务。当今人类正面临环境日趋恶化、自然灾害频繁、不可再生能源和矿产资源匮乏及人口膨胀等社会问题，社会、经济迅速发展和自然环境之间产生了巨大矛盾。要解决这些矛盾，维持社会的可持续发展，则必须了解地球的各种现象及其变化和相互关系，采取必要措施来约束和规范人类自身的活动，减少或防范全球变化向不利于人类社会方面演变，指导人类合理利用和开发资源，有效地保护和改善环境，积极防治和抵御各种自然灾害，不断改善人类生存和生活环境质量。而在防灾减灾、资源开发和利用、生态建设与环境保护等影响社会可持续发展的种种因素方面，各种测绘和地理信息可用于规划、方案的制订，灾害、环境监测系统的建立，风险的分析，资源与环境调查、评估、可视化显示以及决策指挥等。

第三节　现代测绘技术在工程建设中的应用

一、概述

（一）工程建设测量的内容

按照工程建设中测量工作进行的次序以及所用的测量理论和作业方法的性质，并根据一般建设工程的三个阶段，建设工程测量的内容可概括如下：

（1）工程规划设计阶段的测量工作，包括为工程的规划和设计提供各种比例尺的地形图和地形数据资料，以及为工程勘察等进行的测量。地形图比例尺视工程建设的性质、范围和设计要求的不同而不同，一般来说，小比例尺地形图用于规划设计，如总体规划、方案比较及厂址选择等；中比例尺地形图用于初步设计；大比例尺地形图多用于施工设计或详细设计。

（2）工程施工阶段的测量工作，包括建立施工控制网，为施工放样提供控制基础。按施工要求，采用各种不同的放样方法，将设计在图纸上的建筑物在现场标定出来（又称定线放样），作为实地施工的依据。此外，还要进行一些竣工测量、变形观测以及设备的安装测量等。对于工业企业建设项目，应在工程总体完工后，测绘 1∶500 比例尺的工业场地现状图，俗称竣工图，它能反映场地边界和实地现有的全部建（构）筑物的平面位置和高程，是工业建设项目竣工验收、企业改（扩）建设计和运营的重要技术档案资料。

(3) 工程运营管理阶段的测量工作，即为监测工程建筑物安全而进行的变形观测以及大型设备的检测调校等，其目的一是验证设计是否合理，二是保证工程建筑物和设备按设计安全运行。

(二) 工程建设测量的精度要求

工程建设测量是直接为建设工程项目服务的，其基本任务是，从定点定位方面依一定的精度要求为工程建设项目的设计、施工和工程建筑物的安全运营提供技术保障，确保建设工程各阶段的质量。

在规划设计阶段，工程建设测量的基本任务是为工程的规划和设计提供各种比例尺的地形图，因此，地形图的质量是建设工程设计质量的基础。地形图质量取决于测图比例尺、等高距和综合取舍。一般手工测图的精度为图面的 0.3 ~ 0.4mm，而数字测图因为不存在绘图误差，所以精度要高得多。

工程施工测量的精度应使各个建（构）筑物的平面位置和高程严格满足设计要求。一般来说，施工放样的精度随工程性质、建筑结构和材料、施工方法等因素而改变，如按精度要求由高到低排列为：钢结构→钢筋混凝土结构→毛石混凝土结构→土石方工程；如按施工方法确定，则预制件装配式施工比现场浇筑施工的精度要求要高，钢结构组件采用高强度螺栓连接比用电焊连接的精度要求要高。目前，多数土建工程以水泥为主要建筑材料，其混凝土柱、梁、墙的施工总误差随施工方法的不同而不同，允许误差为 1 ~ 8mm。土石方的施工误差一般可达 10cm。

建（构）筑物的放样是根据施工控制网来进行的，其精度要求可根据测量对象的定位精度及施工现场的面积大小参照有关测量规范加以规定。由于各类工程的性质、生产工艺差异很大，对测量定位精度的要求也不相同。针对具体工程的施工测量精度要求，如果规范中有规定则参照执行，如果没有规定则考虑测量、施工以及构件制作等多种误差影响确定测量精度。先在测量、施工、加工制造几方面之间进行误差分配，而后据此得出测量工作应保证的具体精度。

（三）现代测绘技术在工程中的应用

1. 控制测量

得益于现代测绘技术的发展，控制测量为测量工作提供骨架和参考基准。空间技术特别是卫星定位技术的突破性发展导致了控制测量的根本性变革，目前，差分 GPS 测量、实时动态 GPS 测量（RTK）技术已经成熟，并成为进行各级平面控制的主要方法。传统的三角测量、三边测量、边角测量、导线测量等技术手段正在被卫星定位测量所替代。变革使控制测量成果质量进一步稳定可靠和作业效率大幅度提高。

几何水准测量一直是高程控制测量的经典方法，但这种方法耗时费力、作业效率低，随着电子测距技术的发展，产生了电磁波测距（EDM）三角高程测量。目前 EDM 三角高程测量在一些特殊场合已可以替代三等、四等甚至二等水准测量，国内一些规范也进行了相应的规定。此外，数字水准仪的面世，使古老的水准测量正在向智能化和自动化方向迈进。卫星定位高程测量受到广泛关注，卫星定位技术在高程控制测量中的应用潜力巨大，前景广阔。

总之，应用卫星定位技术、全站仪及数字水准仪快速建立三维控制网，发展先进实用的测量数据处理方法，大力提高控制测量的成果质量和作业效率，已成为控制测量的发展方向。

2. 地形图测绘

工程的地形现状测绘包括两种情形：一种是工程规划、勘测设计阶段的测绘；另一种是工程竣工后的测绘。两者在技术手段上没有明显差别，都可以应用数字测图技术测绘数字线划图（DLG），并根据需要采集生成数字高程模型（DEM）。对于大型工程建设场地，还可以利用遥感影像数据制作数字正射影像图（DOM）。

在各种工程测量数字测图技术中，基于全站仪的数字测图方法被广泛采用。目前基于全站仪的测图系统主要有两种类型：一种是全站仪采集数据，利用电子手簿或人工记录数据，再传输到成图系统中经处理生成数字图；另一种是全站仪与便携式计算机组合成的电子平板系统，在数据采集的同时实时生成数字图，实现“所见即所测、所见即所得”。

野外数据采集的更先进的趋势是多传感器技术的集成应用，已经发展了基于全站仪、卫星定位系统、数码相机等多种传感器的内外业一体化数据采集与制图系统，一种所谓的“移动测绘系统”得到研制，并应用于高速公路、建筑物和公用设施的测绘中。

对于大型工程建设场地，如大型水利水电枢纽、港口、机场建设，铁路、公路、高压远距离输电线路的选线与建设以及城镇规划建设等，运用航射影像、高分辨率卫星遥感影像或实用轻型飞行器（如无人机）摄取的影像，使用数字摄影测量或遥感图像处理系统生成大比例尺 DLG、DOM、DEM 及三维景观模型，为工程勘测设计及竣工建档提供高质量、多形式的空间信息资料。

水下地形测量是地形测绘的一个特殊的方面。目前，将卫星定位设备与回声测深仪组合已成为水下地形测绘的基本方法和手段，利用相关的软件，能够得到等深线形式的水下地形图，也可以得到三维水下地形模型。近年来，又发展了多波束测深仪也称声呐阵列测深系统，能实现测区全范围无遗漏扫测，对水下地形地貌进行大范围全覆盖的测量及实时声呐图像显示，可现场直观地看出水下细微的地形变化。

3. 工程建筑物的放样、检测与变形观测

随着大型和复杂工程建筑物（如大型桥梁、大型水利工程建筑、高耸建筑物构筑物、大型剧院、大型体育场馆等）的不断增加，迫切需要技术先进、快速、准确、有效的放样测设技术。基于智能化全站仪、激光、遥测、遥控和通信等技术的集成式空间放样测设技术应运而生。

智能全站仪具有较大的数据存储器、丰富的内置软件并可以与计算机进行数据通信。许多全站仪都有几种作业方式，即使用协作目标（镜或反射片）和不使用协作目标。目前，全站仪已成为工程施工放样、检测及变形观测的最主要仪器设备。

除了全站仪，卫星定位设备也被广泛应用于放样测设和监理检测工作，尤其是卫星定位 RTK 技术，运用于施工放样和监理检测具有省时省力、功效高的明显特点。

现代测绘技术在工程中应用，不仅是工程建设的需要，也是对测绘技术不断发展的促进，因此，应积极跟踪测绘新技术的发展，关注各种工程应用的需求，并通过研究开发学校教育、职业培训、技术交流等多种方式，将测绘的新技术新手段运用到工程中去。

二、测绘技术的精度控制

在现代科技飞速发展的当下，测绘工程技术也取得了日新月异的发展与创新，极大地推动了工程建设水平的提升。测绘工程技术精度控制能够最大程度上保障测绘结果的质量和效率，然而受某些客观因素的影响与制约，测绘工程在技术精度控制效果方面并不理想，这也使得相关测绘结果与实际情况存在一定的误差，并给工程项目建设带来不可忽视的影响。新时期，加强测绘工程技术精度控制是提高测绘结果科学性的重要基础，因此，加强该方面研究工作具有十分深远的影响和意义。

(一) 测绘工程技术精度控制的重要性

随着测绘技术的不断发展与进步，人们对测绘结果的精确性也提出了更高的要求，如此才能为工程建设奠定更为坚实的基础。现阶段，人类活动范围在源源不断地扩大，特别是一些大型的基础工程项目，例如，水利水电工程、公路桥梁建设、铁路高铁工程等，往往会涉及十分复杂的地质地形条件，只有确保测绘工程相关数据保持在合理的范围内，才能满足工程建设的基本需要。目前，我们国家测绘工程领域相关技术及测绘设备都取得了长足发展与进步，同时也对测绘工作提出了更加精细的技术标准和操作要求，其中测绘技术精度控制便是重要管理内容之一。测绘技术精度控制的目的在于通过科学合理的控制措施，确保测绘工作的每个细节都能达到工程建设的要求，促使工程设计工作以及后续施工都更加科学与合理。由此可见，测绘技术精度控制是测绘工程管理工作的重要内容之一，并且对工程建设质量和水平的提高有着十分深远的影响和意义。

(二) 测绘工程技术精度控制面临的问题

1. 测绘单位重视有待进一步提升

现阶段，测绘工程技术不断更新，这便要求相关测绘单位在技术应用上加以转变和优化。受传统测绘工作模式的影响，许多测绘单位对测绘技术精度控制重视性不足，由此导致测绘工程质量和效果并不十分理想。一方面，测绘单位管理者对测绘技术精度控制认知不足，无法正确认知测绘技术精度控制对工程建设的价值及自身长远发展的意义；另一方面，许多企业对测绘技术精度控制制度建设不够完善，致使测绘工程中工作人员无法遵循相关制度与标准，也会造成测绘技术精度控制能力不足，这在一定程度上影响了测绘工程的质量和效率。

2. 技术设备因素

从整体的层面来看，我国测绘领域发展并不均衡，一些测绘单位在技术设备方面存在一定的局限性。近年来，通过我国测绘工程技术不断创新与升级，特别是新技术、新设备的应用，才使得测绘工作效率和质量都有了极大提升。在项目实施过程中，技术设备对质量的控制起着主导作用，当技术完善、设备精度高，误差就会小，技术精度就高，因此，技术设备在很大程度上限制了测绘工程技术的精度。与此同时，部分测绘单位的测绘设备陈旧，并且不注重设备的保养与维护，使得在测绘工作中很难实现理想的精度控制效果。由此可见，技术设备因素是现阶段制约测绘工程技术精度控制的重要诱因，需要相关单位或机构加强对此方面的重视。

3. 人为因素

除技术设备因素外，人为因素也是造成测绘工程技术精度控制效果不佳的重要诱因之一。从本质上来讲，人为因素是造成测绘结果出现较大误差的根本原因，而人为因素则主要体现在以下几方面：首先，测绘工作人员专业能力不足，不具备全面的专业知识，在具体测绘工作时不能按照相关操作要求和技术标准完成测绘任务，从而造成测绘结果的失真；其次，部分测绘工作人员责任意识不足，对待测绘工作不重视，在进行测绘任务时往往凭借过往经验进行简单测绘，致使测绘结果出现严重误差。由此可见，要想实现理想的测绘工程技术精度控制效果，还需要从人为因素角度加以纠正和提升。

（三）提高测绘工程技术精度控制的有效策略

1. 强化测绘技术精度控制能力

测绘工程技术在发展创新的同时，其操作要求和技术标准也愈加精细和完善，因此要想实现理想的技术精度控制，就必须在技术标准和要求方面加以明确。首先，要从管理理念方面加以转变和提升，一般来讲，相关测绘单位对技术精度控制的重视程度在很大程度上决定了相关测绘工作的质量和效果，为此要强化测绘单位技术精度控制理念，为测绘工程任务的完成奠定坚实的基础。其次，还要加强技术精度控制制度及技术标准的建设工作，明确各项测绘技术的操作要求及相互配合应用的标准要求，通过合理明确的操作要求及技术标准，能够有效规范测绘人员开展相关作业，实现理想的技术精度控制效果。

2. 注重测绘技术水平发展提升

在测绘技术及设备不断创新升级的背景下，部分测绘单位在技术和设备上面难免出现一定的落差性，为此需要充分重视自身测绘水平的发展提升。首先，要加大资金投入力度，特别是在先进测绘技术的引进和测绘设备升级的方面。在测绘工作的必要前提下，测绘技术及相关测绘设备是否先进与科学将直接决定测绘结果的准确性，因此，加快测绘技术与设备的升级有助于实现理想的技术精度控制效果。其次，测绘单位还要在技术设备引进后做好相应的技术创新和延伸，主要为依据企业自身实际情况调整技术发展方向，在某一范围或领域内达到测绘技术的顶尖水平，也可以提升测绘技术精度的控制水平。

3. 注重素质专业人才队伍构建

要想实现测绘单位技术精度控制效果的全面提升，还要从测绘工作人员层面加以优化和提升。首先，在技术设备引进的同时，要对测绘人员进行必要的专业知识和操作技能培训工作，促使测绘人员在专业技术层面获得提升。其次，还要注重工作人员责任意识的提升，一方面要推行测绘技术精度控制责任制，将具体责任落实到个人，由此强化测绘人员的责任意识。另一方面，通过绩效考核等奖惩制度激发测绘人员工作热情，提升其责任意识。最后，测绘单位还要注重高素质人才的引进和吸收，学习先进的测绘技术精度控制理念和技术，从而在构建素质专业队伍的同时提高企业测绘技术精度控制能力。

三、测绘新技术在工程建设测量中的应用

工程建设测量的任务是为各种工程建设进行精确的定位或提供精确的定位数据和图件，以保障工程建设按设计要求竣工和安全有效地运营。随着微电子学、光电技术、计算机技术、空间技术和信息技术的发展，测绘新技术大大促进了工程建设测量的发展。

（一）全站仪在工程建设测量中的应用

全站仪的发展，使地面测绘技术实现内外业一体化和自动化成为可能。全站仪除了用于作一维、二维、三维的控制测量外，还广泛应用于大比例尺地形图、地籍图和房产图测绘以及工业场地现状图的测绘。另外，全站仪具有自动跟踪测量功能，可以实时显示实测距离与设计距离之差值，给施工放样带来很大的方便。国内外各种品牌的全站仪都具有三维坐标测量、后方交会测量、对边测量、悬高测量、施工放样测量、面积测量等功能，充分运用这些功能使得工程测量变得快速高效。

（二）GPS 在工程建设测量中的应用

应用 GPS 定位技术是测绘科学的一项革命性变革，它具有精度高、观测时间短、测站间不需通视和全天候作业等优点，使三维坐标测量变得简单。GPS 定位可以提供毫米级的相对定位精度，广泛应用于工程控制测量、城市或油田的地面沉降观地壳变形观测等工程测盘中。多年来，在全国各大中小城市的城市控制网的新建、扩建改建和众多的桥梁、铁路（含城市地铁）、隧道、水电工程以及一些大型工业企业场地的施工控制测量中，无一例外地都运用了 GPS 定位技术，极大地提高了工作效率。

GPS 实时动态定位技术（RTK）被普遍应用于工程测量的碎部点采集和放样。RTK 系统的基本组成为 2 台及 2 台以上的 GPS 接收机和天线，相应个数的数据通信电台（其中 1 台用于发射），与移动站相同的测量控制器或便携机，电源设备，以及动态测量软件。

GPS RTK 由基准站和移动站组成。基准站由 GPS 接收机和天线、数传电台和天线及电源设备等组成。移动站由 GPS 接收机和天线、数据链和

天线、控制器、电源设备以及便携工具组成。基准站将其数据信息通过数据链发送到移动站，移动站的数据链接到数据通过 GPS 接收机到测量控制器，由 RTK 测量软件解算有关信息，获得移动站的位置三维坐标和测量误差范围。

进行 RTK 定位时，基准站把观测值及其测站已知坐标通过数据链发送到移动站，移动站不仅采集 GPS 观测数据，而且通过数据链接收到基准站数据，并在移动站上形成差分观测值后实时求出移动站厘米级精度的坐标。最新发展的 GPS CORS 技术，使得工程测盘变得更加快速、高效。CORS 系统摆脱了无线电技术的束缚，采用因特网、GPRS 或 CDMA 作为差分信号传输的载体，借用成熟的网络和移动通信技术，使差分信号的传输不受距离的限制，充分发挥 RTK 技术的效能。使用 CORS 系统进行测量作业具有如下特点：

(1) 外业工作轻松便捷。外业无须架设基站，只须携带移动站设备。

(2) 降低了系统误差，改善了初始化速度。CORS 系统有效地避免了基准站粗差的产生，成熟的移动通信技术也保证了差分信号的质量，保障了移动站的初始化速度。

(3) 解决了重复的参数求取。使用 CORS 系统，一次求取转换参数，外出测量只须套用即可直接进行作业。

(4) 增加了有效的作业范围。对于单基站 CORS 系统，基站服务半径约 50km，而对于网络 CORS 系统，其作业范围则更大。例如，使用 JSCORS(江苏省 CORS 系统)，可以在江苏省范围内任何地方进行作业。

(5) 提供了数据完整性监控。CORS 系统服务器可实时监控移动站状态，并可保存移动站实时返回的信息，保证了 RTK 数据的完整性。

(三) 数字化测图技术和地理信息系统的应用

以全站仪和计算机硬件、软件为基础的地面数字测图技术，使大比例尺测图以远高于模拟测图（白纸测图）的精度实现了自动化和数字化，其不仅可以自动记录、解算和成图，自动提取点位坐标、点间距离、方位以及地块面积，还可通过接口将数字地图传输给计算机实现计算机辅助设计。目前，以全站仪为主体的地面数字测图技术已较成熟，并广泛应用于城市和工程的大比例尺地形图和地籍图、房产图的测绘中，极大地减轻了测绘工作者的劳动强度并提高了工作效率，数字地图和数字地面模型已在城市规划设计和铁路公路的线路设计等方面得到广泛应用。地理信息系统技术的应用为城市规划、工程设计以及城市与工程的管理实现自动化、信息化奠定了基础，各种工程信息系统、城市信息系统、矿山信息系统及土地信息系统已经或正在建立。

（四）激光技术的应用

激光准直仪、激光水平扫描仪等应用于各种工程放样中不仅可以节约时间，提高工效，也更好地保证了轴线定线和平面放样的精度，并为施工测量自动化创造了条件。

1. 激光铅垂仪及其使用

激光铅垂仪是一种供竖直定位用的专用仪器，适用于高层建（构）筑物的竖直定位，它主要由氦氖激光器、竖轴、发射望远镜、水准器和基座等部件组成。

激光器由两组固定螺钉固定在套筒内，仪器的竖轴是一个空心筒轴，两端有螺丝扣连接，激光器安装在筒轴的下（或上）端，发射望远镜安装在上（或下）端，即构成向上（或向下）发射的激光铅垂仪。仪器上设有两个互成 90″的水准器，其分划值一般为 20″ /2mm，并配有专用激光电源。使用时，通过使水准管气泡居中整平仪器，利用激光器底端（全反射棱镜端）所发射的激光束严格对中，接通激光电源启动激光器，即可发射垂直激光束。

激光铅垂仪应用广泛，例如，在烟囱等高大规模建筑物的滑模施工中，可在其底部的中央设置仪器井，将激光铅垂仪固定安置在井中。进行投点时，在工作平台中央安置接收靶，仪器操作员打开激光电源，使激光束向上射出，并调节望远镜调焦螺旋，使接收靶得到清晰的接收光斑，然后整平仪器，使竖轴垂直。此时，当仪器绕竖轴旋转时，光斑中心始终在同一点或画出一个小圆。在接收靶处的观测员记录激光光斑中心在接收靶上的位置，并随着铅垂仪绕竖轴的旋转，记录下光斑中心的移动轨迹，其轨迹一般为一个小圆，小圆的中心即铅垂仪的投射位置。根据这一中心位置可直接测出滑模中心的偏离值，供施工人员调整滑模位置。

在实际投点过程中，仪器经检校后，在 150m 高处，光斑中心所画出的小圆直径能控制在10mm以内。某大厦总高度为159.45m，采用激光铅垂仪观测铅垂度，最大垂直偏差为25mm，约为总高度的1/6000，其铅垂精度高于规范要求。

2. 激光扫平仪及其应用

HN-B型多用途激光铅垂仪，该仪器在旋转部和发射镜上各装有一个分划值为30″/2mm的管水准器。旋转部的水准器用于整平仪器，使竖轴与水平面垂直，发射的激光光束为铅垂线。利用支架上的制动和微动螺旋，将发射镜上的管水准器调平，此时的激光束变成水平光束，当仪器围绕竖轴旋转时，即可给出一个激光扫描水平面。仪器在垂直和水平两个方向的精度均高于1/5000。

为使仪器能快速地给出一个水平基准面，可在激光仪上增设一个转动机构，也可利用激光铅垂仪配置一个转动的光学转向设备。某体育馆网架吊装时所采用的激光水平扫描仪，它由激光器发射出一束激光，经调制盘（机械斩波器）调制后从发射镜（定焦望远镜）射出，仪器采用重锤式自稳装置，使发射的激光保持铅垂。激光束通过棱镜折转90°，使铅垂入射的光束折射成水平光束。在电机的带动下，镜不断旋转，于是就将铅垂的激光束转变成一个水平扫描面。

施工时，激光扫平仪主机悬挂在网架中间或三脚架上，接收靶卡在水准尺上或测量杆上，或吊挂于网架中间，或固定在各吊点上。使用时，主机发射激光扫描平面，光电接收靶在待测面上下移动。接收靶装置通过硅光电池把接收到的调制激光交流信号转变为电信号送入放大器放大，经单稳电路输出推动晶体管导通，带动继电器使指示灯发亮。施工人员根据发亮指示灯的位置（上或下）即可对吊点高低进行调整，若接收的光电信号处在预选的灵敏度范围内，液晶显示屏则显示出一条水平面位置指示线，即可将此指示线在待测面上绘出。

激光扫平仪除能扫平水平面外，还能扫描铅垂面以及倾斜面，能在瞬间建立大范围的平面、立面和倾斜面，作为施工和装修的基准面，被广泛应用于机场、广场、体育场（馆）等施工时的大面积土方施工、基础扫平、地坪平整度检测、墙裙水平线测设、大型场（馆）网架吊装定位等。

(五) 测绘新技术在水下地形测量中的应用

1. 水下地形测量概述

水下地形测量与陆上地形测量不同，看不见水下地形的起伏，不能像陆上地形测量那样可以选择地形特征点进行测绘。因此，进行水下地形测量，只能利用船只均匀地测定水下地面的三维坐标，进而绘制水下地形图。由于水上无法建立控制点，船只必须在岸上测量仪器的指导下才能获得均匀的测点。当水域较大时，用岸上测量仪器给船只定位就非常困难。随着 GPS 定位技术尤其是 GPS 实时动态定位（RTK）技术的发展，水下地形测量方法取得了很大进步。目前，水下地形测量技术基本已定型于采用 GPS 获取平面位置、回声测深仪获取水深数据的模式，这种模式不仅自动化程度高，可以全天候作业，大大提高效率，而且由于 GPS 数据的采集及水深测量均为连续的，改变了盲目测点的作业模式，大大提高了水下地形图的精度。

2. 回声测深仪及其使用

(1) 回声测深仪的主要结构和工作原理

①回声测深仪的结构组成。回声测深仪主要由发射机、接收机、发射换能器、接收换能器、显示设备、电源等部分组成，现将各部分功能简述如下。

a. 发射机，由振荡电路、脉冲产生电路、功放电路所组成。在中央控制器的控制下，周期性地产生一定频率、一定脉冲宽度、一定电功率的电振荡脉冲，由发射换能器按一定周期向水中发射。

b. 接收机，是将换能器接收的微弱回波信号进行检测放大，经处理后送入显示设备在接收机电路中，采用现代相关检测技术和归一化技术，并用回波信号自动鉴别电路回波水深抗干扰电路、自动增益电路、时控放大电路，使放大后的回波信号能满足各种显示设备的需要。

c. 发射换能器，是将电能转换成机械能，再由机械能通过弹性介质转换成声能的电—声转换装置。它将发射机每隔一定时间间隔送来的有一定脉冲宽度、一定振荡频率和一定功率的电振荡脉冲，转换成机械振动，并推动水介质以一定的波束角向水中辐射声波脉冲。

d. 接收换能器，是将声能转换成电能的声—电转换装置。它可以将接收的声波回波信号转变为电信号，然后送到接收机进行信号放大处理。现在许多水深探测仪器采用发射与接收合一的换能器。为防止发射时产生的大功率电脉冲信号损坏接收机，通常在发射机、接收机和换能器之间设置一个自动转换电路。发射时，将换能器与发射机接通，供发射声波用；接收时，将换能器与接收机接通，切断与发射机的联系，供接收声波用。

e. 显示设备，其功能是直观地显示所测得的水深值，常用的显示设备有指示器、式记录器式、数字显示式、数字打印式等。显示设备的另一功能是产生周期性的同步控制信号，控制与协调整机的工作。

f. 电源部分，提供全套仪器所需的电源。

②回声测深仪的工作原理。回声测深的基本原理是利用声波在同一介质中匀速传播的特性，测量声波由水面至水底往返的时间间隔，从而推算水深。测深仪记录的水深值，还需要对其进行改正，包括换能器吃水改正、声速改正和转速改正三项。

(2) 测深仪的安装与使用

①换能器的安装。把换能器盒与一适当长度的钢管相连，电线从管内穿过，把钢管固定在船舷外，离船首约 1/3 ~ 1/2 船身长的地方，以避开船首处水流冲击船壳产生的杂音干扰，同时避开船首水中气泡对声波传播速度的影响，此外还须避开船机产生的杂音干扰。换能器应入水 0.5m 以上，并记录入水深度。换能器盒的长轴要平行于船的轴线。操作仪应放稳妥，要既便于操作观测，又便于与驾驶员联系。宜离机舵远些，免受振动和电磁场的干扰，也要防止浪花溅湿仪器。外接电源一般用 12V 直流电瓶。

②测深仪的使用。测深仪的型号很多，随技术的进步而不断更新，不同型号仪器的具体操作方法会有些不同，但一般都有下述几个步骤：

a. 连接换能器：把换能器盒的插头插入插孔。注意，如果未接上换能器而接通电源，会因空载而烧坏仪器元件。

b. 接通电源：合上电源开关，若电源接反指示红灯亮，说明正负极接错，马上调过来即可，一般仪器都有电源接反保护装置。

c. 检查电源电压：要求在 12 ~ 13V 之间。

d. 试测：换能器放入水中，合上电源，仪器即开始工作，相应的记录纸上应有基位线及深度线，或者在显示盘上应有基位显示和深度显示。

e. 调节：增益过小，回波信号过弱，深度记录会消失；增益过大，杂乱信号会干扰记录，所以在工作时要调节增益旋钮，使回波信号记录清晰为止。

f. 调节纸速：船速快，水下地形复杂时用快速挡，一般用慢速挡。

g. 深度转换：工作时根据实际深度及时拨动“深度转换”钮，选择合适的量程段。

3. GPS RTK+ 测深仪的系统组成

GPSRTK+ 测深仪系统由两台或两台以上的 GPS 接收机和天线、数据通信电台、测量控制器或便携机、测深仪、用于陆地测量的便携工具、水上测量相应的设备以及动态测量软件、水下地形测量软件等组成。整个系统分为基准站和移动站两部分。基准站由 GPS 接收机和天线、数传电台和天线及电源设备等组成。移动站（测量船）由 GPS 接收机和天线、数据链和天线控制器、测深仪以及电源设备等组成。

4. GPS+ 测深仪进行水下地形测量的实施

（1）准备工作。在测区或测区附近选取 3 个有当地已知坐标的控制点，用静态或快速静态方式获得 WGS-84 坐标，由测得的 WGS-84 坐标与当地坐标推求转换参数，把转换参数和地球椭球投影参数等设置到控制器上。再把基准站控制点的点号和坐标输入控制器或者通过控制器输入基准站 GPS 接收机，把规划好的断面线端点点号、坐标值输入移动站的控制器或计算机。

（2）观测。根据现场具体情况规划好测量日程和任务分工，基准站仪器尽量减少迁移，以提高工作效率。基准站 GPS 接收机天线设置在规划好的已知坐标点上，连接好设备电缆，通过控制器启动基准站 GPS 接收机。用控制器启动时，在控制器上调出基站点号和相应信息，设置好基站，数据链开始工作，发射载波相位差分信号。移动站一般采用固定时间间隔采集数据，控制器上可以显示偏离断面线的距离误差和测量点坐标及误差值。测量数据被保存在控制器内或相应的存储卡上。

（3）水下地形图的绘制。对观测采集的水深数据进行水位改正、声速改正和动态吃水改正，以满足成图的要求。将处理后的水深（或水底高程）调入图中，进行必要的选择整理，由软件生成等深线或等高线，加入必要的注记和地形、地物符号以及图框，形成完整、规范的水下地形图。

(六)遥感技术在河势监测和水库库容动态变化监测中的应用

1. 河势遥感监测

(1) 河势及其监测的基本内容

河势是指河道在水流的作用下形成的主河槽走向及发展趋势，归顺的河势形态有利于河道的行洪排沙；不归顺的河势形态将严重影响河道整治工程及堤防安全，甚至在汛期遭遇大洪水时发生堤防决溢。

河道形态一般有自然和人工控制两种表现形式，相应的河势表现则较为复杂。对于窄深形河道，多数情况下相对比降大，在水流的长期冲刷下所形成的主河槽比较稳定，在发生较大洪水时，河势仅有微小的变化甚至不发生改变；对于宽浅型的河道，特别是平原河道，由于河道比降较小，水体流速缓慢，上游水流携带的粗泥沙长期落淤而形成大U形河道，河道宽、浅、散、乱，河势极不稳定，需要构筑堤防加以控制，这在我国众多的河流中十分普遍。

河势监测的基本内容包括主河槽的平面走向，主溜带的分布，主流线的位置，水体边界线、工程及其坝垛靠溜情况，主溜在控导工程及险工段与前期河势相比较，河道汊流、串沟、沙洲的分布及规模等。在纵向位置上，还要探测主流的深度和堤坝、工程根基的水情况。

以上的有关概念解释如下：主溜带是河槽主流内具有较大深度和较大流速的带状过水面，往往伴有高含沙水流；主流线是具备最大深度（个别情况例外）和最大流速的过水条件，通常用一条线来表征。

(2) 遥感监测河势的方法

①监测河段及时段的选择。大多数情况下，具备复杂河势的河流段主要分布在平原区，河流由工程所控制，一次中常洪水过程就可能改变河势走向。因此，应注意选择合适的监测河段及时段。监测时段的选择，以汛前（一般为5月上、中旬）和汛后（一般为9月下旬或10月上旬）作为两个控制性监测阶段，若汛期遭遇洪水，河势发生较大变化，还应实时监测。

②数据源的选用。利用遥感技术监测河势，宜选用正在运行的商业化星载卫星遥感图像数据，其原数据重复周期短，运行成本低，特别适用于宽长型河道。从对目标的识别能力和运行成本出发，对于首次实施遥感河势

监测的河段，宜选择高分辨率的图像数据，建立详细的本底河势信息数据库，为以后的对比观测奠定基础。对于小流量下的年际监测，由于河势变化微小，采用30m分辨率的Landsat数据即可满足要求。对中、大洪水造成的河势剧烈变化的河段，选择SPOT数据，对于不利天气条件，可选择RadarSat数据实施监测。

(3) 遥感河势监测的技术路线

遥感监测河势的技术路线，就是通过对获得的数据进行图像处理，在专业图像处理系统的支持下，人机交互式地标绘、提取河势信息，结合一定的外业调查，修正并确定解译结果，然后通过矢量转出功能，将河势矢量信息交换为GIS系统能够读入的数据格式，在GIS系统下添加属性数据，供进一步的分析应用。

(4) 图像处理

图像综合处理是河势遥感监测的关键内容之一，处理结果的好坏，直接影响河势信息的识别和提取，主要的处理项目包括影像合成、河道及水体信息的增强、几何校正及投影变换、不同分辨率图像的融合、图像的镶嵌及裁剪。

(5) 河势信息的判别提取

①解译提取的基本内容。遥感影像所要提取的是水边线、主溜带、串沟、汊流、沙洲、洪水上滩及其淹没面积等内容。在高分辨率图像上能够表现出的坝垛靠溜及其程度，也是解译的重要内容之一，另外还有一些特殊用户所感兴趣的目标。

a. 主流水边线：由于汊流、串沟和沙洲的影响，主流水边线的提取会受到一定干扰，在部分散乱的河道内尤甚。提取时，首先区分出主流，可以与既往河势资料进行比较分析，也可以通过实地勘察得到确认，再通过图像放大窗口沿水边线逐点标绘形成矢量线文件。

b. 主溜带：主溜带是河槽主流内具有较大深度和较大流速的带状过水面，往往伴有高含沙水流，大水时在图像上易于识别。

c. 主流线：主流线具备最大深度（个别情况例外）和最大流速的过水条件，通常用一条线来表征。主流线并非一定位于主流带的中央，它受制于河势走向和水下地形，在遥感影像上准确定论比较困难，可通过河势察勘获取。

d. 汊流、串沟：汊流、串沟在影像上特征明显，标绘时视其宽度用双线或单线勾画。

e. 沙洲：沙洲分布于主流与汊流、汊流与汊流之间，可一次完成一个闭合图斑的勾绘。

f. 工程靠溜信息：各种工程是否靠溜，在遥感影像上易于识别，但具体到个体坝垛的靠溜和程度则较难判定，可通过河势勘察获取。这部分内容无须在图上标绘，仅在同性数据库中加以描述。

以上信息应分层存放，以利后期的编辑。

②野外综合调查及验证。野外作业是对遥感解译的补充和验证，特别是补充因分辨率低而造成的坝、垛靠溜信息的严重不足，但野外作业并非全面铺开，而是对不利河势的河段展开调查，获取重要信息。

③信息编码及转存。河势信息编码，目的在于数据管理、查询和分析的方便，做法上虽不尽相同，但均应与本区域的防汛信息系统尽可能保持一致，最少应包含信息码、名称等字段。若信息提取是在图像处理系统下作业的，还应对数据进行转换，能被 GIS 所引用。

2. 水库库容动态变化的遥感监测

(1) 遥感技术用于水库库容动态变化监测的优点

修建水库能调节天然径流以满足防洪、水力发电、灌溉、水产养殖等综合利用的需求，而水库的调水性能又与水库的面积和库容等特征有着直接关系，因此，水库的面积曲线和容积曲线常被称为水库的特性曲线，是水库的重要资料。水库的面积曲线和库容曲线在水库规划、设计时就已作出，但水库建成蓄水后，因淤积等原因，库区会发生明显的地形变化。因此，在运行一定时间后，必须重新复核水库的特性曲线。以往常规做法都是由人工进行实地重新测定，这种方法费时、耗资、野外工作量大、更新慢。应用卫星提供的遥感资料进行水库库容动态变化监测具有许多优点。

①视野宽。卫星是从高空拍摄地面情况，好比把人眼提高到空间来俯视地面，一下子就完整地反映整个水库库区和流域的全貌，其他各种常规方法根本无法做到这一点。

②周期短。以 Lándast 为例，同一地区的卫星资料每隔 16 天就可重复

获取一张。自 1972 年至今，各地区都积累了大量的卫星资料，从中可选取不同条件下（如不同水位等）的水库动态变化资料系列。

③资料新。卫星过境后，即可从地面站获得资料，加上资料转绘、处理、制作的周期，约 1～2 个月就能到达用户手中，这不但能及时得到最新的资料，而且可以全面快速地反映当前全流域和水库的概貌，以及各种人为影响的变化。

④约束少。卫星不受地理条件与区域条件的限制，即使对于边远地区和无人地区也同样能获取理想的资料。

⑤用途广。卫星成像时，不但使用可见光波段，同时还将人眼无法直接感知的近红外中红外和热红外波段信息也记录下来，并转换成人眼可见的图像，扩大了人眼的识别范围，提供了更多的判别条件。因而可以充分发挥卫星遥感图像这种多信息多用途资料的优势，不仅可以用它复测水库特征曲线，还可以根据用户不同的需要，提取各种不同的信息，如制作集水区流域图、植被图、土地利用图等。

（2）遥感技术复测水库库容工作原理及方法

应用卫星遥感技术复测水库库容曲线，关键在于水位与水面面积关系的推求。由于水体在近红外波段上是充分吸收，图像上反应为黑色，而陆地、植被等地物是强漫射反射物体，都不同程度地反射近红外波段，图像上的反应与黑色有差异，通过对比就可识别水体面积。因此，只要收集到不同水位条件下的卫星资料及同步的实测库水位资料，用计算机分别求出各水位时的水面实际面积，根据这些对应关系，即可绘出水位－面积曲线，从而推算出水位－库容曲线。

①资料收集。根据水库出现过的最高、最低水位，按用户所需精度从卫星地面接收站购买合适的遥感卫星资料。

②图像预处理。为了使胶片资料能有效地进入计算机进行处理，必须将其置于高密度扫描仪下，进行高分辨率扫描，使其转化为数字化格式，便于计算机处理。由于卫星拍摄地物是以灰度成像，而各图像拍摄时的天气、日照等条件又不一样，因而存在着灰度不一致的问题，需要进行灰度一致化处理，使得各图像都拥有统一的灰度基础。尽管遥感卫星地面接收站在卫星数据接收后已进行了常规校正，但对高精度的地形测量和面积量算而言仍嫌

不足，必须进行几何精校正，即地理位置纠正，将卫星图像纠正到统一的大地坐标网格上，使得各图像都拥有同一个几何地理位置。

③图像处理。人们的目的是获取精确的各级水位时的水库面积，故识别图像中的水体是一个重要环节。为了突出水体，就要采用图像增强技术，以突出水陆界线，在此基础上，利用计算机程序来识别水体。

④水库面积曲线和库容曲线。计算机依据计算出的不同卫星资料上的水体面积和相应的实测库水位资料，可以绘制出水库的水位 - 面积曲线。

(3) 精度问题

卫星遥感技术复测水库库容的精度，主要取决于水体面积的量算和图幅取用的多少。关于图幅的取用，对相同的水位高差，卫星图像收集的越多，即相邻两图像之间的水位差越小，库容曲线的精度也就越高。

对于水体面积量算问题，一般来讲，卫星图像经过地理位置精校正后，完全可以保证其量测误差保持在一个像元之内，因而在这样的图像上统计水体面积，误差也应在一个像元之内，例如，采用美国陆地卫星 TM 资料，其最终面积量测误差在 30m × 30m 之内。

精确度验证，可以采取各种措施来进行，例如，选择 1 ~ 2 个样区，分别量算最新 1：1 万地形图上的某个特征水位时的水面面积和相应的卫星图像上的水面面积进行比较，采用人工测定的水库在高水位段时水位变化曲线和相应面积变化曲线、库容变化曲线接轨的方式进行比较；选择一个地形基本不发生变化的样区进行人工测定，以此验证遥感方法的精度等。

三、变形测量

(一) 变形测量概述

变形测量或变形观测是指测定建（构）筑物及地基在建（构）物荷重等各种因素的外力作用下随时间而变形的工作。它是对建筑物上的一些观测点进行重复观测，从这些观测点位置的变化中了解建筑物几何变形的空间分布和随时间等因素变化的情况。

1. 建筑物变形的原因

了解建筑物变形的原因是变形观测过程中非常重要的工作。一般来说，建筑物变形的原因包括客观原因和主观原因，客观原因主要有两个方面：

（1）自然条件及其变化。包括建筑物地基的工程地质、水文地质、土壤的物理性质、大气温度等。

（2）与建筑物本身相联系的原因。包括建筑物本身的荷重，建筑物的结构、形式及动荷载（如风力、震动等）的作用。

主观上的原因主要有地质勘察不充分、未发现不良地质条件、设计模式和计算不正确、地基承载力计算和结构验算有误、材料选取与配置不当、施工质量差、施工方法不当等。这些主观上的原因会引起建筑物产生额外的变形。

产生这些变形的原因是互相联系的。随着工程建筑物的兴建，地面原有的形态发生了变化，对建筑物的地基施加了一定的外力，这就必然会引起地基及其周围地层的变形。而建筑物本身及其基础，也受地基的变形及其外部荷载与内部应力的作用而产生变形。建筑物的变形若在一定的限度以内，应认为是正常的现象，但如果超过了规定的限度（一般称为允许变形值），就会影响建筑物的正常使用，甚至危及建筑物的安全，因此在工程建筑物的施工和运营期间，必须不间断地对它们进行变形状态监测。由于这种监测的目的是为了保证建筑物的安全运营，故亦称为安全监测。

2. 建筑物变形的分类

工程建筑物的变形按其类别可划分为静态变形和动态变形。

静态变形通常是指变形观测的结果只表示在某一期间内的变形值，它只是时间的函数。动态变形是指在外力影响下所产生的变形，它是以外力为函数来表示的动态系统对于时间的变化，其观测结果是表示建筑物在某个时刻的瞬时变形。

3. 变形观测的特点

与一般测量工作相比，变形观测具有如下特点：

（1）观测时间长。在正常原因下，建筑物变形的发生与发展有一个较长的时间过程：对工业与民用建筑而言，除施工期外，一般需在竣工后 3 ~ 5 年才趋于稳定；对于水坝而言，由于水力的作用和变化，则需永久观测。

（2）精度要求高。变形观测的目的是为了监测建筑物的安全，其成果直接影响变形特征、变形规律的正确分析和安全状态的准确判断。同时，变形速度在一般情况下也是比较缓慢的，因此，必须以较高的精度进行变形观测，才能准确地反映变形状态。一般而言，变形观测的精度要求达到毫米级。

（3）需重复观测。变形观测的基本方法是在不同时刻观测建筑物上一系列代表性的点的坐标和高程变化量，因此，必须重复观测才能掌握建筑物变形随时间变化的情况。在重复观测过程中，为了消除或削弱系统误差对成果的影响，应尽量保证观测的仪器、方法、精度、网形以及环境等观测条件相一致。

（4）数据处理方法严密。变形值一般较小，有时甚至与观测误差大小相当，要从成果中精确地反映变形信息，需采用严密的数据处理方法，以尽量削弱观测误差的影响。

4. 变形观测的基本方法

变形观测的基本方法分为三类。

（1）大地测量法。大地测量法可分为常规大地测量法和空间大地测量法。常规大地测量法包括几何水准测量、三角高程测量、导线测量法和交会法等，具有精度高、应用灵活的优点，但野外工作量大，受外界环境影响大，不易实现自动化连续观测或实时观测。空间大地测量法以技术先进的全球定位系统（GPS）为代表，与计算机连接后可以较容易地组成自动化实时监测系统，适用于需提供大面积变形信息的地壳形变与地表下沉等变形观测。

（2）摄影测量法。此法以近景摄影测量法为主，主要特点是信息量丰富，可作大面积复测，外业工作简单，适用于动态观测，但精度较低。

（3）专用设备法。专用设备包括各种准直仪、倾斜仪、液体静力水准仪、微水准器和应力计等，其最大的特点是相对精度高，容易实现自动化连测和遥测，但测量范围较小，适用于提供局部变形信息。

选择哪一类变形观测方法，应依据建筑物的性质、精度要求、工作环境及作业条件综合考虑。一个建筑物的变形观测也可选用多种方法组合。

5. 变形观测点的设置

如上所述，变形观测是对建筑物上一系列代表性的点进行重复观测，以比较其点位的变化量。因此，既要在建筑物上设点，也要设置一些参照点以便于比较，这些点通过一定的几何图形和关系相连，共同构成变形观测系统。变形观测系统的点由基准点、工作基点和监测点构成。

(1) 基准点。基准点即稳定的固定点，是工作基点和监测点的依据点。基准点一般要求布设在建筑物及其变形范围以外，或将基准点标志深埋至基岩上。

(2) 工作基点。当基准点离观测点较远时，由基准点到观测点的测量线路随即加长，致使观测工作量加大和测量误差积累增大，所测位移值的可靠程度就较小，因此，可在基准点与观测点之间设置一些较稳定的过渡点，用以直接测量监测点。该过渡点称为工作基点，一般埋设在所观测对象的附近，要求在观测期间内保持稳定。

(3) 监测点。位于建筑物上，能准确反映建筑物变形的具有代表性的点。监测点上可安置照准用的观测标志，并须与建筑物牢固结合。

(二) 变形观测精度和周期的确定

1. 变形观测精度的确定

在制定变形观测方案时，首先要确定精度要求。工程建筑物变形观测的精度问题是一个较难统一的复杂问题，原因是工程建设项目种类繁多、结构各异，难以定出统一的工程变形允许值。一般来说，变形观测精度取决于变形值的大小、速率和仪器所能达到的精度，以及变形观测的目的等。最好是指定每项工程的允许变形值，据此再定出必要的观测精度。结合国内外对这个问题的研究成果，给出确定精度的一般原则，工作中可以结合实际变形观测数据和经验，确定参考精度指标。

(1) 按照允许变形值确定观测精度。如果变形观测是为了确保建筑物的安全，使变形值不超过某一允许的数值，则其观测值的误差应小于允许变形值的 1/10 ~ 1/20；如果是为了研究变形的过程，则其误差应比上述值小很多，甚至应采用目前测量手段和仪器所能达到的最高精度。在实际工作中，应结合工程设计部门对建筑物的允许偏差要求或有关规范的规定，根据变形观测的目的及工作者的经验，确定合理的观测精度。

2. 按变形观测实测数据的统计分析确定观测精度

(1) 特殊精密工程变形观测。其平面位移的测量中误差要求在（ ± 0.1 ~

± 0.5）mm，沉降观测的精度为（ ± 0.05 ~ ± 0.2）mm。这类工程主要有高能粒子加速器、大型抛物面天线、特种军事工程等。

（2）大型工程建筑变形观测。如对于有连续生产线的大型车间（钢结构、钢筋混凝土结构的建筑物）的变形观测，通常要求观测工作能反映 1mm 的沉降量，一般厂房要求能反映 2mm 的沉降量，因此，观测点高程的精度为（ ± 0.5 ~ ± 1）mm，平面位移观测精度一般为（ ± 1 ~ ± 3）mm。

（3）大坝变形观测。混凝土坝的沉降量和水平位移观测的精度均为（ ± 1 ~ ± 2）mm，土石坝为（ ± 3 ~ ± 5）mm。

2. 重复观测频率和观测时间的确定

重复观测频率是指一定时间内重复观测的次数，也可用两期观测的时间间隔表示。因建筑物变形是一个逐渐变化的过程，是时间的函数，而且变形速度是不均匀的，而进行变形观测的次数又是有限的，所以合理地选择重复观测频率和观测时间，对正确分析变形结果尤为重要。

一般情况下，重复观测频率取决于变形的大小、速度及观测的目的。在建筑物刚刚建成时，变形值较大且速度较快，因此，观测的频率相对要大一些；经过一段时间之后，建筑物逐步趋于稳定，观测次数也可随之逐渐减少，但仍要坚持一段时间的定期观测，这是因为有些建筑物往往正常运营若干年后才会出现异常，定期观测可以发现这些异常，避免可能发生的灾害。

土层上基础沉降过程可分为四个阶段：

（1）在施工期间随着基础上的压力增加，沉降速度很大，年沉降量达 20 ~ 70mm。

（2）缓慢下沉期，沉降显著变慢，年沉降量约为 20mm。

（3）平稳下沉期，年沉降量约为 2mm。

（4）沉降趋于停止期，沉降曲线趋于水平。

可见沉降观测的周期也应随阶段变化而变化。施工期观测频率要大，一般分为 3 天、7 天和 15 天等几种周期；竣工后则可分为 1 个月、2 个月、3 个月、6 个月及 1 年等不同的周期。在施工期间也可按荷载增加的过程进行变形观测，例如，当荷载增加到 25% 时开始观测，以后增加到 40%、55%、70%、85% 及 100% 时各观测一次。重大工程建筑物的变形是连续产生的，某些建筑物使用到某个时期，可能因动荷载变化而发生突然变形，如大坝在洪水季节，桥梁在过火车时等。因此，其变形观测应坚持长期进行，不要随意间断和停止，且观测时间间隔不宜过大，这样才能从观测数据的累积和分析中，得到变形大小和变形趋势的准确预报。

(三) 变形观测的实施

变形观测的主要内容有沉降观测、位移观测、倾斜观测、挠度观测和裂缝观测等。选择哪些变形观测内容，应以建筑物的性质和地基情况为依据。

1. 沉降观测

沉降观测是根据基准点测定建（构）筑物上监测点随时间的高程变化量的工作。沉降点设置在能反映沉降特征的建筑物上，基点设置在沉降影响范围之外，用水准测量方法或其他精度满足要求的高程测量方法定期测量沉降点相对于基点的高差，然后从各个沉降点高程的变化中分析建（构）筑物上升或下降的情况。

(1) 沉降观测点的设置。沉降观测点的测量标志一般埋设在建筑物结构的基础、墙和柱体上。沉降点的位置和数量可视建筑物的结构、大小、荷载、基础形式和地质条件而定，一般在建筑物四周角点及每隔 6 ~ 12m 设一点。在容易产生沉降的部位必须设观测点，如设备基础、柱子基础、伸缩缝两侧、高低层连接处两侧、新旧建筑物连接处两侧、纵横承载墙连接处及地质条件变化处等。塔式建筑的基础，应在其轴线两端对称设点。

(2) 沉降观测基本要求。大型及高层建（构）筑物的沉降观测应采用不低于二等水准测量精度的方法，而中、小型建（构）筑物可采用不低于三、四等水准测量精度的方法。测量路线应布设成闭（附）合型。观测时间一般选在增加荷重之后以及竣工之后，观测次数应按“施工密、生产疏”的原则确定。每个观测点至少有 6 次以上的观测成果。

2. 位移观测

位移观测是根据平面控制点测定建（构）筑物上观测点随时间产生的平面位置变化量的工作，有时要求只测定建（构）筑物在某特定方向上的位移量，例如大坝在水压力方向上的位移量。观测特定方向的位移量时，可在其垂直方向上建立一条基准线，在建（构）筑物上埋设一些观测标志，然后定期测量各标志偏离基准线的距离，就可了解建（构）筑物随时间位移的情况。

第二章　角度测量

第一节　角度测量原理

一、水平角测量原理

（一）定义与理解

水平角是指地面上某点到两目标方向线在水平面上投影的夹角，通常用于描述物体或方向之间的相对位置关系。

1. 测量工具

常用的测量工具包括经纬仪、全站仪等光学或电子测量仪器。这些仪器能够精确对准目标并测量其方向角。

2. 测量步骤

（1）安置仪器：首先，将测量仪器安置在测站点上，并确保其稳定且水平。

（2）对中整平：调整仪器的三脚架或底座，使仪器中心与测站点重合，并确保仪器水平。

（3）目标瞄准：利用仪器的望远镜或瞄准器，分别瞄准需要测量的两个目标点。

（4）角度读取：仪器内部的光学或电子系统能够精确测量并显示望远镜旋转的角度，即两个目标方向之间的水平角。

3. 测量原理

当仪器瞄准第一个目标时，记录其初始方向角。然后旋转仪器瞄准第二个目标，并记录此时的方向角。两个方向角之差即所测的水平角。

4. 注意事项

在测量过程中，应确保仪器稳定且不受外界干扰。瞄准目标时应尽可能准确，以减少测量误差。对于长距离或高精度的测量，可能需要进行多次观测并取平均值以提高精度。

二、竖直角测量原理

竖直角是指在同一竖直面内，倾斜视线与水平线之间的夹角，又称为竖角。

竖直角有仰角和俯角之分。视线在水平线以上，称为仰角，取正号，角值为 0° ~ +90°；视线在水平线以下，称为俯角，取负号，角值为 −90° ~ 0°。

视线方向与天顶方向（测站点铅垂线的反方向）所构成的夹角称为天顶距，一般用 Z 表示，通常从竖盘读数装置中直接读出。天顶距的大小为 0° ~ 180°。

根据上述观测水平角和竖直角测量原理，用于测角的仪器必须具有照准目标的瞄准设备，它不但能上下转动而形成一竖直面，还可绕一竖轴在水平方向内转动；另外还要有能安置成水平位置和竖直位置的刻度盘（分别称为水平度盘和竖直度盘）。经纬仪正是根据这些要求设计制造的，它既能测水平角，又可以测竖直角。

第二节　经纬仪的基本结构

一、经纬仪的分类

目前使用的经纬仪按读数设备分为光学经纬仪和电子经纬仪两类。电子经纬仪作为一种现代测绘仪器，在生产上得到了广泛的应用；而光学经纬仪目前仍是工程测量中常用的一种测角仪器。

我国生产的经纬仪按精度可分为 DJ07、DJ1、DJ2、DJ6 等型号，其中“D”“J”分别为“大地测量”“经纬仪”的汉语拼音第一个字母、07、1、2、6 表示仪器的精度等级，即“一测回水平方向的观测中误差”，单位为秒。“DJ”常简写为“J”。

二、经纬仪的基本结构

不同型号的经纬仪，其外形和各螺旋的形状、位置不尽相同，但基本结构相同，一般都包括照准部、水平度盘和基座三大部分。

(一) 照准部

照准部主要由望远镜、支架、旋转轴(竖轴)、望远镜制动螺旋、望远镜微动螺旋、照准部制动螺旋、照准部微动螺旋、竖直度盘、读数设备、管水准器和光学对中器等组成。

望远镜用于瞄准目标，其构造与水准仪相同。望远镜与横轴固连在一起，可绕仪器横轴做360°转动。仪器安置好以后，视准轴所扫出的面为一竖直面。竖直度盘固定在望远镜横轴的一端，随同望远镜一起转动，用于观测竖直角。读数设备包括读数显微镜以及光路中一系列光学棱镜和透镜。仪器的竖轴处在管状轴套内，可使整个照准部绕仪器竖轴做水平转动。照准部制动、微动螺旋用于控制照准部水平方向转动。望远镜制动、微动螺旋用于控制望远镜的纵向转动。管水准器用于精确整平仪器，而用来粗略整平仪器的圆水准器多数是装在基座上的。光学对中器用于调节仪器使水平度盘中心与地面点位于同一铅垂线上。

(二) 水平度盘

水平度盘是用来指示经纬仪在水平方向转动角度大小的重要部件，不随照准部转动，在水平角观测过程中，可以对某方向读数置盘(度盘配置)。

对于电子经纬仪，可通过相应按键操作将水平方向读数锁定(如南方ET-02/05按[HOLD]键两次)，当照准至所需方向后，再解除锁定功能(如按[HOLD]键一次)，此时即完成了经纬仪的水平度盘配置。对于光学经纬仪，在水平角测量中，可利用度盘变换手轮将度盘转至所需要的位置进行度盘配置，度盘配置后应及时盖好护盖，以免作业中碰动。对于装有复测器的复测经纬仪，水平度盘与照准部之间的连接由复测器控制。将复测器扳手往下扳时，照准部转动时带动水平度盘一起转动；将复测器扳手往上扳时，水平度盘就不随照准部转动。

(三) 基座

经纬仪基座与水准仪基座的构成和作用基本相同，有轴座、脚螺旋、底板、三角压板和圆水准器。但经纬仪基座上还有一个轴座固定螺旋，用于将照准部和基座固连在一起。通常情况下，轴座固定螺旋必须拧紧固定。

三、经纬仪的主要轴线及应满足的几何条件

经纬仪的主要轴线有照准部水准管轴、仪器旋转轴（竖轴）、望远镜视准轴、望远镜旋转轴（横轴）。各轴线间应满足的几何条件有：

1. 照准部水准管轴应垂直于仪器竖轴。
2. 望远镜视准轴应垂直于横轴。
3. 横轴应垂直于竖轴。
4. 十字丝竖丝应垂直于横轴。

四、光学经纬仪的读数

（一）DJ6 光学经纬仪的读数

DJ6 光学经纬仪的水平度盘和竖直度盘分划线通过一系列的棱镜和透镜，成像于望远镜旁的读数显微镜内，观测者通过读数显微镜读取度盘上的读数。对 DJ6 光学经纬仪，常用的读数装置是分微尺测微器读数。

注有“—”（或“H”“水平”）的为水平度盘读数。注有“⊥”（或“V”“竖直”）的为竖直度盘读数。经放大后，分微尺长度与水平度盘或竖直度盘分划值 1° 的成像宽度相等，分微尺长度为 1°，分微尺上分 60 小格，每一小格为 1′，可估读最小分划的 1/10，即 0.1′ =6″ 。读数时，度数由落在分微尺上的度盘分划线注记数读出，分数则用该度盘分划线在分微尺上直接读出，秒为估读数，是 6 的倍数。

（二）DJ2 光学经纬仪的读数

DJ6 光学经纬仪是单指标读数仪器，从读数显微镜内一次只能看到度盘上某一位置的读数，读数结果受度盘偏心差的影响，精度不高。在 DJ2 光学经纬仪中，采用对径分划重合读数设备，将度盘上对径相差 180° 的分划线，经过一系列棱镜和透镜的折射和反射，同时成像在读数显微镜内，通过读取对径相差 180° 处两个分划的平均值，消除度盘偏心差的影响，提高读数精度。在 DJ2 读数显微镜内，一次只能看到水平度盘或竖直度盘的一种影像，

读数前应根据需要调节换像手轮，并选择相应的照明反光镜，使所需度盘影像成像在读数显微镜中。

DJ2 光学经纬仪通常采用移动光楔测微器或双平板玻璃光学测微器。读数前应调节测微轮使对径分划线影像重合。读数时，度数由上窗中央或偏左的数字读出；上窗中小框内的数字为整十分数；分数个位与秒数从左边的小窗内读得。测微尺上刻有 600 小格，每格为 1″，共计 10′，左边的数字为分，右边的数字为整 10″ 数，个位秒数从上数到指标线有特少格即为多少整秒数。度盘上的读数加上测微尺上的读数即全部读数。

需要说明的是，在读取竖盘读数前，应先调节竖盘指标水准器微动手轮使竖盘指标水准管气泡居中，否则读取的竖盘读数是不正确的。对于装有竖盘指标自动归零装置的经纬仪，读取竖盘读数前，只需转动自动归零螺旋，使自动归零装置处于工作状态，并检查是否正常工作，确认无误后，即可读取竖盘读数，读数方法与水平度盘完全相同。

第三节　电子经纬仪

电子经纬仪是一种集光、机、电于一体，带有电子扫描度盘，在微处理器控制下实现测角数字化的一种新型仪器。与传统的光学经纬仪相比，它具有以下三方面的特点：采用电子测角系统，利用三种不同类型的扫描度盘(编码度盘、光栅度盘、区格度盘) 及其相应的测角原理，实现了测角的自动化和数字化，可将测量结果自动显示和储存，减轻了劳动强度，提高了工作效率；采用轴系补偿系统，在微处理器支持下，配以相关的专用软件，可对各轴系误差进行补偿或归算改正；采用积木式结构，可与光电测距仪组合成全站型电子速测仪，配合适当的接口，可将电子手簿记录的数据输入计算机，实现数据处理和绘图的自动化。

一、编码度盘测角系统

编码度盘为绝对式光电扫描度盘，在度盘上每个位置的数值都能直接读出，故编码度盘测角又称为绝对式测角。为了对度盘进行二进制编码，将整个玻璃度盘沿径向划分为16条由圆心向外辐射的等角区，称为码区；由里到外分成4个同心圆环，称为码道。每条码区被码道分成4段黑白光区，黑色部分为不透光区，二进制编码为1，白色部分为透光区，二进制编码为0，从而不同码区即可组成不同的4位数编码，其中里圈代表高位数，外圈代表低位数，由0000开始按顺时针分别读得各码区的读数为0001、…、1111，对应的十进制数为0～15。由此根据两个目标方向所在的不同码区便可获得两方向间的夹角。编码度盘的分辨率，即码区角值的大小取决于码道数，码区数 s=2″，每码区角值为360° / s。显然码道数越多，分辨率越高。但由于制造工艺的限制，码道数不可能太多，因此，编码度盘只用于角度粗测，精测还需利用电子测微技术。

二、光栅度盘测角系统

在玻璃圆盘上均匀地刻划出密集的等角距径向光栅，光线透过时呈现明暗条纹，这种度盘称为光栅度盘。通常光栅的刻线不透光，缝透光，两者的宽度相等，两宽度之和称栅距。栅距所对的圆心角即光栅度盘的分划值。

为了提高度盘的分辨率，在度盘上下方的对称位置分别安装发光器和光信号接收器。在接收器与度盘之间，设置一块与度盘刻线密度相同的光栅，称为指示光栅，指示光栅与度盘光栅相叠，并使它们的刻线相互倾斜一个微小角。指示光栅、发光器和接收器三者位置固定，唯有光栅度盘随照准部旋转。当发光器发出红外光穿透光栅时，指示光栅上就呈现放大的明暗条纹，纹距宽为 W，这种条纹称为莫尔条纹。

测角时，望远镜瞄准起始方向，使接收电路中计数器处于“0”状态。当光栅度盘随照准部一起转动时，即形成莫尔条纹，仪器转至另一目标方向时，计数器在判向电路控制下，对莫尔条纹亮度变化的周期数进行累计计数，通过译码器换算为度、分、秒，并在显示窗显示出来。这种累计栅距测角的方法称为增量式测角。

三、正弦刻缝测角

在度盘圆周刻上细缝。由于细缝的宽度不同，所以通过细缝的光亮度亦将产生变化。因设计成光亮度的变化为正弦周期性变化，故称为正弦刻缝。若全圆有 360 个周期，则每一周期将代表角值 1°。每一周期再内插 60 个脉冲，则每个脉冲代表角值 1′。可见，用此正弦刻缝亦可测出一个周期内的较小的角值。

四、编码、光栅与正弦刻缝结合测角

这种度盘的构造：整个度盘分为三部分，外面部分为光栅刻划，中间部分为编码码道，里面部分为正弦刻缝。电子全站仪 HP-3820A 就是采用的这种方式。它的中间部分采用八码道，角分辨率为 1.4°，因此可取得度、分的值；里面部分有 128 个正弦周期刻缝，每一周期内插 1000 个脉冲，相当于全圆有 128000 个间隔，即每一脉冲约为 10″，一个正弦周期为 2.8°，因此可以决定角度的分、秒；外面的光栅为 4096 条，每条光栅内插 1000 个脉冲，这样，每个脉冲相应为 0.32″，这就能够更精确地确定角度的秒值。

电子经纬仪的使用方法与光学经纬仪基本相同。仪器对中、整平后，打开电源开关，仪器自检后返回测角模式，精确瞄准目标后，显示屏上自动显示相应的水平盘读数和竖盘读数，无须人工判读，能有效提高读数效率。

第四节　经纬仪的使用

一、经纬仪的安置

利用经纬仪测量角度时，应将仪器安置在测站点（角顶点）的铅垂线上，包括对中和整平两项工作。对中的目的是使仪器中心与测站点中心位于同一铅垂线上。对中的方法有垂球对中和光学对中器对中两种。整平的目的是使仪器的竖轴竖直，从而使水平度盘和横轴处于水平位置，整平分粗略整平和精确整平。由于对中和整平两项工作相互影响，在安置经纬仪时，应同时满足既对中又整平这两个条件。下面分别介绍采用两种不同对中方法时经纬仪的安置步骤。

（一）使用垂球对中法安置经纬仪

先张开三脚架置于测站点上，使其高度适中，在连接螺旋上挂上垂球，

调整垂球线的长度使垂球尖略高于测站点。

1. 对中

移动三脚架使垂球尖大致对准测站点，使三脚架头大致水平，并将三脚架的各脚稳固地踩入土中，再将仪器连接到三脚架上。若此时垂球尖偏离测站点较大，则需平移三脚架，使垂球尖大致对准测站点，再踩紧三脚架；若偏离较小，可稍松开中心连接螺旋，在三脚架头上平移仪器，对中后及时旋紧中心连接螺旋。

2. 整平

转动照准部，调节脚螺旋使照准部水准管气泡在相互垂直的两个方向上居中，达到精确整平的目的。

整平工作需要反复进行，直至水准管气泡在任何方向都居中为止。

垂球对中法受风力的影响很大，操作不方便，且精度较低，对中误差一般为3mm。

(二) 使用光学对中器安置经纬仪

1. 粗略对中

打开三脚架，使其高度适中，分开大致成等边三角形，将三脚架放置在测站点上，使三脚架头大致水平。将仪器放置在三脚架头上，旋紧中心连接螺旋，调节三个脚螺旋至适中部位。移动三脚架使光学对中器分划圈圆心或十字丝交点大致对准地面标志中心，踩紧三脚架并使三脚架头基本水平，再旋转脚螺旋使光学对中器分划圈圆心或十字丝交点对准测站点标志中心。

2. 粗略整平

升降三脚架三条腿的高度，使水准管气泡大致居中。对于有圆水准器的仪器，可通过升降三脚架腿使圆水准器气泡居中，达到粗略整平的目的。

3. 精确整平

转动照准部使水准管平行任意一对脚螺旋连线，对向旋转这两只脚螺旋使水准管气泡居中，左手大拇指移动的方向为气泡移动的方向；然后将照准部转动90°，旋转第三只脚螺旋，使水准管气泡居中；反复调节，直到照准部转到任何方向水准管气泡均居中为止。

4. 精确对中

精确整平后重新检查对中，如有少许偏离，可稍松开中心连接螺旋，在三脚架头上平移仪器，使其精确对中后，及时拧紧中心连接螺旋，重新进行精确整平。由于对中和整平相互影响，需要反复操作，最后满足既对中又整平。光学对中不受风力影响，且精度较高，对中误差一般为1mm。

二、瞄准目标

测角时的照准标志，一般为竖立于测点的标杆、测钎、垂球线或觇牌。测量水平角时，以望远镜的十字丝竖丝瞄准照准标志，并尽量瞄准标志底部；而竖直角测量时，一般以望远镜的十字丝中横丝切标志的顶部。

瞄准时，先松开望远镜制动螺旋和照准部制动螺旋，将望远镜对向明亮的天空，调节目镜调焦螺旋使十字丝清晰，然后利用望远镜上的瞄准器，使目标位于望远镜视场内，固定望远镜和照准部制动螺旋，调节物镜调焦螺旋使目标影像清晰；转动望远镜和照准部微动螺旋，使十字丝竖丝单丝平分目标或双丝夹准目标。

三、读数

对于光学经纬仪，读数时先打开度盘照明反光镜，调整反光镜的开度和方向，使读数窗亮度适中，旋转读数显微镜的目镜使刻划线清晰，然后读数。对于电子经纬仪，仪器瞄准目标后可直接读取显示屏上的水平度盘读数和竖直度盘读数。

在水平角测量中，为了角度计算方便或减少度盘刻划误差的影响，通常需要将起始方向的水平度盘读数配置为0° 00′ 00″ 或某一预定值位置，此项工作称为配置度盘。对于方向经纬仪，打开水平度盘变换手轮保护盖，转动变换手轮使度盘调至所需的读数后，轻轻盖上保护盖，并检查读数是否变动。对于复测经纬仪，则利用复测扳手来控制水平度盘的转动，从而达到配置度盘的目的。

第五节　水平角观测

水平角的观测方法一般根据目标的多少而定，常用的方法有测回法和方向观测法两种。

一、测回法

水平角观测的主要目的是确定一个物体相对于另一个物体或基准面的方向，在建筑、土木工程等领域，水平角观测通常用于确定建筑物、道路等的位置和方位，以便于进行施工、规划等工作；在地理测绘领域，水平角观测主要用于确定地球表面的形状和地貌特征。水平角观测方法包括目测法和仪器法，其中仪器法中的测回法是一种常用的观测方法。以下是关于测回法的详细介绍。

(一) 定义

测回法是一种同时用正镜测量和倒镜测量测量一个未知角的方法。它适用于观测只有两个方向的单角。

(二) 操作步骤

以经纬仪为例，测回法观测水平角的操作步骤如下：

(1) 安置仪器：在测站点 O 安装经纬仪，在 A、B 两点竖立测杆或测钎等，作为目标标志。

(2) 盘左观测

①将经纬仪放置于盘左位置（竖直度盘位于望远镜的左侧，也称正镜）。

②转动照准部，先瞄准左目标 A（此时 A 为起始目标，OA 为起始方向），读取水平度盘读数 a_L，填入观测手簿表内。

③松开照准部制动螺旋，顺时针转动照准部，瞄准右目标 B，读取水平度盘读数 b_L，并同样填入表内。此时完成上半测回。

(3) 盘右观测

①松开照准部制动螺旋，倒转望远镜成盘右位置（竖直度盘位于望远镜

的右侧，也称倒镜）。

②先瞄准右目标 B，读取水平度盘读数 b_R。

③松开照准部制动螺旋，逆时针转动照准部，瞄准左目标 A，读取水平度盘读数 a_R。此时完成下半测回。

上半测回和下半测回构成一个测回。

（4）计算一测回角值：对于 DJ6 型光学经纬仪，如果上、下两半测回角值之差不大于 ±40″，即 $|\beta_L-\beta_R| \leqslant 40''$，则认为观测合格。此时，可取上、下两半测回角值的平均值作为一测回角值 β，计算公式为:$\beta=(\beta_L+\beta_R)/2$。其中，$\beta_L=b_L-a_L$，$\beta_R=b_R-a_R$。

（三）注意事项

（1）在进行测回法观测时，应确保仪器稳定，避免因仪器晃动导致观测结果不准确。

（2）为了减弱度盘分划误差的影响，当测角精度要求较高时，需对一个角度观测多个测回。各测回在盘左位置观测起始方向时，应根据测回数 n，以 180° /n 的差值安置水平度盘读数。

（3）因水平度盘是顺时针刻划，所以在计算水平角时，总是用右目标的读数减去左目标的读数。如果不够减，则应在右目标的读数上加上 360°，再减去左目标的读数，绝不可以倒过来减。

测回法是一种精确测量水平角的方法，通过正镜和倒镜的两次观测，可以消除仪器误差和提高测角精度。在实际应用中，应根据具体情况选择合适的观测方法和仪器，以确保观测结果的准确性。

二、方向观测法

方向观测法是一种用于观测三个及以上方向的水平角观测方法。以下是对方向观测法的详细介绍。

（一）定义

方向观测法是以两个以上的方向为一组，从初始方向开始，依次进行水平方向观测，正镜半测回和倒镜半测回，照准各方向目标并读数的方法。

（二）操作步骤

以经纬仪为例，方向观测法观测水平角的操作步骤如下：

(1) 安置仪器

在测站点 O 安置经纬仪，在 A、B、C、D 等观测目标处竖立观测标志。

(2) 盘左观测

①选择一个明显目标 A 作为起始方向（零方向），瞄准零方向 A，将水平度盘读数配置在稍大于 0° 处，读取水平度盘读数，并记入观测手簿。

②松开照准部制动螺旋，顺时针方向旋转照准部，依次瞄准 B、C、D 等各目标，分别读取水平度盘读数，并记入观测手簿。

③为了校核，再次瞄准零方向 A，称为上半测回归零，读取水平度盘读数。零方向 A 的两次读数之差的绝对值，称为半测回归零差。归零差不应超过规定值，如果归零差超限，应重新观测。至此，上半测回结束。

(3) 盘右观测

①纵转望远镜，使仪器处于盘右状态。

②逆时针方向依次照准目标 A、D、C、B、A，并将水平度盘读数由下向上记录，此为下半测回。至此，上、下两个半测回合称一测回。为了提高精度，有时需要观测 *n* 个测回，则各测回起始方向仍按 180° /n 的差值，安置水平度盘读数。

（三）计算步骤

(1) 计算 2*C* 值（两倍照准差）：一测回内各方向 2*C* 值互差不应超过规定值，如果超限，则应重新测量。

(2) 计算各方向的平均读数：平均读数又称为各方向的方向值。计算时，以盘左读数为准，将盘右读数加或减 180° 后，和盘左读数取平均值。起始方向有两个平均读数，故应再取其平均值。

(3) 计算归零后的方向值：将各方向的平均读数减去起始方向的平均读数（括号内数值），即得各方向的“归零后方向值”，起始方向归零后的方向值为零。

(4) 计算各测回归零后方向值的平均值：当需要观测的方向为三个时，

除不做归零观测外，其他均与三个以上方向的观测方法相同。

(四) 注意事项

(1) 在进行方向观测法时，应确保所有方向都同时清晰、稳定，以便准确照准和读数。

(2) 当方向较多时，观测时间较长，应合理安排观测顺序和时间，以避免误差的累积。

(3) 在进行归零观测时，应确保零方向的读数准确可靠，以便后续计算的准确性。

方向观测法是一种用于观测三个及以上方向的水平角观测方法。通过正镜和倒镜的两次观测以及归零观测的校核，可以提高测角的精度和可靠性。在实际应用中，应根据具体情况选择合适的观测方法和仪器，以确保观测结果的准确性。

第六节　竖直角观测

一、竖盘构造及竖直角计算公式

经纬仪竖直度盘部分主要由竖盘、竖盘读数指标、竖盘指标水准管和竖盘指标水准管微动螺旋组成。竖盘垂直地固定在望远镜横轴的一端，随望远镜的上下转动而转动。读数指标与竖盘指标水准管一起安置在微动架上，不随望远镜转动，只能通过调节指标水准管微动螺旋，使读数指标和指标水准管一起做微小转动，当指标水准管气泡居中时，指标线处于正确位置。竖盘的注记形式分顺时针和逆时针两种。

由于竖直度盘注记形式不同，竖直角的计算公式也不一样。现以顺时针注记的竖盘为例，推导竖直角计算的基本公式。

根据竖直角的基本概念，它是在竖直面内目标方向与水平方向的夹角。所以要测定竖直角，必然也与观测水平角一样是两个方向读数之差。不过任何注记形式的竖盘，当视线水平时，不论是盘左还是盘右，其读数在正常状态下应该是 90° 的整倍数。当望远镜视线水平，竖直指标水准管气泡居中时，读数指标处于正确位置，竖盘读数正好为常数 90° 或 270° 。所以测定竖直角时实际只对视线指向的目标进行读数。计算竖直角的公式无非两个方向读数之差。以仰角为例，只需对所用仪器把望远镜放在大致水平位置观察一下读数，望远镜逐渐上倾时观察读数是增加还是减少，就可得出计算公式。

（1）当望远镜视线慢慢上倾，竖盘读数逐渐增加时，竖直角为：a= 瞄准目标时的读数 - 视线水平时的读数。

（2）当望远镜视线慢慢上倾，竖盘读数逐渐减少时，竖直角为：a= 视线水平时的读数 - 瞄准目标时的读数。

二、竖盘指标差

当视线水平，竖盘指标水准管气泡居中时，若读数指标偏离正确位置，使读数大了或小了一个角值 x，称这个偏离角值 x 为竖盘指标差。当指标偏离方向与竖盘注记方向一致时，则使读数中增大了一个 x 值，x 为正；当指标偏离方向与竖盘注记方向相反时，则使读数中减少了一个 x 值，x 为负。

三、竖直角观测

（一）观测步骤

（1）在测站点上安置经纬仪，量取仪器高，判断竖盘注记形式，确定竖直角的计算公式。

（2）盘左位置使十字丝中横丝切目标某一位置，调节竖盘指标水准管微动螺旋，使竖盘指标水准管气泡居中，读取竖盘读数。

（3）盘右位置用十字丝中横丝瞄准目标同一位置，使竖盘指标水准管气泡居中后，读取竖盘读数。

（二）记录、计算

将各观测数据及时记入竖直角观测手簿中，分别计算半测回竖直角，再计算一测回竖直角，最后求得指标差。

上述仅用十字丝中横丝观测竖直角的方法称为中丝法。竖直角也可以用三丝法测得即用上、中、下三根丝照准目标进行读数。由于上丝和下丝位置对称，分别与中丝所夹的视角均约为17′。因此，由上、下丝观测值算出的指标差分别约为+17′和−17′。记录观测数据时，盘左按上、中、下丝的读数顺序记录，盘右按下、中、上丝的读数顺序记录。然后分别按三丝所测得的竖盘读数算出相应的竖直角，取三丝所测竖直角的平均值为该竖直角的角值。

对同一台仪器，竖盘指标差在同一时间段内的变化应该很小，规范规定了指标差变化的容许范围，如果超限，则应重测。

四、经纬仪竖盘指标自动补偿装置

用经纬仪测量竖直角时，每次读取竖盘读数前，均应调节竖盘指标水准管微动螺旋使指标水准管气泡居中，这种操作既费时，又容易疏忽，导致出错。目前许多经纬仪采用竖盘指标自动归零补偿装置。在正常情况下，当仪器竖轴略有倾斜时，该装置能自动调整光路，获得竖盘指标处于正确位置的读数。竖盘自动补偿的原理与自动安平水准仪的补偿原理基本相同。

第三章　大比例尺地形图的测绘

第一节　大比例尺地形图测绘概述

通常称比例尺在 1∶500～1∶5000，最小不小于 1∶10000 的地形图为大比例尺地形图。大比例尺地形图一般用于城市规划与管理，国土资源规划与管理，工厂、矿山设计与施工，矿山的储量计算等各类工程设计与施工。大比例尺地形图测绘是指建立图根控制后的碎部测量。测图前需准备好仪器工具和有关资料并制订出工作计划，待测区完成控制测量工作后，就可以进行地形图的测绘。

一、碎部点的选择

地形图是地形测量的成果，地形测量实际上是测定地面上地物、地貌的特征点的平面位置和高程，这些特征点亦称碎部点。地物特征点是能够代表地物平面位置，反映地物形状性质的特殊点位，简称地物点。如地物轮线的转折、交叉和弯曲等变化处的点，地物的形象中心，路线中心的交叉点，电力线的走向中心，独立地物的中心点等。地貌特征点是体现地貌形态，反映地貌性质的特殊点位，简称地貌点。如山顶、鞍部、变坡点、地性线起点、转弯点和终点等。

(一) 碎部点的选择

碎部测量就是以控制点为基础，测出地表各种碎部点的平面位置和高程，用以绘制平面图或地形图。施测过程中，首先要注意碎部点的选择。碎部点选择是否适当将影响到测量结果的质量。

1. 地物点的选择

地物一般分为两大类：一类是自然地物，如河流、湖泊、森林、草地，以及孤立的岩石等；另一类是人工地物，如房屋、铁路、公路、水渠、桥梁、电力线与通信线等。地物的测绘主要是测量地物特征点，通过特征点将这些地物在地形图上表现出来。地形图上各种名称的注记，应采用现有的法定名称。

（1）各类建（构）筑物及其主要附属设施均应进行测绘。居民区可根据测图比例尺大小或用图需要，对测绘内容和取舍范围适当加以综合。临时性建筑可不测。建（构）筑物用其外轮廓表示，房屋外廓以墙角为准，并用建筑材料和性质分类，注记层数。当建（构）筑物轮廓凸凹部分在图上小于0.4mm，简单房屋小于0.6mm时，可用直线连接。街区凸凹部分的取舍，可根据用图的需要和实际情况确定。各街区单元的出入口及建筑物的重点部位，应测注高程点，对于地下建（构）筑物，可只测量其出入口和地面通风口的位置和高程。

（2）独立性地物的测绘，能按比例尺表示的，应实测外廓，填绘符号，如水塔、烟囱、杆塔；在图上比较明显、重要而又不能按比例尺表示其外廓形状时，应准确表示其定位点或定位线。

（3）管线转角部分，均应实测，线路密集部分或居民区的低压电力线和通信线，可选择主干线测绘；当管线直线部分的支架、线杆和附属设施密集时，可适当取舍；当多种线路在同一杆柱上时，应择其主要表示。各种管线的检修井，电力线路、通信线路的杆（塔），架空管线的固定支架，应测出位置并适当测注高程点。

（4）交通及附属设施，均应按实际形状测绘。铁路应测注轨面高程，在曲线段应测注内轨面高程；涵洞应测注洞底高程。1：2000及1：5000比例尺地形图，可适当舍去车站范围内的附属设施。对于小路可选择测绘。主要道路中心在图上每隔5cm处和交叉、转折、起伏变换处，应测注高程点。路堤、路堑应按照实际宽度测绘，并在坡顶、坡脚适当测注高程。

（5）水系及附属设施，宜按实际形状测绘。水渠应测注渠顶边高程，堤、坝应测注顶部及坡脚高程，水井应测注井台高程，水塘应测注塘顶边及塘底高程。当河沟、水渠在地形图上的宽度小于1mm时，可用单线表示。

（6）植被的测绘，应按其经济价值和面积大小适当取舍，并应符合下列规定：①农业用地的测绘按稻田、旱地、菜地、经济作物地等进行区分，并配置相应符号。②地类界与线状地物重合时，只绘线状地物符号。③梯田坎的坡面投影宽度在地形图上大于2mm时，应实测坡脚；小于2mm时，可量注比高。当两坎间距在1∶500比例尺地形图上小于10mm、在其他比例尺地形图上小于5mm时或坎高小于基本等高距的1/2时，可适当取舍。④稻田应测出田间的代表性高程，当田埂宽在地形图上小于1mm时，可用单线表示。

2. 地貌点的选择

地貌一般以等高线表示，特征明显的地貌（如崩塌残蚀地貌、坡、坎等）不能用等高线表示时，应以符号表示。地形图的基本等高距根据地形类别和用途的需要，按规定选用。一个测区内同一比例尺地形图宜采用相同基本等高距。当基本等高距不能显示地貌特征时，应加绘半距等高线。平坦地区和城市建筑区，根据用图的需要，也可以不绘等高线，只用高程注记点表示。高程注记点密度为图上每100cm内5～20个，一般选择明显地物点或地貌特征点。

地貌点要选在山顶、鞍部、凹地、山脊、谷底及倾斜变换处。利用这些特征点勾绘等高线，才能在地形图上真实地反映出地貌来。对于露岩、独立石、土堆、陡坎等，应注记高程或比高。测绘人员应先了解测站周围情况，做到心中有数，立尺者必须具有识别地形点的能力，并明了哪些主要地物、地貌要详细测出，哪些次要的地物、地貌可以从略。

（二）碎部点的密度

碎部点的密度应该适当，过稀不能详细反映地形的细小变化，过密则增加野外工作量，造成浪费。碎部点在地形图上的间距为2～3cm，在一般地区（地面平坦或坡度无显著变化地区）和城市建筑区的，地形特征点间距和视距可以采用最大值，应符合规定。

二、测图方法简介

传统的地形测量是利用测量仪器对地球表面局部区域内的各种地物、地貌特征点的空间位置进行测量，并以特定的比例尺和图示符号绘制在图纸上，通常我们称之为白纸测图。这种测图方法的实质是模拟测图或图解测图，即在测图过程中将获得的数据利用模拟方法最终转化为纸上图形，转化过程中由于受到放缩、刺点、绘图、图纸伸缩因素的影响，图件的最终精度大大降低，而且工序多、劳动强度大、质量管理难以实施，并且图纸的复制会进一步降低精度，图纸的保存也不如数字测图成果（磁盘、光盘）方便高效。

数字测图是对利用各种手段采集到的地面数据进行计算机处理，而自动生成以数字形式储存在计算机存储介质上的地形图的方法。根据采集数据的手段不同，可分为地面数字测图、地形图数字化和摄影测量与遥感成图三种方法。

地面数字测图是指对利用全站仪、GPS 接收机等仪器采集的数据及其编码进行计算机图形处理而自动绘制地形图的方法。地面数字测图基本硬件包括全站仪或 GPS 接收机、计算机和绘图仪等。软件基本功能主要有野外数据的输入和处理、图形文件生成、等高线自动生成、图形编辑与注记和地形图自动绘制。

数字地形图也可采用地形图数字化方法。采用常规测图方法测绘的图解地形图通过地形图数字化，可转换成计算机能存储和处理的数字地形图，但其地形要素的位置精度不会高于原地形图的精度。数字化仪是采集图形数据的设备，由其采集的数据还需要用专门的软件进行处理和编辑。由纸质地形图向数字化图的转换是数字化的一个复杂的过程，它涉及原纸图的固有误差、数字化过程中的误差、数字化的设备（数字化仪）、数字化软件等多个方面。目前通用的数字化方法有手扶跟踪地形图数字化法、扫描数字化法等。

摄影测量与遥感成图法是利用航空或卫星摄影像片，以野外实测的控制点为基础，借助内业仪器制作地形图。目前，摄影测量与遥感成图法是大面积地形测图的主要方法。

三、无人机倾斜摄影测量在大比例尺地形图测绘中的应用

（一）基于无人机倾斜摄影测量的大比例尺地形图测绘优势

1. 成本投入低，经济效益显著

无人机航拍测绘中的人工投入和设备投入较小。相关统计数据显示，相同测绘区域和测绘条件下，人工测绘技术的成本是无人机航拍测绘成本

的10倍左右，且人工测绘的效率偏低，一些陡峭山崖和涉险区域并不可达，还会对测绘数据的完整性带来一定影响。无人机测绘设备的采购成本虽然偏高，但支持反复使用，且在维修养护得当的情况下全寿命周期也较长，为野外测绘工作带来了极大的便利。与早期人工测绘技术相比，无人机测绘的经济效益十分明显。

2. 测绘效率高，缩短地形图测绘周期

在无人机测绘中，可以根据测区范围和地形特点对航拍路线进行科学设计，并综合多方因素对测绘点位进行合理优化，以实现对无人机航行高度、方向和路线的合理控制，使无人机能够通过调整方向和高度获取更加全面的图像信息，也在很大程度上节省了测绘时间。在无人机航测技术的支持下，往往能够在短时间内获取全面的影像信息，后期经过软件和三维建模处理后，可以生成质量可靠的地形图，有效缩短了地形图测绘的周期。

3. 灵活机动，测绘结果可靠

无人机航测技术能有效应对各种复杂的测绘条件，针对人工测绘中面临的地势问题和地质问题，可以采取灵活机动的测绘手段轻松化解，保障获取影像信息的全面性。多旋翼无人机可以随时随地开展航拍任务，灵活作业能力较强，且可在航拍的同时将测得的数据信息及时回传，相关人员及时检查影像信息质量，如出现不合理的影像信息，则可控制多旋翼无人机进行及时补拍。在较为复杂的作业环境下，还会影响航拍效果，可暂停拍摄，并标记好坐标，当作业环境稳定后，继续完成航拍作业即可。

（二）基于无人机倾斜摄影测量的大比例尺地形图测绘存在的问题

1. 数据隐私和安全问题

在基于无人机倾斜摄影测量的大比例尺地形图测绘过程中，数据隐私和安全问题需要引起重视。虽然这种测绘方法带来了丰富的地形数据，但也会引发以下数据隐私和安全方面的问题。首先，个人隐私是一个重要的关注点。倾斜摄影测量获取的图像数据可能包含公共空间、建筑物和人员等信息。未经充分授权和合规的情况下，这些数据可能被滥用或泄露，侵犯个人隐私权。因此，应采取适当的措施保护和处理这些敏感信息。其次，数据安全也是一个必须考虑的问题。倾斜摄影测量中生成的大量地形数据需要进行存储、传输和处理。这些数据可能面临受到黑客攻击、数据泄露或未经授权的访问等风险。因此，保障数据的安全性和完整性至关重要，有必要采取加密、防火墙、访问控制等安全措施对数据进行保护。最后，地图数据的商业价值也可能导致数据安全问题。高精度的地形数据在市场上具有较高的价值，可能吸引潜在的盗窃或盗用行为，包括对地图数据的非法复制、再分发或商业利用，损害原始数据的独特性和所有权。因此，需要制定合理的数据脱密机制，采取一定的使用协议和监管措施，确保数据的合法使用和保护。

2. 天气和环境条件问题

基于无人机倾斜摄影测量的大比例尺地形图测绘在天气和环境条件方面存在一些问题，这些因素可能对数据采集和测绘过程造成干扰。首先，天气条件是一个重要的考虑因素。恶劣的天气会阻碍无人机的飞行，增加飞行风险和图像质量下降的可能性。强风可能扰乱无人机的悬停和定位，雨雪可能模糊图像并导致数据质量下降。因此，在选择飞行时间和区域时，应尽量选择适宜的天气窗口执行测绘任务。其次，复杂的地形和环境条件也会对测绘过程产生影响。例如，密林、高层建筑物、电线等障碍物可能妨碍无人机的行进路径，并产生遮挡和阻挡效果，导致图像覆盖不均匀。最后，不同的地形特征可能给无人机的定位和导航带来挑战，如起伏的地势、峡谷等。

（三）应用方法

1. 路径规划

基于无人机倾斜摄影测量的大比例尺地形图测绘是一种高效、精确的测绘方法。在进行路径规划时，要考虑重叠度设置和航线敷设，以确保测绘数据的准确性和完整性。首先，重叠度设置指在相邻航线和相邻相片之间的重叠部分。设置适当的重叠度可以有效地提高地形图的质量和精度。一般来说，旁向和航向的重叠度分别为 70% 和 80% 是比较常见的选择。这样设置可以保证足够的重叠区域，以便后续数据匹配和纹理映射。其次，航线敷设是路径规划的关键。在航线敷设中，需要考虑起始点、终止点、地形复杂度、安全性等因素。一般来说，航线可以采用 Z 字形或倾斜形式，以覆盖整个区域。通过避开障碍物、平衡飞行时间和图像质量等优化航线规划。路径规划过程中，可以利用无人机导航系统和地图数据进行辅助。利用地图数据确定目标区域的边界和障碍物等信息，避免飞行意外。无人机导航系统可以实时获取无人机的位置、姿态和速度等参数，在飞行中进行精确定位和调整。最后，为了提高测绘效率，路径规划还可以采取一定的优化策略。例如，通过合理选择起始点和终止点，最大限度地减少飞行距离。根据无人机的续航能力调整航线的长度和数量，以平衡测绘数据的质量和能源消耗。

2. 外业数据采集

基于无人机倾斜摄影测量的大比例尺地形图测绘，外业数据采集是关键环节。外业数据采集包括外业飞行质量控制和像控点布设，以确保测绘数据的质量和精度。首先是外业飞行质量控制。在正式进行测绘任务前，需对无人机设备进行检查，包括飞行器、相机、传感器等设备的状态和功能检测，确保其正常工作。进行场地勘察，选择合适的起降点，评估飞行环境的安全性和适宜性。还需设置飞行高度、航线调整、飞行速度等飞行参数，以便与测绘需求匹配。此外，需实时监控飞行过程，确保飞行的稳定性和准确性，及时做出调整。其次是像控点布设。像控指通过地面控制点或目标点进行图像地面控制的操作。在野外实施时，需在地面上设置含有已知坐标的控制点，通常采用固定标靶的布设来完成。控制点坐标可以通过网络载波相位差分技术或其他测量工具获取。在飞行过程中，无人机会采集包含控制点的图像，然后经刺点将其与像控坐标一一精准匹配，以提高测绘数据的准确性和可靠性。再次，在外业数据采集过程中，需要注意以下几点：确保飞行环境的安全，避免与其他飞行器或障碍物发生碰撞。注意飞行器的稳定性，在飞行过程中避免突发气候因素对飞行器的影响。最后，由于高层建筑或树木的遮挡等问题，还应根据实际情况进行补充拍摄。

3. 实景三维模型生产

实景三维模型生产是一种基于无人机倾斜摄影测量技术的地形图测绘方法。它利用无人机搭载高像素相机进行航飞和数据采集，通过专业软件对采集的影像进行处理和分析，最终生成真实感强、精细度高的实景三维模型。在数据采集完成后，需进行影像的后期处理和分析。对采集的影像结合像控点进行几何校正，包括畸变矫正和倾斜校正，以确保影像的几何精度。然后进行倾斜影像密集匹配，联合空中三角测量算法，提取点云，通过不规则三角网的构建和优化，再依据其空间位置信息，自动寻找最佳视角影像，并完成自动纹理映射，进而获取实景三维模型。在其生产过程中，需要考虑以下要点：为了满足后续大比例尺地形图测制对坐标系统的个性化需求，需要对实景三维模型进行坐标转换，如从 WGS84 坐标系转换到 CGCS2000 坐标系等。后期处理软件的选择和使用也是关键，需要使用专业软件进行数据处理和三维模型自动化构建，如 DJI Terra、瞰景 Smart 3D 等。同时，考虑数据传输、存储和管理，以便后续模型编辑和使用。总之，实景三维模型生产的质量情况关系后续各类数据要素的采集、编绘及精度，是生产工艺的重要环节。

4. 大比例尺数字线划图生产

基于实景三维模型采集数据进行大比例尺数字线划图生产是当前常用的一种全要素地形数据作业方法。实景三维模型构建生成的是 osgb 格式数据，一般采集软件在矢量化之前将进行数据格式转换工作。通过 EPS 三维测图系统等平台自带的 osgb 转换功能，将 osgb 数据转换为数字表面模型数据。数据采集过程采用先内后外再内的作业模式，即先基于实景三维模型进行地形数据内业采集绘制，再对内业无法判别的部分进行外业调绘、补测。数据采集的内容依据相关规范和测绘要求进行，主要包括居民地及附属设施、水系及附属设施、交通及附属设施、管线及附属设施、地貌及植被土质等。根据实景三维模型内业成图后，应进行自检，对模型存在漏洞或不能判读的情况进行调绘或利用传统方法进行全野外数字化补测，再根据全野外测图成果与内业采集数据进行接边和优化处理。在大比例尺数字线画图的生产和检查时，需要注意以下几个要点：数字线画图的属性精度、平面精度、基本等高距和高程精度应符合现行行业标准。要素几何类型和空间拓扑关系应正确，保证逻辑一致性。图形应在保证要素完整性的前提下符合现行图式规定，并进行合理整饰。

（四）应用要点

1. 倾斜摄影技术

在当前的无人机倾斜摄影测量作业中，通常选用五视镜头进行拍摄。此类镜头的优势在于能够多角度地获取影像信息，使航拍过程中获取的影像信息更加完整，在航线设计合理的情况下，采用此种航拍方式很少出现画面遗漏的现象。在无人机中搭载的惯导系统还能保障对三维坐标信息的实时获取，使得画面信息与坐标信息相互对应，有助于更好地还原地形效果。无人机倾斜摄影的过程中，航线、高度和飞行速度等因素均会对影像获取效果带来直接影响。因此，在实际航拍作业之前，需要先做好对航线和高度等的设计工作，在充分考虑目标测区地形地势分布特点的基础上对无人机航线进行科学设计，确保尽快完成目标测区地上影像的收集工作。其中，在航拍作业中，为了避免出现画面遗漏的问题，还需对航向和旁向重合度进行科学控制，为保障重合率的控制效果，还需选择具有代表性的地征物作为主要参考目标。无人机航拍任务结束后，对获得的数据信息进行全面检查，重点查看有无缺漏现象和不合格的影像信息，根据数据检查结果决定是否立即开启新的航拍任务，对缺漏信息和不合格的影像信息进行补充。此外，可以通过有效筛查将其中没有利用价值的影像进行及时筛除，以免加大图像处理量，影响地形图测绘的效率。

2. 数据整理形式

在地形图测绘中，较为常用的数据处理工具有 DPW 和 VirtuoZo 两种。在大尺寸地形图测绘中，如需要获取数字正射影像，就需要有较为丰富的数据资源作为基础保障。此外，相关人员需要尽可能地收集航拍信息和测绘信息，并使用计算机技术对各类数据进行加密处理。数字正射影像的应用空间十分广泛，既能为控制点的布设提供一定的辅助作用，也能得到较为准确的外方位元素。在对航拍影像信息进行校正处理后，还需将校正之后的图像信息形成数字正射影像。目的是对测绘数据进行补充，使其能够尽可能满足地形图测绘的基本要求。在进行数据整理时，可以直接将目标测区的地貌作为主要参考依据，通过对前期获取的数字正射影像进行有效拼凑和比对，并在拼接的过程中做好图像剪裁工作，可以获得更加立体和全面的地形图测绘影像图形。

3. 空三测量方法

空三测量过程中，对相关测绘软件的依赖度较大，空三测量的目的是明确待测区范围内各类地物的位置关系和遮挡关系，这与多视影像联合平差地形测绘的目标相符。现行的空三测量中均会将 POS 系统融入其中，确保实现对各类方位图形像片要素的合理分配，经过匹配处理后，可通过对控制点坐标及相互间的连线描绘出地物的空间关系。无人机航测所收集的数据相对准确，与实际地形信息的误差较小，但为了更进一步地提升地形图测绘信息的准确性，仍需对获取的测绘信息进行检查。这主要是由于无人机航拍作业中不可避免地会受到部分不利因素的影响而产生误差，如不能及时缩小误差，则很可能导致地形图测绘信息失真，鉴于此，需要采取合适的检测措施对测绘信息的准确性进行验证。较为常用的检测方法是在目标测量区域内设置多个散点，并且通过多次误差校正来提升测量结果的准确性。

第二节　大比例尺地形图测绘的传统方法

传统测图法的实质即图解测图，通过测量将碎部点展绘在图纸上，以手工方式描绘地物和地貌，具有测图周期长、精度低等缺点，主要适用于小区域、大比例尺的地形测图。传统测图应按照一定的程序进行工作，即在收集资料和现场初步踏勘的基础上，拟定技术计划；进行测区的基本控制测量和图根控制测量；进行测图前的一系列准备工作，以保证测图工作的顺利进行；在测站点密度不够时要对测站点进行加密；逐点完成碎部测图工作；进行图边测图和野外接图；完成检查、验收，野外原图整饰等碎部测图的结束工作。掌握传统测图方法原理是理解数字测图的基本要求。

一、平板仪测图原理及使用

(一) 平板仪测图原理

平板仪测量是用图解投影的方法，按测图比例尺将地面上点的位置缩绘到图纸上，因此平板仪测量也叫图解测量。

平板仪测图原理可以简述如下：

1. 基本原理

平板仪测图是以控制点和图根点或以图解交会或图解支导线等方法临时测定的点为测站点，在图上已展绘出的这些点所构成的边与地面上的相应边相互重合或平行时，用大平板仪的照准仪直接测定地面点的平面位置和高程。

2. 具体步骤

（1）对中：使地面点和测图板上的相应点位于同一铅垂线上。对中容许误差不应超过图上 0.05mm，也就是用比例尺精度的二分之一作为容许的对中误差，即 0.05mm × M（M 为测图比例尺分母）。

（2）整平：使测图板成水平位置。带有整平脚螺旋的基座，用直尺上的水准管或圆水准器附件及基座的脚螺旋进行整平；对于球窝接头式基座，则是放松整平螺旋，利用照准器上水准管进行整平，整平后再拧紧螺旋。

（3）定向：使测图板上的直线与相应的地面线重合。定向通常选定一条较长边作为定向边，将照准仪直尺的平行尺边紧靠图纸上的定向边，转动平板，使照准仪的望远镜大致瞄准地面上定向边的另一图根点，固定图板，用微动螺旋微动平板，使十字丝准确瞄准该点。再用其他图根点方向进行检查，其方向偏差值应不大于图上 0.2mm。

3. 测量与绘图

（1）测量：在平板仪测量中，水平角用图解法测定，水平距离用钢尺、皮尺、光电测距或图解法测定。

（2）绘图：在测图板上已展绘出的这些点所构成的边与地面上的相应边相互重合或平行时，可用大平板仪的照准仪直接测定地面点的平面位置和高程。

4. 相似形原理

平板仪测图利用的是相似形原理。在平板仪测量中，通过图解法测定水平角，用视距法测距离和高差，在现场按测得的几何元素作图。图上的△ abc 与地面上的△ ABC 的水平投影△ A′ B′ C′ 相似，由此可以求得地面上 AC 的水平距离，并以此类推，对地物、地貌特征点逐点逐站地边测边绘，即可测绘出地形图。

5. 应用与注意事项

平板仪测图是我国各生产单位用于测绘大比例尺地形图的一种传统方法。在平板仪测图过程中，需要保证平板定向的正确，一般每测 20 ~ 30 个碎部点后要对平板的定向进行一次检查，以免由于平板被碰撞而造成大量返工。此外，地形图是分幅测绘的，为保证相邻图幅的相互拼接，每一幅图的四边一般均需测出图廓外 5mm 以上。拼接时，要检查相邻图幅两边的地物、地貌是否衔接，注记名称是否相同，地物有无遗漏，地形总貌是否一致。

根据平板仪测量的原理，平板仪必须有一块可以固定在脚架上的水平图板和借以描绘方向的照准设备。因此，平板仪主要由平板部分和照准部分组成。

（二）碎部测量方法

1. 平板仪测绘法

主要使用平板仪和卷尺测绘平坦地区的地物平面图。如果是大平板仪，还可以利用视距测量的方法测量平距。此方法的优点是平板仪经济实用。

确定地物点位的方法主要有极坐标法、前方交会法、直角坐标法和距离交会法。

2. 经纬仪测绘法

当测绘地区地面起伏变化较大或量距不方便，用平板仪测图困难较大时，可采用经纬仪测绘法进行测图。经纬仪测图是采用经纬仪与分度规（量角器）配合进行测图的。此方法是将经纬仪安置在测站上，用经纬仪测出地形点与已知测线方向的夹角并用视距法测出地形点与测站点间的平距与高差，然后在图板上用量角器按极坐标法展绘地形点点位，对照现场进行地物和地貌的勾绘。具体施测方法如下：

（1）安置仪器。将仪器固定在指定位置。

（2）立尺。在立尺之前，立尺员应清楚实测范围和实地情况，选定立尺点，并与观测员、绘图员共同商定跑尺路线。按拟定的跑尺路线，立尺员依次在地形特征点上竖立标尺（塔尺）。

（3）观测。在平坦地区，可用水平视线法测出测站至地形点的平距与高差。在地形起伏地区则用倾斜视线法观测。为了加强观测与绘图的配合，可先读水平角（水平度盘读数），读数凑整至 5′ 即可；再将中丝瞄准视距尺上仪器高附近，使上丝对准一整分米数，再读取下丝读数，可算出视距间隔；再微调望远镜使中丝瞄准仪器高处（如中丝瞄不到仪器高，可直接读出中丝读数，作为觇标高读数 v，并记录 v 值），调节竖盘水准管，使气泡居中，读取竖盘读数，即可算出竖直角。

（4）记录与计算。将观测数据逐项记入相应的记录栏内，算出视距间隔，竖直角 a，用视距计算盘或查视距表或用小型计算器计算出各碎部点的水平距离、高差与碎部点的高程。将各碎部点依次编号并记入手簿中，以便必要时查对。

(5) 绘图。用量角器和比例尺将碎部点的位置展绘在图纸上，并注以高程。测绘部分碎部点后，在现场参照实际情况，在图上将相邻地物点及时相连，地貌点之间加绘等高线。

在施测过程中或结束时，应检查起始方向是否正确（即归零差是否超限，城市测量规范规定不超过 4′）。仪器搬站后，应检查上一站的若干碎部点（城市测量规范规定角度检测不超过 2′），检查无误后，才能在新的测站上开始测量。如相差较大，则应查明原因，纠正错误再继续进行测绘。

施测过程中，若控制点密度不足时，可采用有校核条件的极坐标、测边交会、测角交会边角交会或内外分点等方法增加测站。

二、地形图绘制

在现场实测的碎部点展绘到图上之后，即需对照实地进行地物和地貌的描绘。

(一) 地物描绘

地物要用规定的图式符号表示，但图式规定也不是一成不变的。例如果园、稻田和草地等整列式的符号，原则上按图式规定的间隔排列；如果植被的面积较大，符号间隔可放大 1 ~ 3 倍，但全幅图应取得一致。狭长面积的植被，符号间隔还可适当缩小。

在外业对照实地描绘房屋时，其轮廓用直线相连接；而河流、道路的弯曲部分则用圆滑的曲线相连。对于不能按比例表示的地物则用相应的非比例符号表示。

(二) 地貌描绘

地貌主要是用等高线来表示的。对于不能用等高线表示的特殊地貌，如悬崖、峭壁、陡坎、冲沟、雨裂等，则用相应的图式表示。

等高线是在相邻地形点间勾绘的。对同一地性线的地貌特征点也要及时地连接起来然后根据地形点的高程勾绘等高线。由于等高线的高程是等高距的整倍数，而所测地形点的高程并非整数，所以勾绘等高线时，首先要用比例内插法在各相邻地形点间定出整数高程点，再将相邻各同高的高程点用光滑的曲线相连接。等高线的内插是根据同一坡度上两点间的高差与平距成正比的特性，在相邻地形点间算出各整数高程点的位置，然后将高程相等的相邻点连成光滑的曲线。勾绘等高线时，要对照实地情况，先画计曲线，后画首曲线，并注意等高线穿过山脊线山谷线的走向。最后将计曲线加粗，再按字头指向高处的原则注记高程。

（三）地形图的拼接

当测区面积较大时，整个测区用一幅图是容纳不下的，需要将测区分成若干图幅进行测绘。这样在相邻图幅连接处所绘的地物和地貌需要互相衔接。为此，在测图时，每幅图的四边都要测出图廓外 0.5cm。但由于测量误差和绘图误差，在相邻图幅连接处的地物轮廓线与等高线经常不会完全吻合。

拼接时，用宽 5cm 的透明纸条在左图的拼接边上，用铅笔把格网线、地物、等高线等都描在透明纸上。然后再把透明纸按格网的位置蒙在右图幅的衔接边上，这样就可看出相应地物与等高线的偏差情况。拼图工作一般在室内进行，如发现误差较大、超限过多，则要到野外实测校核。

（四）地形图的整饰

地形图整饰的目的就是把野外测绘的铅笔底图，按照原来线划符号位置，根据图式规定，用铅笔、墨水或颜色加以整饰，使底图成为完整清晰的地形原图。为此，首先要把底图上不必要的线划、符号和数字等用橡皮擦擦掉，然后按照图式规定对地物、地貌符号和各种注记以及图廓进行整饰。其次，整饰的次序为：先图内，后图外；先地物，后地貌；先注记，后符号。最后，按要求写出图名、比例、坐标和高程系统、施测单位、测绘者及测绘日期等，如系独立坐标系统还应标出指北方向。

(五) 地形图的检查验收

每幅图经拼接和整饰后，应再对图面进行一次全面检查。

(1) 室内检查。要检查控制点的观测记录，计算有无错误，闭合差是否超限，图画是否清晰易读，符号注记是否恰当，图边拼接有无问题。如发现有问题，应到野外进行实地检查修改。

(2) 室外检查。根据室内检查发现的错误，在需要的测站上安置仪器，对明显地物与地貌进行复测，并进行必要的修改。携带原图到现场进行实地对照，主要检查地物有无遗漏或变样，地貌是否真实，注记是否正确等。

经过以上检查，如果发现错误过多，则必须进行修测或重测，直至满足要求为止。

第三节　数字化测图

随着测绘技术及信息技术的迅速发展，电子经纬仪、电子水准仪、全站型电子速测仪、GPS 设备的深度普及，以及图形软件、地理信息系统软件的发展，为数字化测图提供了硬件和软件基础，促成了地形测绘全数字化测绘方法的诞生。数字化测图实质上是一种全解析计算机辅助测图的方法，它使得地形测量成果不再仅仅是绘制在纸上的地形图，而是以计算机存储介质为载体的，可供计算机传输、处理、多用户共享的数字地形信息。数字地形信息以其存储与传输方便、精度与比例尺无关、不存在变形及损耗，能方便及时地进行局部修测更新、便于保持地形图现势性的巨大优势，极大地提高了地形测量资料的应用范围，使其能在经济建设各部门发挥出更大的作用。

一、数字化测图概述

(一) 数字化测图的基本原理

数字化测图的基本原理是采集地面上的地形、地物要素的三维坐标以及描述其性质与相互关系的信息，然后录入计算机，借助于计算机绘图系统处理，显示、输出与传统地形图表现形式相同的地形图。计算机绘图系统是用专业的数字化地形图编辑成图软件，通过人机交互的方式，或录入计算机能识别的信息，自动将野外采集的数据编辑成地形图。由于计算机软件通过计算、展点、识别、连接、加注记符号等步骤处理采集的数据，绘出所测地形图的过程通常是在数据采集完成后进行的，要使计算机软件能识别所采集的数据，并据此绘出传统意义的地形图，野外测绘时除点位的三维坐标外，还必须采集点位的连接信息和描述其性质的属性信息。

连接信息是指测点的关联关系，它包括相邻连接点号和连接线形，绘图系统据此方可将相关的点连接成一个地形、地物符号。属性信息又称为非几何信息，包括定性信息和定量信息。属性的定性信息用来描述地图图形要素的分类或对地图图形要素进行标名，一般用拟定的符号和文字表示，如植被类型、地名、河流名等。属性的定量信息是说明地图要素的性质、特征或强度的，例如面积、楼层、人口、产量、流速等一般用数字表示。

(二) 数字测图系统的组成

数字化测图系统是以计算机为核心，在外连输入、输出设备硬件和软件的支持下，对空间数据及相关属性信息进行采集、输入、处理、绘图、输出、管理的测绘系统。数字化测图系统主要由地形数据采集系统、数据处理与成图系统、图形输出设备三部分组成。

(1) 地形数据采集系统。地面测量仪器是野外获取定位信息的基本设备，目前主要设备为全站仪，在天空开阔的地区也可使用双频动态 GPS 接收机（RTK）。早期出厂的全站仪没有内存，采集的数据通过连接电缆输入电子手簿存储，近几年出厂的全站仪均内置丰富的测量程序，能储存数万个定位点信息，不再需要电子手簿，并且普遍具有中文菜单，操作非常简便。

(2) 数据处理与成图系统。数据处理与成图系统是指对野外直接采集到的点位信息和属性信息进行编辑处理，生成数字地形图的计算机软件系统。在此系统中，电子计算机是进行数据采集、储存、处理的基本设备，而专业的数字化成图软件则是系统的核心，其功能大体上可以分为数据输入、编辑处理、成图输出三大块。其中，主要部分是各类地形图元素编辑处理工具。在我国，由于测量规范、文字注记、图示符号与国外存在一定差异，因此占据市场的测绘成图软件均是国产软件。

(3) 图形输出设备。图形输出设备指绘图仪、图形显示器、投影仪等数字化地形图显示、打印输出设备。

(三) 数字测图的特点

与传统测图作业相比，地面数字测图具有以下特点：

(1) 传统测图经过坐标格网绘制、控制点手工展绘、碎部点手工刺绘等工序，且距离通常用视距法测取，而地面数字测图直接利用碎部点坐标在计算机上自动成图，且距离用电磁波测距法测取。因此，与传统测图相比，地面数字测图具有较高的测图精度。

(2) 传统测图在野外基本完成地形原图的绘制，在获得碎部点的平面坐标和高程后，还需手工绘制地形图，而地面数字测图外业测量工作实现自动记录、自动解算处理、自动成图。因此地面数字测图具有较高的自动化程度。

(3) 传统测图先完成图根控制测量，经计算获得图根控制点坐标，并展绘到图板上，而后进行碎部测图。地面数字测图的图根控制测量与碎部测量可同时进行，即在进行图根控制测量的同时，可在图根控制点上同步测量本站的碎部点，再根据图根控制点的平差后坐标，对碎部点坐标重新计算，以提高碎部点坐标的精度，而后进行计算机处理并自动生成图形。

(4) 地面数字测图主要采用极坐标法测量碎部点。根据红外测距仪的精度，在几百米范围内误差均在 1cm 左右，因此在通视良好、定向边较长的情况下，碎部点到测站点的距离与传统测图相比可以放得更长一些。

(5) 传统测图是以一幅图为单元组织施测，这种规则的划分测图单元给图幅边缘测图造成困难，并带来图幅接边问题。地面数字测图在测区内可不受图幅的限制，作业小组的任务可按河流、道路等自然分界线划分，以便于碎部测图，也减少了图幅接边问题。

(6) 在传统测图中，测图员可对照实地用简单的几何作图法测绘规则的地物轮廓，用目测绘制细小地物和地貌形态，而地面数字测图必须有足够的特征点坐标才能绘制地物符号。有足够而又分布合理的地形特征点才能绘制等高线。因此，地面数字测图中直接测量碎部点的数目比传统测图有所增加，且碎部点 (尤其是地形特征点) 的位置选择尤为重要。

二、数字测图模式

根据地形条件和使用的设备不同，数字测图有不同的作业模式。总的来说，可区分为两大作业模式，即电子平板测绘模式（简称电子平板）和数字测记模式（简称测记式）。

（一）电子平板测绘模式

野外测绘、实时显示，现场编辑成图。电子平板是指便携机或掌上电脑现场连接全站仪，利用地形图测绘软件直接将测得的坐标展绘在计算机屏幕上，直接现场连线编辑成图。电子平板要求成图软件既有与全站仪的通信功能，又可以进行现场编辑存储。这种方式不需要绘制草图，也可以不记录数据，减少了中间环节，可在现场发现并解决问题，是一种自动化程度高、可靠性最高的测图方式。

（二）数字测记模式

野外测记、室内成图，用全站仪或GPS采集并存储测量数据。目前的全站仪大多配有足够的内存，可以将测量数据存储在仪器内部，也可以采用存储卡、电子手簿等。在测量坐标的同时，绘制外业草图，草图主要记录点号、连接关系和元素类型。室内从测量数据中获取坐标，采用成图软件展绘在计算机屏幕上，依照外业草图进行人工连接，进行编辑整饰成图。

目前，电子平板方法因为作业效率低、成本高，没有大规模使用。而测记式方法，由于作业效率、经济效益高，具有白纸测图经验的作业人员很容易掌握，因而目前是数字化测图工作的主要作业方法。

针对记录所谓几何信息和属性信息的不同方法，测记式又可分为编码法和无码法。现分述如下：

（1）编码法。根据一定的编码规则，描述测点的几何关系和属性，事后计算机能根据这些编码自动处理测点绘制成图。编码法的优点是，内业成图编辑工作量较小，作业效率高。缺点是要熟记编码及规则，野外作业速度稍慢，在测区地形复杂、通视不好，地形、地物测量不连贯，或测量非典型的复杂地形、地物时，处理困难；特别是出现错误时，难以发现与纠正。

(2) 无码法。无码法又称草图法，特点是通过示意图记录几何和属性信息。优点是用示意图记录点的属性及与其他点的关系，形象、直观，无须记忆编码规则，外业作业方法容易掌握，作业速度快，劳动强度低，并且一旦出现错误时，根据草图也便于分析、查找原因；缺点是内业编图工作量较大。

综合起来，编码法与无码法各有优点，一般而言，作业人员技术熟练、测区通视较好时，适合采用编码法；作业人员作业经验较少，测区地形、地物复杂时，应采用无码法。实际作业时，应根据作业人员的技术素质及测区情况选择其中一种方法，或者两者混合使用。

三、数字测图的数据采集

为了保证数字测图工作的正确实施，必须在测图前对整个测图工作做出合理规划，统筹安排：从硬件配置到数字化成图软件，测量方法和测量方案及数据采集精度，数据和图形文件的生成及计算机处理，各工序之间的衔接和协调，保证数字测图成果的各类提交资料符合国家和行业的规范规程、图式要求，并符合委托单位的技术要求。根据测区情况，调查测区自然地理条件，以及本单位拥有的软、硬件设备及技术人员，运用数字测图理论和方法制定合理的技术方案、作业方法并拟定作业计划，用以指导数字测图的全过程。

(一) 图根控制测量

由于全站仪的普及使用和计算机的加入，图根控制测量可以与原先的模拟法测图工序不同，即可以在进行图根控制测量的同时进行碎部测量。其原理是，测绘软件或电子手簿记录控制点和碎部点的斜距、水平角、竖直角、棱镜高而不是只记录坐标。之后进行图根控制点平差。平差之后，利用平差后的图根成果重算碎部点坐标即可。有的电子平板系统就具有一步重算功能，可以利用平差后的图根点坐标重算碎部点坐标，并以原有的连接关系重画地形图。对于数字测记方式，只需在内业连图前平差重算即可。这种图根控制测量与碎部点同时测量的方式相对于“先控制、后碎部”，省去了单独图根控制测量的外业工作，值得推广。上述测量方法称“同步测量法”，采用这种测量方法较传统的先控制、后碎部的分步作业模式具有省时、省工、效率高、速度快和便于修改等优点，也是数字测图所独具的优势。

图根控制测量可以采用 GPS RTK 方式布设。目前随着 GPS 测量精度的提高，RTK 技术可以完全满足图根控制的平面精度，但高程精度因仪器性能和观测条件以及当地高程异常而异，在增加联测高程点、选择合适的观测条件和仪器设备的情况下，可以达到图根测量的高程精度。对于仍然不能满足高程精度的情况，可以采用水准测量进行。在实际测量中，图根控制测量大多采用光电测距三维导线方式，即同时测量平面坐标和高程，一次完成图根导线测量布控。图根点加密可以在图根导线上布设附合导线，但不宜超过两次附合，对于不具备附合条件的个别地段，加密方法可以采用支导线法、双极坐标法。

(二) 野外数据采集模式

大比例尺数字测图野外数据采集按碎部点测量方法，分为全站仪测量方法和 GPS RTK 测量方法。全站仪测量方法是在控制点、加密的图根点或测站点上架设全站仪，全站仪经定向后，观测碎部点上放置的棱镜，得到方向、竖直角 (或天顶距) 和距离等观测值，记录在电子手簿或全站仪内存；或者是由记录器程序计算碎部点的坐标和高程，记入电子手簿或全站仪内存。如果观测条件可能，也可采用 GPS RTK 测量碎部点，将直接得到碎部点的坐标和高程。

野外数据采集除碎部点的坐标数据外还需要有与绘图有关的其他信息，如碎部点的地形要素名称、碎部点连接线形等，并由计算机生成图形文件，进行图形处理。为了便于计算机识别，碎部点的地形要素名称、碎部点连接线形信息也都用数字代码或英文字母代码来表示，这些代码称为图形信息码。根据图形信息码获取方式的不同，野外数据采集的工作程序分为两种：一种是在观测碎部点时，绘制工作草图，在工作草图上记录地形要素名称、碎部点连接关系；然后在室内将碎部点显示在计算机屏幕上，根据工作草图，采用人机交互方式连接碎部点，输入图形信息码和生成图形。另一种是采用笔记本电脑和 PDA 掌上电脑作为野外数据采集记录器，可以在观测碎部点之后，对照实际地形输入图形信息码和生成图形。大比例尺数字测图野外数据采集除硬件设备外，还需要有数字测图软件支持。不同的数字测图软件在数据采集方法、数据记录格式、图形文件格式和图形编辑功能等方面会有一些差别。

（三）数据记录内容和格式

大比例尺数字测图野外采集的数据包括：

(1) 一般数据，如测区代号、施测日期、小组编号等。

(2) 仪器数据，如仪器类型、仪器误差、测距仪加常数、乘常数等。

(3) 测站数据，如测站点号、零方向点号、仪器高、零方向读数等。

(4) 方向观测数据，如方向点号、目标的觇标高、方向、天顶距和斜距的观测值等。

(5) 碎部点观测数据，如点号、连接点号、连接线形、地形要素分类码、方向值、天顶距和斜距的观测值以及觇标高（或者是计算的 X、Y 坐标和高程）等。

(6) 控制点数据，如点号、类别、X 及 Y 坐标和高程等。

为区分各种数据的记录内容，用不同的记录类别码放在每条记录的开头来表示。各种数据需要规定它们的字长，根据数据的字长和数据之间的关系，确定一条记录的长度。每条记录具有相同的长度和相同的数据段，按记录类别码可以确定一条记录中各数据段的内容，对于不用的数据段可以用零填充。

（四）地形图要素分类

按照《国家基本比例尺地图图式第 1 部分：1∶500 1∶1000 1∶2000 地形图图式》（GB/T 20257.1—2017）标准，地形图要素分为 9 个大类：测量控制点、水系、居民地及设施、交通、管线、境界、地貌、植被与土质注记。

（五）连接线代码

除独立地物外，线状地物和面状地物符号是由两个或更多的点连接起来构成。对于同一种地物符号，连接线的形状也可以不同。例如房屋的轮线多数为直线段的连线，也有圆弧段。因此在点与点连接时，需要有连接线的编码。连接线分为直线、圆弧、曲线，分别以 1、2、3 表示，称为连接线形码。为了使一个地物上的点由点记录按顺序自动连接起来，形成一个图块，需要给出连线的顺序码，例如用0表示开始、1表示中间、2表示结束。

（六）图形信息码的输入

（1）输入方式。输入图形信息码是数字测图数据采集的一项重要工作，如果只有碎部点的坐标和高程，计算机处理时无法识别碎部点是哪一种地形要素以及碎部点之间的连接关系。因此要将测量的碎部点生成数字地图，就必须给碎部点记录输入图形信息码。输入图形信息码是在数据采集过程中完成的。根据草图将有关的图形信息码输入到相应的点记录中，这种方式可减少野外观测时间，在野外不需要有显示图形功能的记录器，但不直观，在地形要素复杂的情况下易于出错。采用笔记本电脑或PDA掌上电脑，可在现场输入图形信息码和显示图形，及时发现数据采集中的错误。

（2）公共点记录的增加。在连接线状地物、面状地物轮边界线时，遇到同一点有3个或多于3个连接方向（这种点为结点），或者是同一个点属于不同的地形要素，在这种情况下就需要增加公共点记录。每个公共点记录只输点号和图形信息码，公共点记录的点号和原点号相同，图形信息码按实际输入，其他各项记录为零，但实际的值和原点号记录相应的记录项相同。

（3）图块各点连接方向。除控制点以及无方位的独立符号表示的地物外，应将所测地物点连接成图块。根据测图系统绘制地形图符号的要求，图块上各点应按规定的方向顺序连接，如某一测图系统对图块各点连接方向做如下规定：

①有方位的独立地物，如窑洞、矿井中的斜井和平硐等，在对应于地物符号中心的两侧对称各测一点，所绘地物符号位于连线的右侧。

②对于围墙、陡坎、栏杆等线状地物，连接各轮廓点，短线符号绘在连接方向的右侧；而对双线道路、河流等两侧应分别连接，并使另一侧位于连接方向的右侧。

③对于房屋、池塘、地类界等闭合的面状符号，按顺时针方向连接各轮廓点。

④对于一些特殊图块，必须按系统规定的顺序连接，如台阶、双线桥、依比例的地下出入口等图块。

(七) 工作草图

在数字测图野外数据采集中，绘制工作草图是保证数字测图质量的一项措施。工作草图是碎部点坐标计算和人机交互编辑修改的依据。

在进行数字测图时，如果测区有相近比例尺的地图，则可利用旧图或影像图并适当放大复制，裁成合适的大小（如 A4 幅面）作为工作草图。在这种情况下，作业员可先进行测区调查，对照实地将变化的地物反映在草图上，同时标出控制点的位置，这种工作草图也起到工作计划图的作用。在没有合适的地图可作为工作草图的情况下，应在数据采集时绘制工作草图。工作草图应绘制地物的相关位置、地貌的地性线、点号、丈量距离记录、地理名称和说明注记等。草图可按地物相互关系一块块地绘制，也可按测站绘制，地物密集处可绘制局部放大图。草图上点号标注应清楚正确，并和电子手簿记录点号一一对应。

四、碎部测量

碎部测量实际上就是采用一定的测量方法在野外进行碎部点点位信息的采集。它是数字测图作业的基本工作，也是数字测图成图精度的关键环节。

(一) 碎部测量方法

1. 极坐标法。

极坐标法可以采用全站仪以三维坐标测量法进行。它是用极坐标法测量点的平面坐标 X、Y，用三角高程测量点的高程 H。在全站仪中，一般以 N（North）、E（East）表示平面坐标，以 Z 或 ELEV（Elevation）表示高程。极坐标法测量是从一个控制点上，根据测站上的一个已知方向，测量出已知方向与碎部点之间的水平角及测站点到碎部点的距离，来确定碎部点的平面位置，其测站点可以是基本控制点或图根控制点。

极坐标法的坐标计算一般由全站仪自动完成，其计算原理和公式与传统仪器基本一致，只是对于全站仪而言，它可以直接计算出测点的三维坐标，也可以采集斜距、水平角、竖直角，然后利用这些数据进行计算。另外，全站仪一般已经内置了常用的距离计算、角度计算、悬高测量、对边测量、网格放样、简单导线平差等功能，高级的全站仪集成的功能更多，使用更为方便。

2. 其他方法。

极坐标法是最常用、最实用、最基础的方法，其他方法主要用于特殊条件下的测量，如支导线法、角度交会法、距离交会法。这些方法是利用数学计算来间接求解待测点坐标，一般已经集成在全站仪和成图软件中，其计算原理与常规测量中的交会测量相同。

（二）碎部测量的作业步骤

（1）作业前的准备工作。数字测图的基本作业设备是：全站仪、电子手簿、照准棱镜及棱镜杆、对讲机。作业前除先要认真准备，还要将已知点数据录入全站仪或电子手簿。

（2）在测站上整平、对中、设置仪器。若是使用有内存的全站仪，则大体上按"选择数据文件"→"输入测站点号、仪器高"→"输入照准点号"→"照准定向点，按键确定"的步骤，完成测站的设置。若使用电子手簿，则步骤为："功能选择菜单"→"选择测点功能"→"选择仪器类型"→"输入测站点号、仪器高"→"输入定向点号"→"照准定向点，在手簿上按键确定"。

（3）测点开始，观测员照准反射棱镜，输入棱镜高度，在全站仪或电子手簿上按操作键完成测量及记录工作，同时向棱镜处的记录员报告全站仪或电子手簿按测点顺序自行生成的测点号，记录员在棱镜处记录测点点号及属性信息编码，或通过绘制草图的方法记录测点所测内容（电杆、房角等）及与其他碎部点之间的相互关系。

（4）当记录员确定当前测站所能测得的点已全部测完后，通知观测员迁站，一个测站的工作结束。

（三）碎部测量注意事项

和传统方法一样，碎部测量也是采集地形、地物的特征点。换句话说，就是正确描述地形、地物所必需的定位点，但基于其作业方法的特点，要注意以下事项：

（1）数字测图是采用野外采集数据，计算机编辑成图的作业模式。计算机编辑成图软件具有移动、旋转、缩放、复制、镜像、直角转弯、隔点正交闭合等多种图形编辑功能，因而可以灵活利用这些方法，处理具有相同形状或对称性的地形、地物，有效地减少野外采集工作量，提高工作效率。

（2）数字测图在设置测站点、照准点及定向等操作环节时，若出现错误，会导致测量数据的整体错位，对于普遍采用的测记法，不能当场发现。因此，除了认真细致地操作，避免出错外，两测站所测碎部点之间应有一定的重合点，以便于内业检查和事后纠正。

（3）描述测点间关系和地形、地物属性的记录是非常重要的，没有正确、清晰的记录，所测的定位信息仅仅是一群离散的、关系不清的点而已，没有办法编辑成图。所以，与传统测图方法不同的是，数字化测图工作实际上主要是在棱镜处进行的，测点记录人员不仅要熟悉地形、地物的表示方法，迅速地确定特征点采集的位置，还要能做出清晰、明了的关系及属性记录。

（4）数字测图由于观测速度很快，并且一个测站的测量范围也比较大，所以通常一台仪器要观测 2 个甚至 3 个棱镜。由于每一个棱镜相当于传统方法的一个作业小组，所以，在测量过程中，各小组应保持联系，避免重复和漏测，这是非常重要的。

（5）为了提高作业效率，减少外业工作时间，个别局部区域的碎部测量可采用“自由设站”的作业方法。就是任意设站，以假定坐标系统进行测量，然后通过两个以上的公共点（既有正确坐标，又有假定坐标），将任意设站测得的数据转换到正确的坐标系统中去。这样的作业方法的依据是，数字化方法测量的碎部点具有很高的精度，通过一对公共点坐标（已知点或碎部点）所包含的假定坐标与实际坐标间的转换关系，可以利用图形编辑软件中的图形（数据）转换功能，将假定坐标转换为实际坐标。

（6）在测绘作业过程中，由于通视的问题，需要经常变换照准棱镜高，若使用电子手簿记录时，输入棱镜高较方便，而使用出厂较早带内存的全站仪时，输入棱镜高麻烦且速度慢。这样可以采用统一的棱镜高，例如 1.6m，当棱镜高不等于 1.6m 时，由记录员记录，收测后再传入计算机修改相应碎部点的高程。

(7) 绘图软件自动绘制等高线所采用的算法是：在尽可能构成锐角三角形的前提下，将相距最近的三个碎部点作为顶点构成三角形；若等值点通过三角形的某一条边，则按线性内插的方法确定其在该三角形边上的位置。所以，当需要勾绘等高线的区域内有陡坎或陡坡时，除坎（坡）顶要采集高程点外，坎（坡）底也要采集高程点，或者量取坎（坡）高，在内业处理时输入。否则，坎（坡）顶的点会和远离坎（坡）相对较为平缓处的点构成三角形边，使得等高线反映不出陡坡、陡坎处较为密集，其余地方较为稀疏的特征。

(8) 数字测图由于不需人工计算坐标、展点、描绘定向线等工作，采用支导线方法进行图根点及测站设置远较平板测图方便快捷。所以，当通视不好时，可以较多地采用迁站的作业方法。但要注意，支导线测量时，立镜务必竖直，测站设置务必细心谨慎，避免出错。

(9) 对于规则地形、地物（如建筑物），和平板测图一样，可以较多地利用丈量方法。例如对于转角是直角的建筑物，只要确定了一条定向线后，通过丈量距离就可绘制出来。不同于平板测图的是，数字化测图由于测点精度高，没有展点、连线误差，并不要求两个较远的点来确定定向线。

五、地形图的计算机编辑

当通过某种或某几种数据采集手段获取了各种地形信息数据并传输到计算机之后，还需要对这些数据进行加工处理，提取对绘图有用的各种信息，对其进行计算和整理，再按规定的数据结构存储，建立起适合绘图、编辑处理和能与 GIS 接轨的地图数据库。据此可生成数字地形图，进行地形图的绘制，可向 GIS 提供地形空间信息和属性信息。这种利用计算机对原始数据进行计算、整理和地形图绘制的过程称为地形图的计算机编辑。需要说明的是，地形图的计算机编辑主要依赖于所采用的地形图测图软件系统。目前的测图软件功能相当强大，使用方便，几乎集成了测图的各个阶段所需的功能，均具有常规的原始数据的预处理、分幅、接边功能，尤其提供了丰富实用的数字图形编辑功能，如图形的复制、删除、平移、旋转、阵列、偏移，曲线的插值、圆滑，等高线、网格、图廓的自动计算与生成，大大地减轻了编辑人员的劳动强度，提高了测图的精度和效率。

（一）原始数据的预处理

数字测图的原始数据的预处理，主要包括坐标计算和图形信息的处理，预处理后，存入地形数据库。绘地形图时，由数据库中提取相应数据，经处理生成图形文件，利用 CAD 软件由绘图仪输出数字地形图。

（1）坐标计算的批处理。外业原始测量数据文件的基本功能就是记录点位测量信息和绘图信息，在原始记录中记录了计算坐标的各个数据项，如水平角、竖直角、斜距或丈量的距离，交会的角度和距离计算机阅读外业数据文件时，每读入一条存储点位的记录，就根据记录的类型标志确定记录的结构，从而提取所需的数据项；再从控制点坐标中查出起算点（测站点、后视点、量边的起始点等）坐标，调用有关函数计算各测点坐标，并存入坐标文件。

（2）图形信息的组织与处理。计算出地形碎部点坐标后，应用图形信息将这些离散的碎部点连接起来，并确定它们代表什么地物。表达图形信息的基础是地形编码和连接关系（连接点与连接线形），通过连接点可以构成线、面、区域，配合表示属性信息的地形编码，构成完整的图形信息。

（二）分幅和接边

（1）分幅。传统的作业方式，地形图是以作业班组为单位按图幅分片进行测制的。数字测图一般不以图幅为界，而以测区作为一个整体，以自然地理界线作为分界分配到各个作业组，对不同作业组的图形先合并进行编辑处理，然后进行裁剪分幅即可。

（2）图幅间的接边处理。数字测图的接边问题与传统测图的接边本质不同，由于采用裁剪分幅的技术，所以对于同一测区内的图幅并不存在这一问题，需要接边的是不同的作业单位和作业组之间的边界，需要在外业测图时适当测出范围即可。

（三）计算机屏幕编辑

根据碎部点坐标与代码自动生成的初级图形是不完整的，难免有错误或遗漏，而且在实际测图中，在外业，由于全站仪和电子手薄的键盘很小，输入速度并不高，绘制草图反而要比输入编码和连接关系更快，所以实际测图以内业屏幕编辑连接成图为主，外业采集数据同时输入编码和连接关系为辅。这样一来，还可以利用内业的良好工作环境和高性能台式机的优势。因此，内业的屏幕编辑就显得尤为重要。

目前，内业编辑的工作均在测图软件系统内进行，这是数字测图与传统测图在生产过程中的区别，其编辑的内容囊括传统测图方法中的所有内容，另外还提供了数字图形技术的强大功能，包括图形的复制、删除、平移、旋转、阵列、偏移，曲线的插值、圆滑、抽稀、样条化，面域的符号填充，图层、线形的建立、编辑、删除、调色，元素集成（图块）、文本编辑，等高线、图廓、方格网的自动计算与生成，地物统计、长度计算、面积计算等。

编辑的主要内容是对展绘在屏幕上的点位分别进行处理，给独立符号赋予编码，对线状地物和面状地物赋予连接关系和编码，同时进行注记，生成符合要求的图廓。

在进行屏幕编辑时，对图幅内的图形先进行分层检查，即打开每一图层检查线条是否闭合、有无遗漏和不合理的地方（如在图幅内不能闭合的等高线应查清楚），等高线走向是否矛盾等。每一层检查无误后，即打开全部图层，检查各地物之间关系是否正确，注记有无重叠和遗漏，线条有无重合等。总之，应按地形图清绘的要求逐项对图面进行检查，若发现问题，要及时修改，直至符合地形图图式的要求。

（四）数字地形图的输出

将编辑好的图形文件直接调用绘图输出模块或通过 CAD 或其他转换文件在数控绘图仪上输出。输出时应设置好绘图比例尺、绘图范围，各要素的线条粗细，绘图原点、旋转角度等。有了数字地形图后，还可以很方便地制作各种专业用图。如去掉高程部分，通过权属调查加绘相应的地籍要素，经编辑处理即可生成数字地籍图，加上房产信息可制作房产图等。

六、成果的检查与验收

随着测绘成果以特殊产品的形式进入市场，测绘专业传统的检查与验收工作模式也发生了重大变化。它由原来的单纯技术标准检验转变为对生产方是否践约的质量监督，注重过程控制。由于数字测图信息量大、自动化程度高，不同的成图方法也具有不同的成图精度，所以数字测图产品的模式和质量控制与传统的模拟产品有很大的区别。对成果的检查验收工作组织，检验人员的思想、技术素质、检验方法、手段与质量评判都提出了更新、更高的要求。根据国家的有关规定：目前测绘产品的检查、验收由省测绘行业专职检验机构和各地测绘主管部门以及具备监理资格的单位负责实施。数字测图成果的检查、验收包括如下内容和方法：

（一）提交检查验收的成果

按照规范规定，大比例尺数字测图工作结束后应提交如下数字化成图成果：

（1）成果说明文件。

（2）数据采集原始数据文件。

（3）图根点成果文件。

（4）碎部点成果文件。

（5）图形信息数据文件。

（6）地形图图形文件。

（7）地形图底图。

（二）检查、验收的一般规定

（1）二级检查一级验收制度。测绘生产单位对产品质量实行过程检查和最终检查。过程检查由作业队检查人员承担，是在作业组（人员）自查互查的基础上，按相应的技术标准、技术设计书和有关的技术规定，对作业组生产的产品进行的全面检查。最终检查由生产单位的质量管理机构负责实施。在过程检查的基础上，生产单位对作业组生产的产品再进行一次全面检查。生产单位按合同或计划实施测绘产品交验，经最终检查后，应以书面形式向委托生产单位或上级部门申请验收。所谓验收是为判断受检产品能否被接受的检验，数字测绘产品经检查、验收后应提交最终检查报告。验收工作应在测绘产品最终检查合格后进行。验收单位应根据规定对一些验收产品进行详查，其余部分概查。

（2）检查、验收的依据。检查验收工作必须参照有关的测绘任务书、合同书或委托检查验收文件进行。主要依据有：

①有关的测绘任务书、合同书或委托检查验收文件。

②有关法规和技术标准。

③经批准的技术设计书和有关技术规定等。

(3) 产品检验后的处理：

①在检查中发现有不符合技术标准、技术设计书和其他有关技术规定的产品时，应及时提出意见交被验单位进行修正。若问题较多或性质较严重时，可将部分或全部产品退回被检单位，令其返工或重新检查和处理，然后再进行检查，直至检查合格为止。

②经验收判为合格的产品，被检单位要对验收中发现的问题进行处理；经验收判为不合格的产品，要将检验产品全部退回被检单位，令其重新检查和处理，然后重新申请验收。

③检查验收人员应认真做好检查、验收记录，最后与检验品一并存档。

(三) 数字测图成果检查、验收的内容与方法

(1) 控制成果的检验，包括：

①对各等级的平面和高程控制网的布设方案。

②数据采集原始资料的检验。

(2) 计算机资料的检查、验收。数字测图从外业数据采集到内业处理、成果存储、输出，已抛弃了传统的运作模式，应用计算机处理，自动化程度很高，由此建立起来的各种各样的信息系统应用也越来越广，其作用和效益也越来越显著。在数字测图成果的检查、验收中，计算机资料的检查、验收是核心和重点。

(3) 计算机屏幕及回放图的检查。该项检查相当于常规大比例尺地形图的图面检查。不同的是数字地形图不仅要进行回放图的检查，还要在计算机屏幕上进行检查，回放图的检查是以检查各种要素表示的合理性及文字说明注记的位置、字大、字隔、字列等规范程度为核心来展开的。计算机屏幕放大检查应以检查数字地形图的接边、地物、地貌符号代码、颜色、线形、层次等情况进行详查，至于详查比例可视实际情况适当加大。

(4) 外业检查。外业检查是验收工作的重点之一，与传统方法相比，外

业检查对检验的仪器及检验方法有更高的要求。外业检查是在室内检查的基础上进行的，包括数学精度和地理精度的检测。具体检查项目如下：

①地物点点位的检测。

②地物点相对精度的检测。

③注记点高程精度的检测。

④地理精度的检查。

对于用作详查的图幅，通过野外巡视的方法，全数检查各地理要素表示的正确性、合理性，以及有无丢、错、漏的现象。

(5) 数字测图产品质量评定。对数字化测图成果经上述检查、验收后，应按项目质量依据国家测绘局发布的《数字测绘成果质量检查与验收》(GB/T 18316—2008) 采用缺陷扣分标准。对控制成果、数字精度、地理精度、交验资料的完整性等项目，按验收评分细则在质量评定标准中的规定进行质量评定。

(6) 编写检查、验收报告。数字测图检查、验收工作结束后，应编写检查、验收报告，一并随送验资料上交，为用图单位正确使用测绘成果提供可靠依据。

①检查报告的主要内容包括：任务概要，检查工作概况 (包括仪器、设备和人员组织情况)，检查的技术报告，主要质量问题及处理意见，对遗留问题的处理意见，质量统计和检查结论。

②验收报告的主要内容包括：验收工作概况 (包括仪器、设备和人员组织情况)，验收的技术依据，验收工作中发现的主要问题及处理意见，质量统计 (含与生产单位检查报告中质量统计的变化及其原因)，验收结论。

第四章　遥感（RS）技术

第一节　遥感总述

遥感技术包括传感器技术，信息传输技术，信息处理、提取和应用技术，目标信息特征的分析与测量技术等。

一、遥感的概念

“遥感”，即遥远感知的意思，也就是不直接接触目标物，在距离地面几千米到几百千米，甚至上千米的飞机、飞船、卫星上，使用光学或电子光学仪器（称为遥感器）接收地面物体反射或发射的电磁波信号，并以图像胶片或数据磁带形式记录下来，再传送到地面，经过信息处理、判读分析和野外实地验证，最终服务于资源勘探、环境动态监测和有关部门的规划决策。这一系列接收、传输、处理、分析判读和应用遥感信息的全过程，通称为遥感技术。

二、遥感的类型

遥感按所利用的电磁波的光谱段，可分为可见光反射红外遥感、热红外遥感和微波遥感三种类型。

（一）可见光反射红外遥感

可见光反射红外遥感是利用可见光（0.4～0.7μm）和近红外（0.7～2.5/μm）波段遥感技术的统称。前者是人眼可见的波段，后者即是反射红外波段，人眼虽不能直接看见，但其信息能被特殊遥感器所接收。它们共同的特点是，其辐射源是太阳，在这两个波段上只反映地物对太阳辐射的反射，根据地物反射率的差异，就可以获得有关目标物的信息，它们都可以用摄影方式和扫描方式成像。

(二) 热红外遥感

热红外遥感是通过红外（0.8 ~ 1000μm）敏感元件，探测物体的热辐射能量，显示目标的辐射温度或热场图像的遥感技术的统称。地物在常温（约300K）下热辐射的绝大部分能量位于此波段。在此波段，地物的热辐射能量，大于太阳的反射能量。热红外遥感具有昼夜工作的能力。

(三) 微波遥感

微波遥感是利用波长 1 ~ 1000mm 电磁波遥感的统称。通过接收地面物体发射的微波辐射能量，或接收遥感仪器本身发出的电磁波束的回波信号，对物体进行探测、识别和分析。微波遥感的特点是对云层、地表植被、松散沙层和干燥冰雪具有一定的穿透能力，也能夜以继日地全天候工作。

三、遥感平台

遥感平台按高度大体上可分为航天遥感、航空遥感和地面遥感三类。

(一) 航天遥感

泛指利用各种太空飞行器为平台的遥感技术系统，以地球人造卫星为主体，包括载人飞船、航天飞机和太空站，有时也将各种行星探测器包括在内。卫星遥感为航天遥感的组成部分，以人造地球卫星作为遥感平台，主要利用卫星对地球和低层大气进行光学和电子观测。

(二) 航空遥感

泛指从飞机、飞艇、气球等空中平台对地观测的遥感技术系统。

(三) 地面遥感

主要指以高塔、车、船为平台的遥感技术系统，地物波谱仪或传感器安装在这些地面平台上，进行各种地物波谱测量。

四、遥感技术的构成

遥感技术系统是实现遥感目的的方法、设备和技术的总称，是一种多层次的立体化观测系统。

任何一个遥感任务的实施，均由遥感数据获取、有用信息抽取及遥感应用三个基本环节组成。

遥感数据获取是指在遥感平台和遥感器所构成的数据获取技术系统的支持下，获取测量信息。随着具体任务的性质和要求的不同，往往采用不同的组合方式。

从遥感数据中提取有用信息，可以通过人工目视判读、计算机数据处理以及两者混合的方法。

遥感应用主要包括对某种对象或过程的调查制图、动态监测、预测预报及规划管理等不同的层次，具有许多其他技术不能取代的优势，如宏观、快速、准确、直观、动态性和适应性等。

五、遥感的特点

遥感是从空中利用遥感器来探测地面物体性质的现代技术。相对于传统技术，其有如下特点：

(一) 探测范围大

航摄飞机高度可达 10km 左右，地球卫星轨道高度更可达到 910km 左右。一张卫星图像覆盖的地面范围可达到 3 万多平方千米，只需要 600 张左右的卫星图像就可以把我国全部覆盖。

(二) 获取资料速度快、周期短

实地测绘地图，需要几年、十几年甚至几十年才能重复一次，而以陆地卫星（Landsat）为例，每 16 天就可以覆盖地球一遍。

(三) 受地面条件限制少

不受高山、冰川、沙漠和恶劣条件的影响。

（四）手段多，获取的信息量大

可用不同的波段和不同的遥感仪器取得所需的信息，不仅能利用可见光波段探测物体，而且能利用人眼看不见的紫外线、红外线和微波波段进行探测；不仅能探测地表的性质，而且可以探测到目标物的一定深度。微波波段还具有全天候工作的能力。

（五）用途广

遥感技术已广泛应用于农业、林业、地质、地理、海洋、水文、气象、测绘、环境保护和军事侦察等许多领域。

第二节　遥感信息获取技术

自20世纪60年代以来，航天技术、传感器技术、控制技术、电子技术、计算机技术及通信技术的发展，大大推动了遥感技术的发展。当人类迈入21世纪，各种运行于空间、翱翔于空中的遥感平台连续不断地多尺度地对地球进行着观测，各种先进的对地观测系统源源不断地向地面提供着丰富的信息。目前，遥感信息获取技术正朝着“微观”和“宏观”两个方向发展，将来卫星遥感将形成一个多层次、立体、多角度、全方位和全天候的对地观测网。

一、多尺度的遥感数据

多尺度的遥感数据作为遥感技术的核心组成部分，其复杂性和精细性在于如何通过不同维度和精度的数据，全面且深入地揭示地球表面的各类信息。

（一）空间分辨率的多尺度性

（1）低分辨率数据：通常指空间分辨率为百米级或更粗的遥感影像，由中高轨道卫星提供，例如Landsat系列卫星的中分辨率成像光谱仪（OLI）的

30m（RGB：15m）分辨率影像。适用于全球气候变化研究、大范围土地利用分类。

(2) 中分辨率数据：空间分辨率在 10m 至 100m 之间，例如 Sentinel—2 卫星的 10m 分辨率多光谱影像。在区域尺度上提供详细的地表信息，适用于农业监测、森林覆盖变化评估。

(3) 高分辨率数据：空间分辨率达米级甚至厘米级，由低轨道卫星或无人机获取。例如 Pleiades 卫星的 0.5m 分辨率，或商业无人机的厘米级影像。适用于城市规划、灾害评估、环境监测。

(二) 时间分辨率的多样性

(1) 高频次数据：气象卫星的实时观测，时间分辨率达分钟级甚至秒级。例如 GOES 系列气象卫星，每 15min 提供全球云图，用于追踪云层移动、监测火灾蔓延。

(2) 中频次数据：如 Sentinel—2 卫星，重访周期 5 天，监测地表覆被中短期变化，如作物生长周期、森林砍伐。

(3) 低频次数据：如 Landsat 系列卫星，重访周期 16 天，提供长达数十年连续观测数据，研究地表覆被长期趋势、生态系统演变。

(三) 光谱分辨率的细分

(1) 多光谱数据：包含几个到十几个离散光谱通道，例如 Landsat 8 OLI 传感器，9 个光谱通道，覆盖 VNIR、SWIR 波段。用于地表覆盖分类、植被指数计算。

(2) 高光谱数据：上百个连续光谱通道，例如 AVIRIS 传感器，224 个通道，覆盖 400 ~ 2500nm 波长范围。捕捉地表物体细微光谱差异，用于植被健康监测、矿物勘探、土壤湿度评估。

(四) 数据融合技术

(1) 像素级融合：在像素层面融合不同尺度、来源遥感数据，如高分辨率全色影像与低分辨率多光谱影像融合，提高空间分辨率的同时保留光谱信息。采用 IHS 变换、PCA 变换等方法。

（2）特征级融合：从遥感数据中提取特征信息，如边缘、纹理、形状，进行融合。减少数据冗余，提高准确性和可靠性。提取不同传感器纹理特征进行融合，改善地表覆盖分类精度。

（3）决策级融合：在更高层次融合，先对遥感数据进行独立分类或识别，再融合分类结果。充分利用不同数据源优势，提高决策准确性。土地利用分类中，结合光学影像和雷达影像分类结果，得到准确的土地利用图。

二、高光谱的遥感数据

（一）光谱分辨率的极致提升

（1）高光谱通道数：AVIRIS 传感器具备 224 个光谱通道，覆盖 400 纳米至 2500 纳米的宽光谱范围，为地表物体的精细光谱分析提供基础。

（2）细微光谱差异捕捉：数百个连续光谱通道捕捉地表物体在极细微光谱差异上的变化，支持精细分类和识别。

（二）光谱校准与校正

（1）光谱响应函数校正：通过实验室测量或模拟计算校正光谱仪响应函数，消除仪器响应误差。

（2）大气校正：采用辐射传输模型（MODTRAN、6S 等）或基于经验数据的校正方法，消除大气对光谱数据的影响。

（3）地表反射率反演：结合大气校正，恢复地表真实反射率，为数据处理和应用提供可靠基础。

（三）数据降维与特征提取

（1）主成分分析（PCA）：利用线性变换将高维数据投影到低维空间，保留主要特征，减少光谱通道数。

（2）最小噪声分离（MNF）：基于噪声分析分离噪声和信号，提高数据信噪比。

（3）特征提取：提取光谱数据中的特定特征（吸收峰、反射峰、斜率等），突出地表物体关键信息。

（四）分类与识别算法

（1）支持向量机（SVM）：利用光谱特征进行训练和学习，实现地表物体的准确分类。

（2）随机森林（RF）：构建多个决策树并综合预测结果，提高分类精度，适应复杂分类问题。

（3）深度学习：构建深层神经网络模拟人脑学习过程，自动学习光谱特征的高级表示，实现精细分类和识别。常用模型包括卷积神经网络（CNN）、循环神经网络（RNN）等，处理大规模高光谱数据，提取复杂光谱特征。

三、雷达遥感数据

（一）合成孔径雷达（SAR）技术

（1）高分辨率成像：SAR 利用合成大口径天线，实现地表高分辨率成像。Sentinel-1 卫星 SAR 传感器达 5m × 20m（VV 极化）或 20m × 40m（VH 极化）分辨率，精细识别地表特征。

（2）全天候、全天时探测：SAR 不受天气、光照限制，云雾、雨雪、黑夜均能探测，确保数据连续可靠。

（3）多极化、多模式：SAR 传感器具备多种极化与成像模式，包括单极化、双极化、全极化，以及条带、扫描等，满足多样应用需求。Radarsat-2 卫星提供 24 种成像模式与极化组合。

（二）干涉测量技术（InSAR）

（1）高精度形变测量：InSAR 利用 SAR 图像相位差进行干涉处理，获取地表高度变化，精度达厘米至毫米级，为地质灾害预警与地球动力学研究提供数据支持。

（2）多时态监测：InSAR 持续监测地表形变，对比不同时间点 SAR 图像，揭示形变时间演化。地震灾区实时监测位移，助力震后应急与灾害评估。

（3）大气校正与相位解缠：InSAR 处理需解决大气干扰与相位解缠。大气校正消除延迟影响，相位解缠恢复真实相位，确保测量准确。

（三）极化雷达技术

（1）多极化探测：极化雷达发射接收不同极化电磁波（HH、HV、VH、VV 等），探测地表散射特性，提供丰富的地表信息。

（2）植被结构参数：穿透植被冠层，获取垂直结构信息，如树高、树冠宽度，对森林资源监测管理至关重要。

（3）土壤湿度与粗糙度：反演土壤湿度与地表粗糙度。湿度变化影响散射特性，粗糙度影响回波强度分布，极化雷达数据能有效估计这些参数。

（四）数据处理与解译技术

（1）图像校正：包括辐射校正与几何校正。辐射校正消除噪声干扰，提升图像质量；几何校正确保像素与实地位置对应，保证数据准确。

（2）滤波与分割：滤波去除噪声杂波，提升图像清晰度对比度；分割划分区域对象，为分类识别奠定基础。

（3）分类与识别：基于雷达图像特征（纹理、形状、极化特性等），采用机器学习或深度学习算法分类识别地表物体，SVM、RF 等算法广泛应用。

（4）三维重建与参数反演：结合干涉测量与极化雷达技术，实现地表三维重建与参数反演。InSAR 获取高度信息，极化雷达反演植被结构、土壤湿度等，为地球科学研究与环境保护提供数据支撑。

四、小卫星群

（一）卫星设计与制造

（1）轻量化材料：小卫星结构采用高强度、低密度材料，碳纤维复合材料、铝合金等被广泛应用，实现显著减重。某型小卫星外壳使用碳纤维复合材料，减重比例达 30%。

（2）高效能源管理系统：组合高效能太阳能电池板与储能电池，配合智能电源管理，提升能源利用率。太阳能电池板转换效率超 25%，储能电池循环寿命超 500 次。

（3）模块化设计：卫星系统划分为通信、遥测遥控、数据处理等多个独立模块，便于快速组装、测试与升级。模块间采用标准化接口，实现即插即用功能。

(4) 微小型化技术：应用微电子技术、微机械技术，高度集成卫星各系统，进一步减小体积与重量。某型微纳卫星体积仅为 10 × 10 × 10cm，重量低于 1.5kg。

（二）星座构建与优化

(1) 星座数量与轨道设计：根据监测需求与覆盖要求，精确计算卫星数量与轨道类型。为实现全球实时监测，需部署数十至数百颗卫星，构成密集星座。

(2) 数据传输与链路优化：采用高效数据传输协议与编码，提升传输速率与可靠性。优化卫星间链路，降低传输延迟与丢包率。Ka 频段用于高速数据传输，速率达数百 Mbps。

(3) 星座优化算法：运用遗传算法、粒子群优化等智能算法，迭代优化星座配置，提升覆盖效率、数据传输效率与卫星间通信质量。

（三）自主导航与控制技术

(1) 精确轨道确定：结合星载 GPS 接收机、地面测控站数据与轨道力学模型，实现轨道的精确确定，精度达米级甚至厘米级。

(2) 姿态控制：利用反应轮、磁力矩器、太阳翼等执行机构，结合姿态确定算法与控制律，实现姿态的精确控制，精度控制在 0.1° 以内。

(3) 轨道机动：采用化学推进、电推进等系统进行轨道调整与机动，满足特定任务需求。电推进系统用于轨道微调，实现长时间、高精度的轨道保持。

(4) 自主导航系统：集成陀螺仪、加速度计、太阳敏感器等传感器与导航算法，实现自主导航与定位，精度达数十米至数百米。

（四）数据接收与处理系统

(1) 数据接收站网络：建立全球数据接收站网络，确保卫星数据的实时接收。接收站配备高灵敏度天线与接收机，支持多频段、多极化接收。

（2）数据传输协议：制定标准化数据传输协议与格式，保障数据的高效、可靠传输。采用 CCSDS 标准协议进行数据传输与封装。

（3）数据处理系统：构建分布式数据处理系统，实现数据的高速处理与存储。系统基于高性能计算集群与大数据存储技术，支持海量数据的快速处理与分析。

（4）数据处理算法与可视化工具：开发图像处理、信号处理等高效算法与二维 / 三维可视化工具，便于用户快速获取、处理与展示卫星数据。深度学习算法用于卫星图像的智能识别与分类，提高处理效率与准确性。

第三节　遥感信息提取

概括地说，遥感信息提取的方式主要有三种：目视判读提取、基于分类的信息提取和基于知识发现的遥感信息提取。

一、目视判读提取

目视判读能综合利用地物的色调或色彩、形状、大小、阴影、纹理、图案、位置和布局等影像特征，以及有关专家的经验，并结合其他非遥感数据资料进行综合分析和逻辑推理，达到较高的专题信息提取的准确度，尤其是在提取具有较强纹理结构特征的地物时更是如此。它是目前业务化生产的一门技术，与计算机提取方法相比，尽管该方法较费工费时，但由于计算机自动提取遥感信息难度较大，故在遥感信息提取中还将长期存在。

二、基于分类方法的遥感信息自动提取

分类方法是遥感信息提取最常使用的方法之一，其技术核心是对遥感图像的分割。分类有无监督分类和有监督分类两种。在无监督分类中，有 K-MEANS 法、动态聚类法、模糊聚类法与人工神经网络法；在有监督分类中，有最小距离法、最大似然法、模糊分类法与人工神经网络法。

最大似然法需要各类型的先验知识及其概率，特别是需要假定各类型的分布属于正态分布。故它是一种有参数的分类器，在具有先验性概率知识

以及各类型满足正态分布的条件下，有较好的分类效果，具有分类速度快的优点。

模糊分类是根据模糊数学所构建的一种分类器，它是建立在假设一个像元(图像块)是由多个类型所组成的基础上，只是各类型的隶属度不同。在对分类器训练时，需要确定训练样本像元中各类型的隶属度，它不需要各类型的先验概率知识，也不要求各类型服从正态分布，是一种无参数的分类器，但是对训练像元中各类型隶属度的确定比较困难。该方法适用于亚像元信息的提取。

人工神经网络分类器是利用人工神经网络技术所构造的分类器。人工神经网络是近十年得到迅速发展的一门非线性科学，它是模拟生物神经网络的人工智能技术，已广泛地用于趋势分析、模式识别与遥感图像的分类等方面。人工神经网络器不需要各类型的先验性概率知识，也不要求各类型一定要服从正态分布，是一种无参数的分类器。神经网络方法利用分类器进行分类时所需要的时间很短，但是在对分类器进行训练时，所需要的时间很长。

对无监督分类，其所分类的结果，需要专家进行判读和类别归并，并最终确定其所需的类型。有对监督分类，需要选取大量的训练样区，而训练样区的选取很费工费时，训练样区选择的好坏直接影响分类的效果。同时，分类是对整个图像进行分割，它所要求的是总体的精度最高，这样就不可能完全保证某专题信息的精度最高。

三、基于知识发现的遥感专题信息提取

基于知识发现的遥感专题信息提取，其基本内容包括知识的发现、应用知识建立提取模型，以及利用遥感数据和模型提取遥感专题信息。在知识发现方面，包括从前期遥感图像上发现有关地物的光谱特征知识、空间结构与形态知识、地物之间的空间关系知识。其中，空间结构与形态知识包括地物的空间纹理知识、形状知识与地物边缘形状特征知识。从多期遥感图像中，除了可以发现以上知识外，还可以进一步发现地物的动态变化过程知识，从 GIS 数据库中可以发现各种相关知识。利用知识建立模型，即利用所发现的某种知识、某些知识或所有知识建立相应的遥感专题信息提取模型。

利用遥感数据和模型提取遥感专题信息，应从简单到复杂，从单知识、

单模型的应用到多知识、多模型的集成应用，以及从单数据的使用到多数据的综合使用。

第四节　遥感的应用

随着遥感技术的发展，特别是高空间高分辨率遥感影像的出现，给遥感技术带来了新的机遇与挑战，前景十分广阔。目前其应用领域已涉及测绘、农业、林业、水文、地质、海洋、工程建设、城市规划、环保、考古和军事等多个方面。

一、遥感在测绘方面的应用

遥感影像用于测绘、修编、修测中小比例尺的地形图，尤其是测绘云层覆盖、森林覆盖、冰川、水下等一些特殊条件下的地形图和各种专题地图，如地质图、地貌图、气象气候图、土壤图、植被图、行政区域图、城市平面图等，具有成图速度快、价格低廉等特点。尤其是微波雷达探测具有一定的穿透能力，所以其图像用于气候潮湿多雨多云雾地区的测绘更具有优越性。

SPOT 卫星通过侧向镜可获得良好的立体影像，从而可采集数字高程模型（DEM）和进行立体测图，并可制作正射影像，也可用作 1：50000 比例尺地形图的修测。随着卫星影像分辨率的提高，绘制更大比例尺的地形图将成为可能。具有 1m 级高空间分辨率的卫星相片，可全面替代测绘 1：25000 比例尺地形图的航空摄影，又可用于 1：10000 比例尺地形图的修测。

二、遥感在资源调查中的应用

遥感资料用于调查许多自然资源状况，如植被资源、土地资源、地质矿产资源、水资源和海洋资源等。

在调查植被资源方面，主要用于农作物、森林、草场、芦苇、沼泽和水生物等资源的调查，例如，调查农作物的种类、产量、种植面积、长势、单位面积产量及病虫害等内容。在森林资源方面，可以调查树种的分布、覆盖面积、森林区划界线以及森林火灾、病虫害等情况。我国利用陆地卫星 TM

图像和国土资源普查卫星图像进行了“三北”防护林的资源调查和评估，对400万km^2的国土进行了植被资源调查，编制了1：500000的土地类型、森林分布、森林动态、草场等级土地评价等图件，并建立了国家森林资源调查数据库。

在土地资源调查方面，主要调查土地资源数量、质量及分布情况。利用遥感相片可以调查各种地貌类型，如丘陵、山地、平原、冰川、风沙和岩溶地貌等，还可用于调查土壤的类型、肥力、利用现状、分布状况及变化规律。

遥感具有宏观、快速地对地观测的特点，有时，整个盆地或山脉都能容纳在一张相片上，特别适于地表形态、地质构造的观察。微波遥感具有一定的穿透性，不仅对地表而且对地下的地质体、地质构造的观察具有独特的效果。一定的地貌类型与一定的地质构造有密切的关系，而一定的地质构造又与成矿条件有很大的关系，利用遥感图像上与矿化有关的地物（如岩石、土壤、植被等）的影像特征（如线性体、环形体）、色调异常和热辐射异常等信息，就能提供有利地段的找矿预测依据，再结合物探、化探和地质等其他勘探资料就可进行成矿预测。

三、遥感在环境监测与地震灾害中的应用

2008年5月12日四川汶川发生8.0级特大地震，2010年甘肃舟曲发生泥石流特大灾害，2013年4月20日四川芦山发生7.0级大地震，灾后航空和航天遥感在灾后监测与灾区重建中发挥了重要作用。其中，某公司利用自制高精度无人机设备以及数字摄影测量系统（Pixel Grid）对震区航空影像进行了数据处理，从而为灾区提供了应有的帮助。

（一）无人机在灾情监测中的优点

随着国内国际上自然灾害的多发与频发，灾害往往带来重大的破坏和人员损失，因此在灾害发生时及发生后，如何及时取得灾害信息及信息传输成为迫切的问题。由于成本和气候条件等因素的制约，传统的卫星遥感和载人飞机只能满足部分空间数据信息的需求，而测绘无人机系统具有其独特的优势，它可在复杂地形、复杂天气下飞行，可以在许多特定的领域如高污

染、高辐射、高风险领域执行飞行任务，因此，低成本、多用途的测绘型无人机系统技术在灾情监测与评估工作中具有必要的作用。

利用无人机飞行机动、快速、覆盖范围大、任何条件皆可以到达等特点，迅速对灾情做出监测，灾情速报一直是无人机自然灾害监测中的重要特点。无人机较为适应抗震救灾的实时性要求，可以在较短时间内完成影像的快速拼接、纠正和解译等相关工作。低空遥感能提供完整影像，且分辨率较高。经过校正和灾害区域、对象增强处理，结合部分地理信息，能满足对灾害的快速定量评估与解译要求。无人机航测技术可以让灾害处理决策部门最快速地取得翔实灾区影像资料、航片数据、灾后地形图等一手监测与评估资料，为灾害处理决策工作提供重要的依据。

无人机航空摄影测量是测绘的主要方法之一，无人机飞行需按航空摄影规范进行航线的设计，然后按预设的航线进行飞行和影像的获取。“大地鹰”测绘无人机是某公司自主设计、研制的测绘无人机系统。该型无人机在平台小型化、稳定性、系统集成和快门自动控制等技术上达到过国内领先水平。针对我国测绘市场对民用测绘无人机的需求，完成了高精度测绘无人机的总体论证和自主设计，突破了小范围大比例尺航空摄影测图的技术难题。较全野外采集测量方式而言，极大地降低了生产成本，提高了劳动效率。“大地鹰”D Ⅲ是目前国内最轻便、最安全、最简单易用的测绘无人机。在应急响应中，为了第一时间获取通往灾区的主要道路、桥梁等交通设施的毁坏情况，及时地为救援行动提供决策参考，就必须进行非常规的航空摄影，即沿着主要的道路进行飞行，当飞机到达城镇上空时，需进行盘旋飞行以获取居民区更多的地面信息。针对无人机飞行获取数据前期需进行航线规划，即确定飞机飞行航迹，无人机航空摄影所获取的航空影像具有以下特点：

(1) 由于大旋偏角和高山区的地形起伏，造成影像间的重叠度变化大，难以自动确定匹配搜索范围，匹配自动化困难。

(2) 以上特点给数据的自动化处理带来了困难，如何对海量应急航空摄影数据进行全自动、快速处理，并及时地生成灾区正射影像图，是一项艰巨并具有挑战性的任务。

(二) 无人机数据处理

无人机航空遥感数据处理是在飞行作业结束之后，使用机载 POS 数据、原始航空影像、相机参数等输入数据，通过空三解算、正射影像制作与自动镶嵌、次生地质灾害类型分析与解译、成果输出等几个流程，最终实现地震灾情与次生地质灾害航空遥感应急调查。

1. 数据处理主要步骤

基于生成的数字正射影像是在影像基础上利用常规遥感分类和人机交互半自动提取，面向对象的高空间分辨率遥感影像建筑物灾害信息提取方法，包括进行影像分割，形成影像对象，以及通过计算生成的影像对象的各种特征，如光谱特征、纹理特征、空间关系特征等进行建筑物分类识别；根据变化检测技术实现自动提取，利用数字摄影测量方法将多幅灾后立体像重新解算生成灾后 DEM。

正射影像的制作主要分为影像的定向、正射影像镶嵌等主要步骤。

(1) 定向。由光学相机物镜系统设计、制作和装配误差所引起的像点偏离其理想位置的点位误差称为光学畸变差。内定向是针对光学畸变差、CCD 排列误差等遥感器系统缺陷对单幅影像进行纠正，通常采用畸变差改正模型进行校正。通过航空影像的外定向，确定相机曝光瞬间的相机姿态，包括相机摄影中心的位置坐标及姿态数据。

(2) 正射影像镶嵌。通过航空影像的内定向、外定向、正射影像纠正等一系列过程已将航空影像整合到了统一的坐标系统中，再利用软件的自动生成拼接线的功能，将整个测区的影像无缝地拼接成一幅全区域影像。

(3) 遥感地质解译。利用航空遥感数据进行地质灾害的快速解译和勘察是无人机航拍的最终目的。

2. 地质灾害解译

地质灾害遥感与其他遥感应用不同，难以根据色彩、色调、纹理确定的解译标志直接确定灾害体，需基于某类灾害的地学原理及形态特征识别灾害体，需对地震次生地质灾害有基本认识。通过对震中及周围重灾县市范围区域次生地质灾害航空遥感影像的解译与判读，初步将次生地质灾害归纳为崩塌、滑坡、泥石流和堰塞湖等主要类型。由于无人机飞行高度低，所拍像片分辨率较高，通过快速镶嵌拼接所形成的影像资料，可以打印出实际图像，或直接在计算机上采用人机交互判读的方法，比较方便快速地进行地质体灾害等信息的勘察。

第五章　遥感图像处理与制图

第一节　遥感图像处理

一、遥感图像预处理

(一) 遥感基本知识

遥感是一种对远离目标，通过非直接接触而判定、测量并分析目标性质的技术。对目标进行信息采集主要是利用了从目标反射或辐射的电磁波。此外重力和磁也作为信息采集手段而加以利用，这些都包含在广义的遥感之中。

接收从目标中反射或辐射的电波的装置叫遥感器，照相机及扫描仪等即属于此类。传感器是收集、量测和记录遥远目标的信息的仪器，是遥感技术系统的核心。遥感器一般由信息收集、探测系统、信息处理和信息输出四部分组成。此外，搭载这些遥感器的移动体叫作遥感平台，如现在使用的飞机及人造卫星等。遥感这一词是20世纪60年代在美国创造的技术用语，它是用来综合以前所使用的摄影测量、像片判读、地质摄影而提出的，特别是1972年，随着第一颗地球观测卫星Landsat的发射成功而迅速得到普及。

人们利用遥感技术通过观测电磁波，从而判读和分析地表的目标及现象。所以遥感也可以说是利用物体反射或辐射电磁波的固有特性，通过观测电磁波达到识别物体及物体所存在的环境条件的技术。

遥感的应用领域是非常广泛的，从室内的工业测量到大范围的陆地、海洋信息的采集以至全球范围的环境变化监测。在城市和区域的尺度内，遥感可应用于土地开发的进展及绿地植被的变化监测等，同时也是掌握沙漠化等全球尺度自然环境变化的不可缺少的手段。在海洋研究中，遥感可以收集海面水位、混浊状况、植物性浮游生物的分布状况、海面温度等各种信息，同时从遥感得到的波浪信息中还可以测定海面风的风向和风速。在大气研究中，遥感可应用于调查二氧化碳及臭氧等微量成分的组成，以及从云图中分析气象等领域。太阳辐射经过大气层到达地面，一部分与地面发生作用后反射，再次经过大气层，到达传感器，传感器将这部分能量记录下来传回地面，即为遥感数据。

电磁波的波段从波长短的一侧开始，依次叫作 γ 射线、X 射线、紫外线、可见光、红外线、无线电波。波长越短，电磁波的粒子性越强，直线性、指向性也越强。

根据所利用的电磁波的光谱段，遥感可以分为可见光 - 反射红外遥感、热红外遥感、微波遥感三种类型。

太阳光谱相当于 6000K 的黑体辐射，在可见光与近红外波段，地表物体自身的辐射几乎等于零。地物发出的波谱主要以反射太阳辐射为主。太阳辐射到达地面之后，物体除了反射作用外，还有对电磁辐射的吸收作用。电磁辐射未被吸收和反射的其余部分则是透过的部分，即到达地面的太阳辐射能量 = 反射能量 + 吸收能量 + 透射能量。

一般而言，绝大多数物体对可见光都不具备透射能力，而有些物体如水，对一定波长的电磁波透射能力较强，特别是对 0.45 ~ 0.56 μ m 的蓝绿光波段，一般水体的透射深度可达 10 ~ 20m，清澈水体可达 100m。对于一般不能透过可见光的地面物体，波长 5cm 的电磁波却有透射能力，如超长波的透射能力就很强，可以透过地面岩石和土壤。大气主要由气体分子、悬浮的微粒、水蒸气、水滴等组成。大气中的各种成分对太阳辐射有选择性地吸收，形成太阳辐射的大气吸收带；而大气的散射是太阳辐射衰减的主要原因，散射主要发生在可见光区，大气发生的散射主要有瑞利散射、米氏散射、非选择性散射。由于大气层的反射、散射和吸收作用，太阳辐射的各波段受到衰减的作用轻重不同，因而各波段的透射率也各不相同。我们就把受到大气衰减作用较轻、透射率较高的波段叫大气窗口。

物体的光谱反射率根据物体的种类而变化。由于物体发出的光谱辐射亮度受光谱反射率的影响，所以通过观测光谱辐射亮度就可以识别远处的物体。

土地覆盖中具有代表性的植物、土壤、水的光谱反射率。植物在近红外区有很强的反射，土壤的特性与植物不同，它在可见光及短波红外区有强反射，而水在红外区几乎没有反射。

植物叶子中包含的叶绿素在 0.45 μm 和 0.67 μm 附近对电磁波有较强的吸收。其结果是造成在可见光区 0.5 ~ 0.6 μm（绿）范围内呈现较高的反射率，所以植物的叶子看上去是绿色的。在 0.74 ~ 1.3 μm 的近红外区之所以也呈现出很高的反射率，是由于叶子的细胞构造所引起的体散射的缘故。可见光近红外波段之所以被广泛应用于植被调查，就是利用了植物具有在红外波段的强烈吸收和在近红外波段的强烈反射这种特性。在约 15 μm 和 19 μm 附近即水的吸收波段中，可以明显看出反射率有跌落，其跌落的程度取决于叶子中水分的含量。

植物的光谱反射率在 0.68 ~ 0.75 μm 急剧变化，这部分光谱对植物的分析非常重要。对该光谱反射率进行一次微分后，将所求出的最大变化率的波长部分称为红边。因为红边根据植物的种类、叶绿素的含量等而变化，因此成为植物分析的重要参数之一。由于土壤的状况及水分不足等原因会影响植物中叶绿素的发育，造成红边会向短波长区移动，这种现象称为蓝移。

（二）图像校正

1. 遥感图像的辐射误差概述

由于遥感图像成像过程的复杂性，传感器接收到的电磁波能量与目标本身辐射的能量是不一致的。传感器输出的能量包含了由于太阳位置和角度条件、大气条件、地形影响及传感器本身的性能等所引起的各种失真。这些失真不是地面目标本身的辐射，因此对图像的使用和理解造成影响，必须加以校正或消除。

辐射定标和辐射校正是遥感数据定量化的最基本环节。辐射定标是指传感器探测值标定的过程和方法，用以确定传感器入口处的准确辐射值。辐射校正是指消除或改正遥感图像成像过程中，附加在传感器输出的辐射能量中的各种噪声的过程。但是一般情况下，用户得到的遥感图像在地面接收站处理中心已经做了辐射定标和辐射校正，这里仅做简要介绍。

遥感图像的辐射误差主要包括如下内容：

(1) 传感器本身的性能所引起的辐射误差。

(2) 光照条件的变化和地形影响所引起的辐射误差。

(3) 大气的散射和吸收所引起的辐射误差。

2. 遥感图像的辐射误差校正

辐射误差校正主要包括以下几个方面:

(1) 传感器本身的性能引起的辐射误差校正。传感器的性能对传感器的能量输出有直接影响，主要指传感器的光谱响应系数。在扫描类传感器中，电磁波能量在传感器系统能量转换过程中会产生辐射误差。由于能量转换系统对灵敏度特性有很好的重复性，可根据测量值对其进行辐射误差校正。而在摄影类传感器中，由于光学镜头的非均匀性，成像时图像边缘会比中间部分暗，而这可以通过测定镜头边缘与中心的角度加以改正。

(2) 太阳高度角和地形影响引起的辐射误差校正。太阳高度角引起的辐射畸变校正，是将太阳光线倾斜照射时获取的图像校正为太阳光直接照射时获取的图像。因此在做辐射校正时，需要知道成像时刻的太阳高度角。太阳高度角可以根据成像时刻的时间和地理位置确定。由于太阳高度角的影响，在图像上产生阴影现象，阴影遮挡阴坡地物，对图像的定量分析和自动识别产生影响。一般情况下阴影是难以消除的，但对多光谱图像可以用两个波段图像的比值产生一个新图像，以消除地形的影响。在多光谱图像上，产生阴影区的图像亮度值是无阴影时的亮度和阴影亮度值之和，通过两个波段的比值可以基本消除。

(3) 大气校正。除考虑上述因素外，辐射校正还必须考虑大气的影响，需要进行大气校正。大气的影响是指大气对阳光和来自目标的辐射产生吸收和散射。消除大气的影响是非常重要的，消除大气影响的校正过程就称为大气校正。可以通过基于地面训练场辅助数据进行辐射校正，然后利用波段的特性进行大气校正。

遥感图像的几何处理包括两个层次:第一是遥感图像的粗加工处理，第二是遥感图像的精纠正处理。遥感图像的粗加工处理也称为粗纠正，它仅作系统误差改正。当已知图像的构像方程式时，就可以把与传感器有关的测定的校正数据，如传感器的外方位元素等代入构像方程式，并对原始图像进行几何校正。

遥感图像的精纠正是指消除图像中的几何变形，产生一幅符合某种地图投影或图形表达要求的新图像的过程。它包括两个环节:一是像素坐标的变换，即将图像坐标转变为地图或地面坐标;二是对坐标变换后的像素亮度值进行重采样。遥感图像纠正主要处理过程如下：

①根据图像的成像方式确定影像坐标和地面坐标之间的数学模型。

②根据所采用的数学模型确定纠正公式。

③根据地面控制点和对应像点坐标进行平差计算变换参数，评定精度。

④对原始影像进行几何变换计算，像素亮度值重采样。

目前常用的纠正方法有多项式法、共线方程法和随机场内插值法等。常用重采样方法有最邻近像元采样法、双线性内插法和双三次卷积重采样法。

（三）图像拼接、分幅裁剪

影像拼接的原理是：如何将多幅影像从几何上拼接起来，这一步通常是先对每幅图像进行几何校正，将它们规划到统一的坐标系中，然后对它们进行裁剪，去掉重叠的部分，再将裁剪后的多幅影像装配起来形成一幅大幅面的影像。

（四）图形投影变换

地球可以表示为扁平的旋转椭球体，表示地球上位置的经纬度根据旋转椭球体确定。其中，根据精度要求，地球也可以近似为球体。地图投影法是把旋转椭球体表面或球体表面的图形以某种方式映射到平面上的方法。由于不可能获得无畸变的地图投影，因此，自古以来开发了具有不同特点的各种投影法。把拍摄的地球表面（一部分）的遥感图像用二维图像表示时，必须采用某种地图投影法进行处理。因此，选择与应用目的相适应的投影法是非常重要的。

根据投影时保存的图形性质，投影法可以分为对面积正确投影的等积投影法和对地球表面任意点上两直线组成的角度正确投影的等角投影法，即正形投影法。不过，上述方法以外的投影法也有很多。等角投影法也可以称为对地球上的微小图形以相似的形状投影到地图上的投影法。对于植被及土地覆盖那种以各类别的分布面积为主要问题的专题图，最好采用等积投影法。对于表示风向及潮流那种具有方向的量最好采用等角投影法。当然，等积投影法和等角投影法不是对立的。

投影法根据其几何构成原理进行分类，有圆柱投影法、圆锥投影法和方位投影法。地轴与圆柱等旋转对称轴一致的投影法称为主轴法。仅就主轴法而言，通常目标区域在低纬度时适合采用圆柱投影法，在中纬度区适合采用圆锥投影法，在高纬度区适合采用方位投影法。以下就遥感图像投影中经常采用的投影法进行简要说明：

（1）墨卡托投影法：等角圆柱投影法。该投影法在赤道附近失真小，它是海图的标准投影法。

（2）高斯投影法：高斯 - 克吕格投影是一种等角横切椭圆柱投影。它是假设一个椭圆柱面与地球椭球体面横切于某一条经线上，按照等角条件将中央经线东、西各3°或15°范围内的经纬线投影到椭圆柱面上，然后将椭圆柱面展开成平面而成的。这种投影，将中央经线投影为直线，其长度没有变形，与球面实际长度相等，其余经线为向极点收敛的弧线，距中央经线越远、变形越大。

（3）兰勃特等角圆锥投影法：被广泛用于以天气图为首的多种地图中。

（4）等距圆柱投影法：沿子午线等距离划分的圆柱投影法。经纬线投影成两组相互垂直的平行直线。其特性是：保持经距和纬距相等，经纬线成正方形网格；沿经线方向无长度变形；角度和面积等变形线与纬线平行，变形值由赤道向高纬度逐渐增大。虽然随着纬度升高，面积失真、角度失真也增大，但由于它是便于与经纬度对应的最单纯的投影法，所以被广泛使用。

二、遥感图像增强处理

从遥感图像中提取地物的属性信息利用的是影像的灰度信息，然而，地物在成像过程中受到许多因素的干扰，如大气传输、传感器系统的传输变换等，致使所获得的图像在强度、频率及空间方面出现退化，呈现对比度（反差）下降、边缘模糊等现象。为了使影像清晰、醒目、目标物突出，提高目视解译和计算机自动识别与属性分类的效果，常需要对影像灰度进行某些处理。遥感图像增强是为特定目的，突出遥感图像中的某些信息，削弱或除去某些不需要的信息，使图像更易判读。图像增强的实质是增强感兴趣目标和周围背景图像间的反差。它不能增加原始图像的信息，有时反而会损失一些信息。图像增强是计算机自动分类的一种预处理方法。图像增强处理技术可以分为空间域和频率域两种处理方法。空间域处理是指直接对图像进行各种运算，以得到需要的增强结果。频率域处理是指先将空间域图像变换成频率域图像，然后在频率域中对图像的频谱进行处理，以达到增强图像的目的。下面分别介绍几种增强方法：

（一）彩色增强

为了充分利用色彩在遥感图像判读和信息提取中的优势，常利用彩色合成的方法对多光谱图像进行处理，以得到彩色图像。彩色图像可以分为真彩色图像和假彩色图像。真彩色图像上影像的颜色与地物颜色基本一致。利用数字技术合成真彩色图像时，把红色波段的影像作为合成图像中的红色分量，把绿色波段的影像作为合成图像中的绿色分量，把蓝色波段的影像作为合成图像中的蓝色分量。

假彩色图像是指图像上影像的色调与实际地物色调不一致的图像。遥感中最常见的假彩色图像是彩色红外合成的标准假彩色图像。它是在彩色合成时，把近红外波段的影像作为合成图像中的红色分量，把红色波段的影像作为合成图像中的绿色分量，把绿色波段的影像作为合成图像中的蓝色分量进行合成的结果。

（二）对比度增强

对比度增强是将图像中的亮度值范围拉伸或压缩成显示系统指定的亮度显示范围，从而提高图像全部或局部的对比度。输入图像中的每个亮度值通过一定的转换函数，对应于输出图像的一个显示值。目前多数显示系统利用的是 8 字节（即 0 ~ 255），然而多数单幅图像上的亮度范围通常都小于遥感器的整个记录范围。其有效亮度值区域未达到其全部亮度值范围，导致图像显示时的低对比度。另外，由于一些地物在可见光、近红外或中红外波段具有相似的辐射强度，当一幅图像中具有相似辐射强度的地物比较集中时，也会导致图像的低对比度。

（三）空间滤波

空间滤波是指在图像空间或空间频率域对输入图像应用若干滤波的函

数而获得改进的输出图像的技术。其效果有噪声的消除、边缘及线的增强、图像的清晰化等。

(1) 图像空间域的滤波。对数字图像来说，空间域滤波是通过局部性的积和运算（也叫卷积）而进行的，通常采用 $n \times n$ 的矩阵算子（也叫算子）作为卷积函数。

(2) 空间频率域的滤波。空间频率域的滤波用傅立叶变换之积的形式表示。

滤波函数有低通滤波、高通滤波、带通滤波等。低通滤波用于仅让低频的空间频率成分通过而消除高频成分的场合，由于图像的噪声成分多数包含在高频成分中，所以可用于噪声的消除。高通滤波仅让高频成分通过，可应用于目标物轮廓等的增强。带通滤波由于仅保留一定的频率成分，所以可用于提取、消除每隔一定间隔出现的干涉条纹的噪声。

(四) 主成分变换

主成分分析是着眼于变量之间的相互关系，尽可能不丢失信息地用几个综合性指标汇集多个变量的测量值而进行描述的方法。从把 p 个变量（p 维）的测量值汇集于 m 个（m 维）主成分的意义上讲，也可以说是使维数减少的方法。在多光谱图像中，由于各波段数据间存在相关的情况很多，通过采用主成分分析就可以把原图像中所含的大部分信息用假想的少数波段表示出来。这意味着信息几乎不丢失，但数据量可以减少。

通过彩色合成，同时能够被视觉感知的仅限于 3 个波段（R、G、B），因此在多波段数据中，只有一部分信息能同时被视觉感知：但是利用主成分分析法，把数据压缩到 3 个波段上，就可以用彩色显示出更多的信息。在 Landsat TM 图像的除热红外波段的 6 个波段上采用主成分分析，对获得的 3 个主成分赋予 R、G、B 后进行彩色合成的图像就是主成分分析的应用。主成分分析算法还可以用来进行高光谱图像数据的压缩和信息融合。

(五) 缨帽变换

1976 年，Kauth 和 Thomas 发现了一种线性变换，它使坐标空间发生旋转，但旋转后的坐标轴不是指向主成分的方向，而是指向另外的方向。这些方向与地面景物有密切的关系，特别是与植物生长过程和土壤有关。这种变换既可以实现信息压缩，又可以帮助解译分析农业特征，因此有很大的实际应用意义。

Kauth-Thomas 变换简称 K-T 变换，又形象地称为“缨帽变换”。这种变换着眼点在于农作物生长过程而区别于其他植被覆盖，力争抓住地面景物在多光谱空间中的特征。目前对这个变换的研究主要集中在 MSS 与 TM 两种遥感数据的应用分析方面。

（六）遥感图像融合

遥感图像信息融合是将多源遥感数据在统一的地理坐标系中，采用一定的算法生成一组新的信息或合成图像的过程。不同的遥感数据具有不同的空间分辨率、波谱分辨率和时相分辨率，如果能将它们各自的优势综合起来，可以弥补单一图像上信息的不足，这样不仅扩大了各自信息的应用范围，而且大大提高了遥感影像分析的精度。

低分辨率的多光谱影像与高分辨率的单波段影像重采样生成一幅高分辨率多光谱影像遥感的图像处理技术，使得处理后的影像既有较高的空间分辨率，又具有多光谱特征。图像融合除了要求融合图像精确配准外，融合方法的选择也非常重要，而且同样的融合方法用在不同影像中，得到的结果往往会不一样。

第二节　遥感图像的计算机分类

一、遥感图像的非监督法分类

（一）遥感图像分类概述

遥感图像分类就是将图像的所有像元按其性质分为若干个类别的技术过程。根据需要可以分为不同的类，每一个类都认为具有相同的光谱特征。单波段图像的分类就是指以每个像元不同的亮度为基础进行的分类。而多光谱遥感图像的分类是以地物在多光谱图像上的不同亮度为基础进行的分类。

不同的地物在同一波段上表现出的亮度一般是互不相同的，不同地物在不同波段图像上所呈现的亮度也不尽相同。这就是遥感图像上区分不同地物的依据。

遥感图像的分类是对图像上每个像素按照亮度接近程度给出对应类别，从而达到区分遥感图像中多种地物的目的。在分类过程中常采用统计特征变量来对某些类别进行分类，在很多情况下，需要从遥感图像的 n 个特征中选取 k 个特征作为分类依据，把从个特征中选取有效的 k 个特征的过程叫作特征提取。所要提取的特征有利于有效分类，使图像分类不必在高维特征空间中进行。

如果事先已经知道了待分类别的有关信息（即类别的先验知识），在这种情况下对未知类别的样本进行分类的方法，称为监督法分类。通过监督法分类，不仅可以知道样本的类别，甚至可以给出关于样本的一些描述。类别样本的先验知识可以通过若干已知类别的样本训练学习获取。在事先没有类别的先验知识，也就是在类别未知的情况下，对未知类别的样本进行分类的方法，称为非监督法分类。非监督法分类只能把样本区分为若干类别，而不能建立关于样本的属性描述。

（二）非监督法分类

非监督法分类是指人们事先对分类过程不施加任何的先验知识，而仅依靠遥感影像上地物光谱特征的分布规律进行分类。该分类结果只是对不同类别达到了区分，并不能确定类别的属性。主要是通过分类结束后的目视判读或者实地调查核实加以确定。所以，非监督法分类也称聚类分析，是按照像元之间的相似性进行归类的统计方法。

一般情况下，聚类算法是先确定若干聚类中心点，每一个中心点周围代表一个类别按照某种相似性度量指标，例如距离最小，将各个类别归属于各聚类中心所代表的类别，形成初始分类。接着根据聚类的准则进一步判断初始分类是否合理，如果不合理则修改分类结果，重新聚类，如此反复迭代计算，直到所分类别合理为止。

聚类分析通常用迭代方法实现，首先给定某个初始分类，然后采用迭代算法找出使准则函数取得极值的聚类结果，因此聚类分析是一个动态的过程。在遥感图像分类中，动态聚类方法最为常用。非监督法分类的核心问题是如何确定合适的初始类别及迭代调整。其主要过程如下：

(1) 确定初始类别参数，即确定最初的类别数和类别中心。

(2) 计算每一个像元所对应的特征矢量与各个点集群中心的距离。

(3) 在众多矢量中，选择与聚类中心距离最短的类作为这一矢量的所属类别。

(4) 计算新的类别的均值向量。

(5) 将新的类别的均值与原始聚类中心位置做比较。若位置变化，则选取新类别的特征点的均值作为新的聚类中心，回到第 (2) 步开始反复迭代操作。

(6) 若聚类中心位置不发生变化，认为分类符合条件，则计算终止。

(三) 非监督法分类后处理

遥感图像分类完成后，大多数类别已经被分离出来，形成较为稳定的类别，但是在图像上还存在一些问题，比如图像上存在与已分类别不相容的“噪声”，它可能是原始图像自带的噪声。也可能是混合像元造成的类别错误。如果对分类后的遥感图像做进一步处理，图像效果会更好。分类后处理的内容有：

1. 分类后专题图的处理

遥感图像经过辐射处理、几何处理和色彩增强处理后，根据应用需求进行专题图的制作，使得专题图可以用编号、字符、符号、图例及颜色表示各个具体的类别。这些类别仍然是以图像上的像元为基础的二维专题地图，但是像元上的数值、符号和色调已经不再用亮度表示，而是代表了地图上的地物类别。专题图可以用一定的比例尺、图名、类别符号来表示地面物体，输出地图时可以是黑白的，也可以是彩色专题图。

2. 遥感图像的分类后处理

用地物光谱特征的相似性进行聚类处理，在分类结果图上也会存在“噪声”。产生噪声的原因大致有三种情况：一是原始图像上本来就包含一些与所要的类别完全不一样的信息，这个就是噪声；二是在地物交界处包含了多种地物类别，其混合的像元辐射亮度不同造成错误分类；三是分类完全正确，只是有些零星地物类别分布于地面，占地面积很小，形成一些小斑块，这些图斑人们并不感兴趣，因为人们往往对大面积的地物类别感兴趣，因此，希望用综合的方法使它们在图像上消失。

(四) 遥感图像分类精度评定

分类的结果要进行精度评定，其正确程度是遥感图像定量分析的一部分。一般无法对整个分类图的每一个像元做检核；判断其分类是正确的还是错误的，是利用一些样本对分类误差进行估计。

采集分类样本大致有三种方式：来自监督分类的训练样区，专门选定的试验场，随机取样。第一种方法是取样，当类别比较纯粹时，有一定作用，但是，作为检核最后分类图的精度而言，不是最佳方法。用试验场的办法来验证分类精度，是一个比较好的方法，有目的有计划地进行取样，样本较多，类别也很多，测定的数据及时传输、存储，但需要实时测定。随机取样一般是取一批像元群，这样容易在航片或者地图上定位区域，样区内容可以由地面测量获得，也可以在航片上提取。

一般遥感图像分类精度评定常采用以下两种比较主流的方法：

1. 用混淆矩阵来描述

对检核分类精度的样区内的所有像元，统计其分类图中的类别与实际类别之间的混淆程度。比较之后的结果用表格来表示，这个表格就是混淆矩阵。混淆矩阵的行列数量与分类的类别数量基本一致。比如某图像要分为3类，那么，混淆矩阵就是3行3列的表格，依次类推，如果要分为4类，那么，混淆矩阵就是4行4列的。混淆矩阵的第一列是待分类的类别数，第一行代表实际的类别数，混淆矩阵的主对角线上的元素代表被正确分类的像元数。根据混淆矩阵，可以计算分类的用户精度、制图精度和总体分类精度。

2. 计算 Kappa 系数

它是通过地表真实分类中的像元总数乘以混淆矩阵对角线元素的和，再减去一类地表真实像元的总和与这一类中被分类的像元总数的积，再除以总的像元数的平方与这一类中地表真实像元与这一类被分类的像元总数乘积之和的差得到的。

二、遥感图像的监督法分类

(一) 监督法分类的基本思想

遥感图像分类总的目的就是将图像中每个像元根据其不同波段的光谱亮度、空间结构或其他信息，按照某种规则划分为不同的类别。这种方式也称为统计模式识别，最简单的分类就是利用不同波段的光谱亮度值进行单个像元的自动分类。卫星数据提供给人们三个方面的信息：光谱信息、空间信息和时间信息。计算机模式识别的任务就是通过对各类地物光谱特征的分析来选择特征参数，将特征空间划分为互不重叠的子空间，然后将像元划分到各类子空间中去，从而实现分类。

监督法分类又称训练分类法，即用已知类别的样本像元去识别其他未知类别像元的过程。其基本思想是根据类别已知的先验知识确定判别函数和相应的判别准则，利用一定数量的已知类别的训练样本观测值确定判别函数的待定参数 (称为分类学习或训练)，然后将未知类别的样本的观测值代入判别函数，再根据判别规则对该样本所属类别做出判定，实现对图像的分类。

(二) 监督法分类的一般过程

(1) 确定感兴趣的类别及数量。对分类目的而言，人们需要事先确定哪些地物是其要进行分类的对象，这样便于建立关于这些地物的先验知识，从而准确地对特征进行选择。

(2) 特征变换和特征选择。为了设计出效果好的分类器，一般要对分类的原始图像进行分析处理。特征变换就是将模式化的图像特征即 m 个测量值集合起来并通过某种变换，产生 n 个新的特征。其主要目的是减少特征之间的相关性，尽可能地用少量的特征来最大限度地包含原始数据信息，突出类别之间的差异，从而改善分类效果。

特征选择就是选择数据量少而优化的一组特征影像进行分类。特征变换和特征选择，一方面能减少参加分类的特征图像的数目，另一方面可以从原始影像中抽取能更好地进行分类的特征图像，它们是遥感图像自动分类的一个重要处理过程。

（3）选择训练样本，构成训练样区。训练样本的选择是监督法分类的关键。训练样区是图像上类别属性已知、用来计算统计参数的区域。

①训练样区的选择要保证有一定的代表性、准确性和统计性。这样才能保证正确的分类结果。准确性是指所选地物要与实地地物一致；代表性是指某一区域代表某一地物；统计性是指训练样区要有足够的像元数量，如果图像有 N 个波段，则每一类应该至少有 $10N$ 个训练样本，才能满足一些分类算法中计算方差和协方差矩阵的要求。

②在确定训练样本的专题属性时，应确定所使用的地图及实地调查的信息与遥感图像在时间上保持一致，防止因时间的变化引起分类模板定义混乱。

③训练样本选择后可以做直方图，观察所圈选的样本的分布规律，应尽可能是具有单个波峰的近似正态分布曲线。如果直方图中出现两个波峰的情形，有两个类似的正态分布曲线重叠，则可能是混合类别，需要重新选择训练样本。

④训练样本的选择来源。训练样本可以实地收集，例如用 GPS 进行现场采集，实地记录样本。也可以跟踪屏幕来采集，在屏幕上数字化每一类别有代表性的像元或区域，或者用户指定一个中心像元，机器自动评价其周边像元，选择与其相似的像元。人机交互模式是利用鼠标选定能辨别清楚的地物，在相应区域用鼠标勾画出一小块 AOI（Automated Optical Inspection，自动光学检测）区域以构建训练区。

⑤训练样区的评价。训练样本选择后，为了比较和评价样本的好坏，需要计算各类训练样本的基本光谱特征信息，通过每个样本的基本统计值，例如均值、方差、最大最小值协方差矩阵、相关矩阵等，以检查训练样本的代表性、评价训练样本的好坏。训练样区的评价方法有两种：图表显示和统计测量。最简单的图表显示为均值图和直方图。直方图可以显示不同样本的亮度值分布，通常训练样本的亮度值越集中，其代表性越好。

（4）选择判别函数和判别规则。训练样区选择好后，相应地物类别的光谱特征可以用于对训练样区的样本进行统计计算。如果采用基于概率误差最小的最大似然法分类，则需要用其对数形式的判别函数来计算所需参数。如果采用最小距离法分类，则需要计算协方差矩阵和均值向量。如果采用平行算法，则用样区数据计算盒子边界，判别函数确定后，再选择一定的判别规则就可以对其他图像区域进行分类。

(三) 几种典型的监督法分类

判别函数的概念：各个类别的判别区域确定后，某个类别的特征矢量属于哪个类别可以用一些函数来表示和鉴别，这些函数称为判别函数。这些判别函数是描述某一未知特征矢量属于某个类别的情况，如按概率大小来判别类的归属。

判别规则的概念：当计算完某个矢量在不同类别函数中的值后，人们要确定该矢量属于哪一类，必须给出确定的判断依据。例如将矢量代入函数计算后，所得的函数值最大，则该矢量就属于最大值所对应的类别，这种判据称为判别规则。

1. 最大似然法

最大似然法是常用的分类法之一，它是通过计算各个像素对于各类的归属概率大小，把某一像元分到归属概率最大的类别中去的方法。最大似然法分类的一个前提是假设训练区内所有地物的光谱特征是随机分布的，近似服从正态分布，按正态分布规律，借用贝叶斯判别规则进行判别，从而得到分类结果。

在特征空间中，地物点可以在特征空间找到相应的特征点，对于同类地物，在特征空间中将形成一个服从某种概率分布的点集群。最大似然法的适用也有限制，当总体分布不符合正态分布时，其分类的可靠性会下降。另外，用这种方法对遥感影像分类，对每一个像元的计算量都很大，因而该方法在分类时所需时间较多，效率会下降。

2. 最小距离法

最小距离法是根据各个像元与训练样本在各个类别的特征空间中的距离大小来决定其类别的。最小距离分类法比较简单，计算速度快，可以用于浏览分类状况。其主要缺点是没有考虑到不同类别内部方差的不同，从而造成一些类别在其边界上重叠，引起分类误差，导致分类精度不高。在遥感图像分类中，该法应用较少。

3. 平行算法

平行算法又称盒式决策规则，是根据训练样本的亮度值范围形成一个多维数据空间。样本外的像元如果落在训练样本的亮度值所对应的区域，就被划分到其对应的类别中。该方法简单、明了，缺点是当类别较多时，各类别所定义的区域容易重叠。由于存在误差，训练样本的亮度范围可能大大低于其实际亮度范围，从而造成许多像元不属于任何一类，算法因此失效。所以，采用该算法时需要改进，创建一定的规则，将这些像元归属到某一个类别中去。

4. 马氏距离分类法

马氏距离定义了样本之间相关性的影响，是一种改进型的距离定义。用这种方法做判别依据，在内部变化较大的聚类组将产生内部变化同样较大的类，反之亦然。马氏距离分类方法能够顾及类别的内部变化，在必须考虑统计指标的场合，比最小距离法更有优势。如果在训练样本中像素的分布离散程度较高，则协方差阵中就会出现较大值，容易出现错分。

（四）监督法分类与非监督法分类的比较

在遥感图像的分类中，监督法分类和非监督法分类各有自身的优点，也有自身的缺点。在实际工作中，往往需要对两种方法进行优势互补，发挥各自的长处，避开各自的不足，取长补短，使分类的效率和精度都有较大提升。最大似然法的分类其优势在于只要空间聚类符合正态分布，那么，它就可以减小分类时的误差，并且计算速度快、效率高。其缺点是如果空间聚类不符合正态分布，且聚类数量较多，则会计算速度慢、复杂度高，从而影响分类。最小距离法用于分类比较简单，但是没有很好地顾及聚类内部的相关性，分类边界重叠，容易出现错误。马氏距离法分类时顾及了聚类类别之间的关系，计算了协方差矩阵，减少了分类错误；但是，这种分类在考虑统计指标的前提下效果才会好。另外，马氏距离法分类在聚类分离程度较高时，容易造成协方差过大，出现分类错误。

非监督法中，K- 均值聚类法算法简单，容易理解，计算速度快。但是，其分类结果受初始类别的聚类中心和初始聚类的位置影响，往往不同的初始分类得到不同的分类结果，这是其缺陷。ISODATA 聚类法采用批量修正样本的方法，计算新的均值，是一种动态调整。同时，该法可以自动进行类与类的合并、分裂，从而得到比较理想的聚类结构。非监督法有一个共同的问题是，类别已分出来，但是，类别的属性却不清楚，需要结合地面调查或者高分辨率的航空影像等来识别类型。

监督法分类最大的问题就是分类前样本的选择要求尽可能每一类内部像素性质要单一，而不同类之间可以有较大差异，而这些可能通过非监督法分类完成。非监督法负责高效率的聚类，监督法负责对这些聚类进行训练学习，这样样本聚类效果好，在保证分类精度的前提下，分类速度快。具体做法为：

(1) 选择有代表性的区域进行非监督法分类。要求待分类区域尽可能地包含多个类别，使感兴趣的区域得到有效的聚类。

(2) 结合地面调查或者更高分辨率的航空影像、地图等，获得更多用于分类的先验知识。聚类的类别可以作为监督法分类的训练样本区。

(3) 进行特征选择，提取感兴趣的特征，选择合适的特征图像进行分类。

(4) 使用监督法进行遥感图像的分类。根据先验知识及聚类的样本，设计分类器对整个图像进行分类。

(5) 输出分类结果图像，以不同的色彩将整个图像分成很多类。

三、遥感图像智能分类方法

(一) 神经元网络分类方法

1. 人工神经网络方法

人工神经网络在功能上与人脑的功能有一定的相似之处，本质上还是一种功能上的模拟，借助于模拟人类生物神经触突结构的方式实现对外界信息的快速处理。神经元是神经网络处理的基本单位，人脑拥有数量较多的神经元细胞，利用该特点可以构建庞大的人工神经节点网络。对于外界的信息，利用庞大的神经网络将可以实现高效处理。因此，人工神经网络模型越强大，对数据和信息的分析处理功能也会越强大，从而体现出该方法具有强大优势。以此为基础，人类可以设计出类似人脑的智能信息处理模型，解决复杂的分类问题。

（1）人工神经网络模型。人工神经网络基本模型中，多个输入节点互相联结，通过权值来表达联结的频繁度和可靠性。而一个完善的基本神经元模型包含以下要素：

①联结关系，表示各个神经元之间的联结频率或关联程度，传导信息越频繁，说明该类神经元之间的关系越稳固、强度越大。

②神经元搜集器，负责处理各个节点输送的各种信息。

③用于处理节点信息的输出控制函数，函数形式包括一般线性函数、指数级函数、多分段函数等。

多层神经网络结构，是一种由多个层次若干神经节点按一定方式连接的网络。该网络模型拥有特别多的神经节点，可以对复杂信息进行处理。每一个神经节点可能都有多个输入数据，经过复杂的计算，按照需要选用合适的输出函数，获得一种较为可靠的结果，由此形成巨型的多层人工神经网络。

（2）人工神经网络分类器的建立。人工神经网络分类器的建立可分为两步。第一步为计算“输入”和“输出”每一类的匹配值，这个值反映输入和输出类的相似程度。第二步是在匹配值中选择相应匹配值为最大的类。它的大小代表了“输入”和“输出”的相似程度，值越大越靠近。一般而言，分类器主要采用计算概率的方式来确定开头和结尾的关系及匹配数据值。

经过训练与学习，人工神经网络可以得到一批有对应关系的输入输出数据，经过分析研究得到两类数据之间的潜在联系，搜集新的初始数据，然后根据这些关系，来推演所预期的结果。由此可见，人工神经网络在自我调节和适应方面具有一定的优越性。

2. BP 神经网络方法

BP 神经网络是一种改进型的人工神经网络，在遥感图像分类中采用的是 BP 神经计算方法来实现。BP 神经算法的误差传播方式与以往有很大的不同，它按照开始到结尾传播误差，当无法达到原来的效果时，按原通路返回，不断修改连接权，从而使得结果与预期更接近，因此，被称为“前向”网络。

该网络结构层次一般由输入输出层和中间过渡层组成。BP 神经网络信息输送的路径一般是从开始层，经过多个层次后到达结尾层，若获得的结果与预期一致或者接近，则给出结果。若获得结果与实际不符，则沿着原路径反向传播误差，然后根据连接传导误差导数朝着原来路径返回，对各处的连接权进行修改，使得总的误差传播趋近于最小化直到达到预期为止。BP 神经网络的样本训练是根据节点误差验证来进行的，整个神经网络通过这样的调整来与外界变化相协调。当外部环境变化时，神经网络能及时修改节点之间的权值，由此，整个神经网络的信息处理能力将大大提高。基于这一思路，研究者提出了各种学习的规则和方法，以便适应各种网络分类需求。

在神经云网络节点数的规划中，实际的输入层和输出层数量往往根据具体情况来确定。对于网络上隐含节点数量的选择一般先预先给定一个值，经过反复的实验调整后得出数量，一般选择以全局误差最小为原则。神经网络节点需要用到节点激活函数，而且要保证该函数是可导型的，该函数可以很好地解决数据获取与数据成果之间的非线性映射问题。在神经网络分类中，样本的学习和训练是分类的主要工作，因此神经网络分类法是相对智能化的学习法。

神经网络分类算法在遥感分类领域得到了极为广泛的应用。但是，它在自身机制上也存在一些不足，主要表现为：当参与分类的数据量比较大时，神经网络分类训练时间会比较长，有时达数十个小时，甚至更久；神经网络训练中容易出现麻痹现象，甚至有时候完全无法训练下去；有时只能取得极小值，而使得全局收敛无法达到最优解。

（二）支持向量机分类

1. 支持向量机的思想

支持向量机（Support Vector Machine，SVM）的分类方法是一种基于数理统计理论和机器学习理论的训练方法，可以应用到高分辨率遥感影像分类之中。假设所研究的问题是在线性可分的这样一种情况下，去寻求一个分类中的超级平面，进而将不同的类区分开来；在线性不可分的情况下，则将一个低维度空间的分类映射到一个到高维度的线性不可分的环境中，并在该空间中寻找最优解。同时，在结构化分析中找到属性的最佳分类超平面，使得分类结果最佳。支持向量机分类算法的基本出发点是在分类超平面中寻找具有最佳解的分类平面。

要获得遥感影像最佳的分类支持平面，一个最需要提及的概念就是狭义最优分类面。该平面的特点是用一次支持向量便可以完成简单的两类区分，而且该平面可以做到唯一。SVM 方法用于分类主要就是要找到这样一个平面，从而实现简单的线性的可分类别用于支持影像分类。对于所有线性可分环境下的元素来讲，一般在一维空间可用点来表示，对于二维空间可用线来表示，对于三维空间则用平面来表示。

最优分类面的意思就是既能把不同的类别分开，同时它们之间的距离也是最大的，这确保了所分的类别是完全正确的。错误概率为零，风险值最小，具备这样特征的分类面就可以理解为最优分类面。在 SVM 分类函数方面，用于 SVM 分类的函数具备这样一个特点，每一次分类的中间节点上都可以找到相应的子分类函数，也就是一个支持向量。分类的函数是所有节点上的分类子函数的各种线性组合。

利用小的训练样本，在非线性问题向高维空间的线性问题的转换、高维模式下的最优超级分类面等问题上，SVM 分类方法表现出某种十分突出的优势。支持向量机最后成功地转化成解答具体分类的动态线性规划问题。因此，SVM 的求解已然是对整个分类问题独一无二的最佳优选解。如果只考虑分类等问题，在通过训练积累了丰富的知识之后在经验和知识结构上的风险值可以降到最低，也就是使得风险值达到最小，结合核函数的方法和在理论上最优化，将线性的一般分类函数进行有效的扩展，构成广义上的可延伸的线性分类方法，这就是 SVM 分类。

2. SVM 的分类问题

该方法的分类根据分类可行性的难度有三种情况：第一种称为一般线性可分的问题，第二种称为近似线性可分问题，第三种称为非线性可分问题。在二维向量的范围内，通过一个例子来讨论三种分类情况问题。

（1）一般线性可分的问题。对于两类训练样本而言，只需用一条直线就可以把两类待分类的样本正确地予以区分，这样的分类问题称为线性可分的问题。

（2）近似线性可分的问题。要正确区分两个训练样本的类别而获得确定的边界，只需要用到一根直线就可以。但是，分类之后的某一类或者两类都拥有少量的对方类的要素，这样就使得经过分离的两类中至少有一类是掺杂其他类的。如此分类，实际上是没有完全正确分类，把上述情形称为近似线性可分的问题。

(3) 非线性可分的问题。遥感影像的分类问题就是特殊曲线可分类问题，是一个常规线性可分类无法解决的问题。一般的做法是采取变换空间维的方法，即将非线性分类问题转变成高维空间的分类问题，并在新的高维空间来寻找最优解的分类面。在实际的分类问题中，这个变换涉及的问题也比较麻烦，于是这个问题又进一步转换为寻找最佳的核函数来达到解决问题的目的。

3. 支持向量机方法的优势

(1) 支持向量机分类基本上遵循风险结构最小的基本原则，遵守这一原则时，可以投入少量的训练样本，同样可以解决大样本所能获得的精度。从这个角度来看，该法有利于节省分类训练的时间，同时还提高了分类精度。

(2) 支持向量机分类算法有比较严密的分类理论支持，分类精度比较高。

(3) 支持向量机的分类算法具有超级强大的高维空间特征分类面处理能力。

(三) 专家系统分类

1. 专家系统的概念及简化模型

专家系统的概念：使用人类专家推理的计算机模型来处理现实世界中需要专家做出解释的复杂问题，并得出与专家相同的结论。简单来说，专家系统可以看作是“知识库”和“推理机”的高效结合。知识库就是专家知识在计算机中的映射，推理机是利用知识进行推理的能力在计算机上的映射，这两个方面的构造是专家系统的主要方面。知识库的建立，涉及知识的获取、知识的表达、数据挖掘等方面的知识；而推理机的建立，涉及机器推理、模糊推理、人工神经网络、人工智能等多个方面的知识。由此可见，专家系统是一个非常复杂的系统，主要归功于大量成功的案例，以及简单灵活的开发工具。它直接模仿人类的心理过程，利用一系列的规则来表示专家知识。

2. 几种典型的专家系统

(1) 基于规则的专家系统。基于规则的专家系统（Rule-Base Reasoning，RBR）是根据以往专家诊断的经验，将其归纳成规则，通过启发式经验知识进行推理而形成的系统。它的特点是具有明确的前提条件，可以得到确定的结果。基于规则的专家系统主要通过两大步骤来完善专家系统：第一步是专家提出规则，第二步是算法自动生成。RBR 是建构专家系统最常用的方式。这种方法容易使知识工程师与人类专家合作，提供友好的人机交互界面，易于被用户所理解。规则库中的规则具有相同的结构，例如，“if…then…”这个结构便于管理，便于推理机的设计。它也存在一些缺点，当系统非常复杂时，难以用结构化的规则来表达，如果全部用规则的形式来表达，则提炼规则十分困难，规则库的建立会非常庞杂，实时处理会受到较大影响。因此，基于规则的专家系统适合于系统结构简单、前提与结论都明确，以及问题仅仅用规则就可以全部概括的情形。知识是经验的，问题的求解可以视作是一系列的独立操作。

(2) 基于案例的专家系统。基于案例推理的专家系统，就是采用以前的案例解决当前问题的技术。首先获取当前问题的信息，通过搜索寻找最相似的过去的案例。如果找到了最佳匹配，就建议使用和过去所用相同的解，如果搜索相似案例失败，则将这个案例作为新案例。因此，基于案例的专家系统能够不断地获得新的经验，以增加系统解决问题的能力。该方法在案例特征的选择、权重分配及实例修订时的一致性检验等方面还存在一些问题。

(3) 基于 Web 的专家系统。随着网络的发展，Web 已成为用户的交互接口，大多数软件都基于网络接口而开发。专家系统的发展顺应潮流，将人机交互定位在 Web 层次：专家、知识工程师与用户通过浏览器访问专家系统服务器，将问题传递给服务器，服务器通过后台大型的推理机并调用综合知识库进行推理运算，最后将结论反馈给用户。

3. 遥感图像专家系统分类

专家系统分类是将专家系统理论和分析机制应用于遥感影像分类的方法，即把某一特定领域的专家知识输入计算机中，辅助人们解决影像分类问题的系统。在对遥感影像进行解译的过程中，常规的计算机分类方法往往仅根据影像的光谱信息对地物要素加以识别，使得分类结果的精度受到相当程度的影响。随着“3S”测绘技术的发展，越来越多的地理数据和环境数据得以空间化，并以数字形式应用于分析研究，能够为遥感影像分类提供空间辅助信息，并为基于知识的地物解译提供数据基础。

专家系统分类方法是利用专家系统的理论，基于遥感影像数据和地理信息数据提取专家知识，再利用知识建立规则库，应用于整个区域的影像分类方法。专家系统理论和技术是整个分类器设计的重要指导思想，数据通过知识库和推理机实现自动分类。传统的遥感影像分类是基于图像算法和处理器进行的。专家系统的遥感影像分类综合了地物的光谱信息、空间特征和专家的知识等多方面的信息，能有效地识别地物类型，分类精度相对于单纯的光谱分类有显著提高。遥感图像专家系统分类的过程包括数据准备和预处理、专家知识获取和规则库建立、推理机分类这三个主要步骤。

在应用专家系统分类法完成影像分类的过程中，知识库的建立和推理机制设计是关键性工作。其中，知识库的准确性和完整性是决定分类精度的重要因素。通常情况下，遥感专家系统分类器的知识库建立需要由拥有丰富专业知识的领域专家和熟悉专家系统推理机制的知识工程师协作来完成。

随着知识发现与数据挖掘理论的发展，越来越多的学者开始尝试利用数据挖掘方法从数据仓库中自动提取专家知识，实现利用计算机替代领域专家和知识工程师工作的目的。在遥感专家系统分类器中，专家知识自动提取功能的实现能够显著提高专家系统分类的效率，为遥感专家系统分类方法的应用和推广开辟了新的途径。

第三节　遥感专题制图与应用

一、遥感影像地图制图

(一) 遥感影像地图的概念

遥感影像地图是指以遥感影像作为地图要素的主体，辅助一定数量的线划、符号要素和图廓整饰要素的具有某一种地图投影，以及满足一定制图几何精度的地图。遥感影像地图既具有一般地图所具有的几何精度和线划要素表示，还具有极为丰富的影像信息；它结合了经过地面控制点几何纠正后的影像的优点，同时也结合了地图中常用的几何要素的表达方式，例如通过点、线要素来表达具体地物的方法，如此使得地图图面看起来不仅直观、清晰，信息还十分丰富。遥感影像地图的制作主要包括影像的纠正、线划要素的制作和图廓整饰三个部分。

（二）遥感影像地图的制作方法

影像的纠正采取的方法主要是在影像控制的区域内均匀选定一系列地面控制点，用 GPS 的方式测定这些控制点坐标，然后选用合适的几何纠正模型，对遥感影像进行精确的几何纠正，获得符合某种地图投影的影像。控制点的获取方法有很多种：一种是在影像所在区域均匀布设一定数量的地面点，然后用 GPS 的方法直接实地测定，从而获得高精度的地面控制点。另一种方式是从地形图上对应的范围选取精度比制作影像图高一个级别的图面控制点，获取其图解的坐标。按照规范要求，对遥感影像进行精加工处理后平面位置误差控制在 1 ~ 1.5 个像元才能制作影像图，而用于一般判读目的的，残余误差可放宽至 2 ~ 3 个像元。

遥感影像地图的制图比例尺与制图精度有关，一般参照万分之一地图所用的 1m 分辨率的遥感影像作为基本标准，来确定其他制图比例尺的大小。

跨景制作影像图时，尽量选择同一季节的影像，并进行影像基色和反差调整处理镶嵌边平滑处理。对于高差很大的地区，应考虑投影误差的改正，尤其是高分辨率的遥感影像，如 IKONOS 必须做投影改正。将基准高程面设置在制图区域的平均高程面上，并用 DTM 数据计算 Y 方向的投影差，加以改正。必要时可以对影像文件坐标进行转换，使影像地图具有所需地图投影坐标。

影像地图上线划要素的制作，有些可以直接从图像上判读提取，如公路、铁路、城镇、机场等。必要时可以采用增强的方法，例如公路、铁路可以采用专题色彩填充表达，也就是影像上能清楚显示的要素均以影像来表示，而不用符号来表示，例如河流、湖泊山体、海岸线等；影像上能清楚显示，但又不能准确判读其位置和特征的，用说明注记表示；影像上重要地物无法识别的可以用符号表示，如小的居民点、农村道路等；影像上没有的要素则用符号和注记表示，如高程注记、河流流向、山名、境界、高压线、地类界等。

(三) 遥感影像地图的制作要素

1. 影像要素

遥感影像地图主要是以影像形式来表现，影像清晰、易辨，易于判读和表达，具有一定的几何精度和良好的现势性，色彩均匀、色调一致性好、反差适中、灰雾度小，能较好地反映该区域的地物地貌及地理景观。在影像达不到这个要求时，可以用线划和符号要素进行表达。

2. 线划及符号、说明注记要素

影像上表达不清楚的地方，一般用线条进行表示；有属性的用相应的符号表示；没有对应地物又需要表示的，可以用符号或者说明注记进行图面表示。

3. 地图整饰要素

地图整饰要素主要包括地理坐标、制作参考系、地图格网、绘图比例尺、地图图例指北针、图名等要素。

二、遥感土地利用监测

(一) 土地利用遥感监测的原理

土地利用主要是研究各种土地的利用现状，它是一种地球表面的社会利用状态，包括工业用地、农业用地、林业用地、住宅用地、商业用地等。以林业用地来看，分为经济林地、防护林地、用材林地、薪炭林地，这是从其目的来分的；从土地覆盖来看，仅反映其自然布局，有森林、草场、农田等；从其生态环境来看，又有针叶林地、阔叶林地和针阔混交林地等。

土地利用状况是人们依据土地本身自然属性和社会需求，经过长期改造和利用的结果。依据土地的用途和利用方式，土地利用的分类系统有不同类别和等级，也就是土地是分类且分等定级的。一级分类，如耕地、园地、林地、草地、城乡居民及工矿用地、交通用地、水面滩涂用地、未分地块等。二级分类，如耕地又可以分为水田、水浇地、旱地、菜地、园地等。利用遥感技术进行土地利用现状调查，以摸清土地的数量及分布状况，是遥感应用中最早也是基础性最强的一项工作。土地利用图是表达土地资源的利用现状、地域差异和分类的专题图。与土地有关的各类图主要有：土地利用现状图、土地资源开发利用图、土地利用类型图、土地覆盖图、土地利用区划图及各种土地规划图。从目前的使用情况来看，土地利用图用途最广，在制图时要求能反映土地的实际利用状况、利用方式、利用类型，各个用地块的分布、数量，以及与环境的依存关系等。

（二）土地利用图的制作内容、流程与方法

利用遥感技术制作土地利用现状图，其基本步骤包括影像判读与分析、解译标志的建立、影像监督法分类、分类后处理、图斑勾绘、专题图制作等。

三、植被遥感

（一）植被遥感的基本原理

植被遥感主要是通过绿色植物叶子和植被冠层的光谱特性及其差异、变化来反映的。不同光谱通道所获得的植被信息与植被的不同要素或某种特征状态有各种不同的特性。例如：可见光中绿光波段对区分植被敏感，红光波段对植被覆盖度和生物生长状况敏感。由于植被极其复杂，仅仅用单个波段或者数个单波段来提取植被信息还是有相当大的局限性。在实际工作中，往往是对多光谱遥感数据进行分析运算，产生一些对植被的长势、生物量有一定指示意义的数值，这些数值我们称之为植被指数。这种指标可以不依赖其他辅助资料，而仅依靠单纯的光谱信息，就能对植被生长的状态信息做一种合理表达，能对植被的覆盖度、生产活力及生物量等开展定性和定量的评价。植被指数是遥感监测地面植物生长和分布的一种常规方法。利用植被指数提取的方法，在近红外波段和红光波段能够较好地反映植被之间的光谱反射特性及其差异。

（二）植被指数图的制作

植被指数图的制作过程一般包括：计算、生产植被指数影像文件，对植被指数影像文件进行非监督法分类，分类重编码，制作植被指数图。

四、遥感变化检测

(一) 遥感影像变化检测的概念、内容及意义

变化检测就是根据不同时间的多次观测来确定一个物体的状态变化或确定某种现象变化的过程。这是目前学术界公认的关于变化检测的权威定义。遥感影像的变化检测是指给定同一地区多个时相的单波段或多波段遥感图像，采用图像处理的方法，检测出该地区的地物有无变化，并对该变化做出定性或定量分析的技术。

这种检测从不同时期的遥感图像中，定量地分析和确定地物变化的特征和过程。它涉及变化的类型、分布状况及变化信息的描述，即需要确定变化前后的地物类型、界线和分析变化的属性。变化检测的研究对象为地物，包括自然地物和人造地物，其中人造地物在军事上常被称为目标。描述地物的特性包括空间分布特性、波谱反射与辐射特性、时相变化特性。

遥感变化检测的主要内容，概括来说包含以下四个方面：

(1) 实验区内的地物类别是否有了变化。

(2) 变化的地物的区域在哪里，即确定变化区域。

(3) 确定变化地物的属性，即确定出变化地物前后的属性。

(4) 分析变化信息在时间和空间中的分布模式和规律。

前两个问题是遥感变化检测中最基本和共性的问题，后面两个问题则要结合具体的实例进行具体分析。

地表生态系统和人类社会活动都是动态发展和不断演变的。社会经济活动对自然资源的开发和利用日益增大，人类活动引起的地表环境变化越来越剧烈。为了加强自然资源和国土空间的合理规划与利用，促进经济的全面发展和社会的进步，迫切需要对各种自然资源进行持续有效的检测与管理。遥感技术以其快速、准确、周期短等优势在自然资源的变化检测中发挥着重要作用。

遥感影像变化检测就是从不同时期的遥感数据中分析确定、定量评价地表随时间的变化而引起影像像元光谱响应发生变化的特征与过程。实时精确地获取地表变化信息对于更好地保护生态环境、管理自然资源、研究社会

发展，以及理解人类活动与自然环境之间的关系和交互作用有着重要的意义。自动和半自动化的多时相遥感影像变化检测技术已经广泛应用到土地调查、城市研究、生态系统监测、灾害监测评估与军事侦察等领域。

（二）遥感影像变化检测的流程

变化检测的一般流程大致可以概括为以下四步：

第一步，进行不同时相遥感影像的预处理，通过预处理解决数据的配准问题、辐射校正，减弱数据获取过程中环境因素的影响，从而减少变化检测中的各种外界因素的影响，保证变化检测的客观性和科学性。

第二步，通过合理的算法实施变化检测，分析不同地物之间的光谱特征、空间特征、纹理等特征的差异，提取变化信息，确定未变化信息，对信息进行分析和描述，得到检测结果。

第三步，检测结果的后处理与输出。

变化检测的后处理是指对得到的检测结果进行再次处理，以满足实际需求。主要方法包括滤波处理、数学形态学处理等。通常情况下，像元级的变化检测是将变化和未变化的区域以二值图的方式表示。在特征级和目标级的变化检测中，不仅需要标注出变化的特征或目标，而且需要输出描述特征或目标变化的各种参数。变化检测的结果根据用户的需要以报表的形式输出，也可以变化图的形式输出，还可以存储在数据库中。

第四步，精度评价。全面、准确地评价变化检测结果的精度。

（三）遥感影像变化检测的方法

1. 遥感信息变化检测的方法分类

（1）从变化检测的信息层次角度，可以分类为像素级变化检测、特征级变化检测和目标级变化检测三个层次。

（2）从使用的算法角度出发，可以分为直接分析法、影像代数运算检测、多通道数据变换检测、图像分类检测、结构特征分析检测等。

（3）从应用的角度出发，可以分类为土地覆盖的变化检测、人工地物的变化检测、土壤植被指数的变化检测等。

（4）按数据源不同可以分类为三类：利用新旧影像的变化检测、利用新影像与旧时相影像的变化检测、利用立体像对的三维变化检测。

2. 常用的变化检测方法

(1) 影像代数法也称直接比较法，通过对前、后不同时相的影像中对应波段的亮度值进行简单的运算，得到运算后的影像。该影像代表了各个像元经过代数运算后的特征亮度值，主要目的是突出了影像上变化的区域。代数运算法主要包括影像差值法、影像比值法和变化向量分析法。

波段差值法是最早出现的变化检测方法。基本原理是将前、后时相的影像对应的波段灰度值作差，得到差值影像。其结果是反映每一类地物的变化信息。在差值影像中，变化区域特征值变化较大，未发生变化区域特征值变化较小，要进一步分析发生变化的区域，则需要做阈值分割。该方法的优点是操作简单，容易实现；其缺点是只能发现哪些区域有变化，但不知晓变化区域的类型，另外一个问题是随着类型的增加，值的划分比较困难。

影像比值法是将前后两幅不同时相的影像对应波段的像元灰度值做比值，得到影像的比值图像。比值大于 1 的或者小于 1 的，认为像元表示地物有变化，比值等于 1 的代表像元表示的地物未变化。该方法类似于差值法，方法简单、易于操作，可以克服地形起伏和光照的影响，有抑制噪声的作用，消除同物异谱现象。

变化向量分析法是波段差值法的扩展。其原理是将前、后两幅不同时相的影像波段上的像元各自构建成一个一维的向量，然后用两个向量做差值，得到差值向量。变化向量的长度代表变化强度，变化向量的方向代表不同地物变化类型。变化向量分析是目前应用最广泛的方法，同时也为许多其他变化检测方法提供基础数据。该方法的优势在于可以利用全部的波段来检测变化像元，从而可以克服由单一波段比较带来的信息缺失，而且可以通过变化向量的方向提供变化类型的信息；其缺点是阈值的选取比较困难，

(2) 影像变换法。从多时相影像数据中提取出的特征信息能够起到突出变化地物、区分变化类别、提高检测精度的效果，这类方法统称为影像变换法。该方法是通过数据变换，消除或者减少影像各个波段之间的相关性，用尽量少的波段表达更多的有效信息，以实现影像降维的目的。此方法既提高了检测的效率，同时又保证了变化检测的精度。

第六章　遥感地质调查

第一节　遥感地质调查概述

遥感地质调查就是以遥感资料为信息源，以地质体、地质构造和地质现象对电磁波谱响应的特征影像为依据，通过图像解译提取地质信息、测量地质参数、填绘地质图件和研究地质问题。

遥感图像中蕴藏着大量不同性质、类型和尺度的地质信息。遥感资料提供的信息可以帮助对区域地质体进行较准确的圈定，从宏观上控制区域地质构造的总体格架，对提高区域地质调查质量具有十分重要的作用。在通行困难、解译效果好的地区，若能充分利用遥感资料将对提高图幅质量起到事半功倍的效果，可以节省人力、财力、和时间，减少野外工作量，具有明显的效益。

遥感地质调查的主要任务是，在区域地质背景和成矿地质特征分析研究的基础上，通过遥感地质解译和信息提取方法，最大限度从遥感资料中提取岩石、地层、构造、矿产等地质信息，研究各种地质体或地质现象相对时空分布规律和相互关系，分析地质作用过程及演化特点；并提取区域成/控矿要素，建立遥感找矿模型；通过适当的野外工作和多元地学信息的综合分析，进行遥感找矿预测，编制遥感地质图件，为后续的地质调查和矿产资源勘查工作提供基础数据。

以成矿带遥感地质调查工作为例，其主要任务包括：

（1）矿产地质遥感解译，利用空间分辨率优于1m的多光谱遥感数据，在综合分析与研究区域构造背景、成矿规律的基础上，开展典型岩矿波谱测试和区域岩性、构造解译工作，重点解译和分析成/控矿要素，编制区域构造—岩性遥感解译图。

（2）遥感异常提取与筛选，利用以ASTER为主的多光谱遥感数据，提取以 Al—OH、Mg—OH 为主的基团异常，Fe^{2+}、Fe^{3+} 等变价元素异常，CO_3^{2-} 异常，SiO_2 异常等与成矿有关的信息，开展遥感异常的筛选和圈定，并进行分类与分级，编制遥感异常图。

(3) 遥感找矿预测，即建立典型矿床遥感找矿模型，在区域地、物、化、遥感数据综合分析基础上，初步确定成矿有利地段，并开展野外调查、验证和适量的工程验证工作，圈定遥感找矿靶区，编制遥感找矿预测图。

第二节　遥感地质调查工作程序

一、数据资料收集与分析

(一) 遥感数据图像

遥感数据是遥感地质调查工作的主要信息源，它包括卫星遥感数据和航空遥感数据。目前随着传感器系统的探测能力、质量、品种和分辨率的大大提高，可供遥感地质应用的航空航天遥感数据越来越多。遥感地质调查工作中应尽可能选用多种类型、多种时相的航天、航空遥感图像、数据。在中小比例尺的区域遥感地质调查中，一般以航天遥感数据为主，航空遥感数据为重要补充。

在对卫星遥感数据进行选择时，主要依据为遥感数据的空间分辨率、光谱分辨率及时间分辨率，其中空间分辨率、光谱分辨率为数据优选的主要依据。在选择了合适的数据类型后，时间分辨率在特殊景观条件下具有重要意义。首先，空间分辨率应根据遥感影像空间分辨率与其所能支撑的岩性地层解译精度、成图比例尺之间的相互关系予以考虑；其次，光谱分辨率也是选择遥感数据源应主要考虑的问题，谱段的宽窄、范围对不同目标地质体而言，其识别作用也不同，通过选取合理的波段及图像处理方法，就能够实现有效可见光、短波红外波段和热红外波段，如 ETM 数据；最后，数据时相也很重要，应尽量收集少植被和少云雪季节的数据。

近年来，我国 1：25 万遥感地质填图应用结果表明，Landsat 类数据适合于中小比例尺区域地质调查，其优势为地面覆盖范围宽，空间分辨率、光谱分辨率满足地质信息提取要求，数据形式易于增强处理，图像信息丰富，尤其是ETM融合数据，较大地提高了空间分辨率。而在成矿带遥感地质调查工作中，以WorldView-2数据（空间分辨率为0.46 m）为主，综合应用Aster、ETM等多源遥感数据，进行多层次遥感地质解译、遥感异常提取等工作，并要求选择岩石裸露、干扰小、特征信息量（色调、形态等）丰富、少雪季节的数据，且云层的覆盖量应小于5%，并且不覆盖重要地物。

（二）地形数据

地形数据主要用于遥感影像几何校正和野外调查工作。不同比例尺的调查工作所需的地形数据也有所不同，例如，在1∶250000遥感地质调查中，一般采用1∶100000地形图；而在1∶50000遥感地质调查工作中，一般需要1∶50000（或更大比例尺）地形图、数字高程模型（DEM）。地形图和数字高程模型（DEM）应采用国家测绘局出版的1∶50000地形图或国家地理信息中心提供的1∶50000矢量化地形图（数据）。没有1∶50000比例尺地形图的调查区，可根据实际情况，采用1∶100000地形图或高分辨率卫星DEM数据，适当补充有关现势性资料，作为野外工作底图。

（三）其他地质、矿产等资料

为全面了解和掌握前人对调查区基础地质、矿产地质等方面的调查和研究现状，综合分析和总结前人的工作成果，找出存在的主要问题，明确遥感地质调查工作的重点和方向，应充分收集调查区内各种比例尺的遥感地质、区域地质、矿产、地球化学、地球物理、重砂等方面资料和相关论文、科研报告，并对不同时期形成的地质资料进行全面的综合分析和对比处理。另外，还要尽可能收集调查区的地貌、人文、经济、气候、交通运输条件等资料，详细了解调查区野外工作条件，为野外工作开展提供必要的地形、道路、物资供应、居住等背景资料。

二、遥感数据处理

用于遥感地质调查的遥感数据必须进行预处理，通过遥感数据预处理，提高图像的可识别性，并制作基础遥感影像图，用于遥感地质解译、遥感异常信息提取等。航天遥感数据的预处理工作，主要包括以下5个方面。

(一) 辐射校正

由于遥感数据本身存在一定的辐射误差，而遥感地质解译、遥感异常信息提取等工作都是在影像光谱统计分析的基础上开展的，因此需要对遥感数据进行辐射校正。完整的辐射校正包括传感器校正、大气校正以及太阳高度角和地形校正。通常大气校正比较困难，因为大气校正要求获取图像时的大气条件，这些信息一般都因地而异。不过考虑到多光谱数据的波段宽度较大，大气对其造成的影响不像高光谱数据那么严重，因此，可采用地区经验值进行校正。

(二) 几何校正

各种遥感图像资料在成像过程中都会产生各种几何畸变，因此需要根据地形图资料，通过控制点的选取和几何校正，使得各种遥感数据资料得以配准。然而，多源遥感数据来自不同的地图投影系统，应先对遥感图像进行投影变换成为6°分带，然后再进行几何校正。在以1：50000地形图为底图时，具体做法是在地形图与TM图像上选取多个同名点，分别读取它们的坐标参数和像元位置，然后进行多项式拟合，直至多数同名点的拟合误差控制在一个像元内为止。校正中使用的控制点对不应少于6对，点对分布应均匀；在以1：100000地形底图上，控制点对不应少于9对，与地面控制点间的拟合精度应控制在两个像元以内。

(三) 图像融合

图像融合可以将不同传感器的遥感数据与不同类型的数据源所提供的信息加以综合，在获取高质量的影像信息的同时，还能消除各传感器间的信息冗余，降低不确定性，提高解译精度和可靠性，形成对目标相对完整一致的信息显示。对全色数据与多光谱数据、SPOT与TM数据纠正成果进行融合，例如，将WorldView -2全色波段与多光谱波段进行融合，可形成兼具高分辨率空间信息和多光谱彩色信息的融合影像。

(四)图像镶嵌

调查区跨越多景遥感图像时，一般应采用彩色数字图像镶嵌技术进行镶嵌。使用图像镶嵌制图时，图像的成像时间应比较接近。合成图像各波段间的配准以及相邻图像间同名点配准精度应控制在一个像元之内。相邻图像应进行无缝镶嵌，不同时相图像应进行彩色匹配处理，镶嵌过程中应尽可能减少非接边区图像光谱的非线性变化。当图像中局部云覆盖有碍信息提取时，可采用同一地段其他时相的无云图像经彩色数字镶嵌方式镶入有云覆盖区。

(五)彩色合成

遥感地质调查中使用的基础遥感影像，一般选择最佳的三个波段进行假彩色合成，合成图像与单波段图像相比，信息量更丰富，利于突出地质特征，图像也更为悦目。然而，不同的地区、不同的数据类型，其最佳波段组合也都不相同。因此，可以采用最佳指数法筛选出信息量较大的三个波段，并结合调查区内岩矿波谱特征差异，选择差异最大、地质特征最突出的三个波段，作为最佳波段组合。这对于遥感地质解译有着重要意义，尤其在岩性遥感解译工作中不同岩性的影像特征差异越大对岩性遥感解译越有利。

三、遥感地质解译

在消化、吸收已有地质、矿产、遥感资料和初步掌握工作区基本地质特征和遥感影像特征的基础上，根据调查区遥感图像的光谱特征、纹理特征和地物可识别能力，对调查区的岩性、构造、矿产等进行可解译程度分区，将可解译程度分为高、中、低三级，为野外工作路线的布置提供依据。

遥感地质解译工作应以 GIS（地理信息系统）为平台，在岩矿波谱测试和影像解译标志建立的基础上，以人机交互解译为主，结合遥感图像地质信息增强处理、波谱反演和目视平面（立体）观测，采用直接判读法、对比法、邻比法、逻辑推理法、综合分析法等方法，对调查区内的岩性地层、构造、成 / 控矿要素等内容进行遥感解译。

遥感地质解译应从矿产地质研究程度高、地质资料丰富的地区开始，从区域性宏观解译逐渐向局部性微观问题研究过渡，从直观地质信息提取向微弱信息提取过渡，从定性地质信息提取向定量信息提取过渡，循序渐进，反复解译，逐步深化，提高区域矿产地质认识。

解译精度通常表现在几何精度和信息识别精度两个方面，前者是指解译图上地质要素的空间定位精度，决定于所使用遥感数据的空间分辨率和几何校正的精度，一般要求达到一个像元；后者是指解译人员对地质信息识别的准确程度，取决于遥感地质调查程度、解译标志的正确性、遥感图像增强处理的有效性和解译人员的经验。

四、遥感异常提取

遥感异常提取一般采用ETM（或TM）、Aster或Hyperion等数据，在数据预处理、遥感异常提取干扰因素去除的基础上，采用以主成分分析法为主，光谱角法、比值法等为辅的方法，提取以Al—OH、Mg—OH为主的基团异常，Fe^{2+}、Fe^{3+}等变价元素异常，CO^{2-}_{3}异常，SiO_2异常等与成矿有关的信息，有条件时可提取蚀变（单）矿物。提取的遥感异常必须参照调查区若干类型已知矿床、矿点的统计特征光谱，利用光谱角法对全区异常进行逐次分类，分别提取相应类型矿床的（波谱特征）遥感异常。所有遥感异常区带，均应根据异常特征、成矿地质条件等进行找矿远景分级。调查区内至少80%的已知矿床、矿（化）点上出现提取后的遥感异常视为合格。

然后，应采用光谱角筛选法、光谱特征对比法、不同方法遥感异常比选法、成矿地质背景筛选法等进行遥感异常筛选。筛选后的遥感异常图上以单点异常居多，不出现大面积（10像元 ×10像元以上）的岩性异常、第四纪沉积物异常（具有找矿意义的除外）。

筛选后的遥感异常应根据地质背景、成矿条件、找矿意义等，利用人工包络线将若干空间位置紧密相连，成矿地质条件相近的遥感异常圈定在一起，根据遥感异常的不同强度、不同类型（羟基、铁染）的套合程度进行归类，并根据标准图幅号按照“从左至右、从上至下”的原则标明重点查证的异常区带号、异常号、经纬度坐标、找矿意义，为矿产检查提供依据。

另外，根据遥感地质解译结果和遥感异常信息，结合调查区矿产地质背景，开展初步的遥感找矿预测工作，从而提高野外实地调查的针对性。

五、野外调查

采取点、线、面相结合的方法进行野外实地调查。每个工作区必须有贯穿全区的与成矿作用相关的验证性剖面，全面反映区域成矿条件与地质构造特征。在重要成矿区带，针对区内不同类型的代表性矿化带、蚀变带均应有实测剖面控制。每个编图单位必须有野外观测点，并采集岩矿测试样品。通过野外实地调查，对遥感地质解译成果、遥感异常信息等进行野外查证和修改完善。

遥感地质解译成果的查证应着重研究地质体属性及地质界线的准确程度，查明由于地质体产状变化、岩性岩相变化、褶皱形变或自然地理景观变化等引起的影像特征变化特点，并补充、完善各种地质体、地质现象的遥感解译标志。不同遥感解译区的要求为：Ⅰ级遥感解译区以点验证为主，验证图斑不小于总解译图斑的5%，且要涵盖所有解译地物类型；Ⅱ级遥感解译区以线验证为主，对具有代表性地物应进行路线追踪验证，每个区应至少布置一条具一定代表性的验证路线，且要涵盖所有解译地物类型；Ⅲ级遥感解译区以面验证为主，1∶50000调查区网格密度为2000 m × 1000 m。

遥感异常野外查证以点验证为主，查明异常形成的类型与原因，对于矿化异常，辅以一定的测试和简易工程。总检查图斑不低于筛选后遥感异常图斑总量的10%。找矿预测成果的查证是在每个遥感找矿靶区布设多条路线进行调查，查明已有矿产和与成矿有关的含矿层、标志层、控矿构造、矿化带、蚀变带、遥感异常区和与成矿有关的其他地质体，并用GPS定点控制，含矿地质体应拣块取样。对于出露在地表及近地表的重要含矿层位、蚀变带、矿（化）带、矿（化）体等重点部位可以安排剥土、探槽和浅井揭露，刻槽取样，以不遗漏可能存在的矿化现象为原则。在野外调查工作完成的基础上，应编写野外调查简报，其内容包括野外工作概况、野外工作量概述、遥感地质调查精度及误差原因分析、拟采取的质量改进措施等。

六、综合研究与找矿预测

综合研究应对以上所有工作成果进行分析整理，并综合多元地学信息（遥感、地质、物探、化探等），以典型矿床遥感找矿模型研究为基础，在

GIS 技术的支持下，以遥感解译和遥感异常提取为主要手段进行遥感资料的再处理，通过多种比例尺遥感数据的综合分析，由小（比例尺）到大（比例尺），层层推进，客观地分析区域成矿、控矿规律，科学地确定遥感找矿远景区和遥感找矿靶区。

七、图件编制与报告编写

（一）成果图件编制

最终的遥感地质调查成果图件的编制必须在经过野外验收，并按照验收意见完成有关补充工作的基础上进行。编制成果图所用资料必须与各项原始资料和基础图件一致，图面表示内容必须客观真实，并正确处理好与周围邻幅的接图问题。

遥感地质调查成果图件的编制要严格遵循比例尺由大到小的原则。以西昆仑成矿带遥感地质调查工作为例，遥感地质调查成果图件主要包括区域构造–岩性遥感解译图（遥感地质解译图）、遥感异常图、找矿预测图。

（二）遥感地质调查报告编写

在完成上述工作的基础上，应编写遥感地质调查报告。报告编写应以工作区遥感地质特征为基础，依据所掌握的各种地质资料，系统详细地论述研究方法，地层、侵入岩、构造特征和填图单元划分依据及影像特征，使分散的地质现象从形成、发展、演化角度联系成整体，使之成为既可反映地质作用，又能表示时空关系，并且符合地质作用规律的理论总结。

第七章　遥感地质与遥感影像解译

第一节　遥感地质解译标志与地学分析方法

通过建立各种地质体和地质现象的影像解译标志，达到定性、定量分析和识别地物的目的，是遥感地质工作中的重要环节。遥感影像解译分为目视解译和计算机解译两种方法。在遥感地学研究中，由于目视解译结合了人脑的复杂思维作用，可以让解译者将地学背景知识、经验等与遥感影像相结合，进而获取多种专题信息，因此是遥感地质研究工作中不可缺少的一项基本功。将地学分析与遥感技术有机结合起来，一方面可以扩大地学研究本身的视野，促进地学的发展；另一方面可以改善遥感影像解译、分析地质体和地质现象的精度和深度。遥感解译即是从遥感影像中识别和提取某种信息，赋予特定的属性和内涵以及测量特征参数的专业化过程。通过建立影像解译标志，在地质学理论和知识的指导下，利用遥感技术，从影像上识别、分析地质体和地质现象，并圈定其界限，揭示空间产出状态、组合规律、成因联系等内容，分析成矿有利地段；经野外验证、修改完善，编绘相关遥感地质解译图件等，这一系列工作被称为遥感地质解译。要想获得较好的地质解译成果，首先要做好解译前的准备工作；其次要遵循一定的原则，选用合适的解译方法；最后应重视解译成果的实际验证和编绘成图。

一、遥感地质解译标志

遥感影像能够客观、真实地记录地质体的多种特征，包括几何特征和光谱特征，以及松散堆积物下一定深度的“透视信息”。一方面由于地物因各自物质成分、结构构造、物理化学性质和所处环境的不同，呈现出不同的外表特征，遥感成像时，探测器将地物的这些外表特征按照一定的投影规律如实地摄入画面，经过一系列信息处理后再现出来，从而构成遥感影像上各种形状、大小、影纹图案等特征。另一方面，不同地物反射、发射电磁辐射的能力不同，人们根据需要，有针对性地选择不同类型的遥感器和探测波段，将地物反射、辐射的电磁能量记录下来，在影像上表现为色调或色彩的差别。上述两方面使不同地物在影像上表现出的不同形状、大小、色调、影纹等，统称为影像特征。用来区分和识别不同地物或确定地物属性的特定影像特征则被称为遥感解译标志。解译标志可以分为直接解译标志和间接解译标志两类。直接解译标志是地物或地质体本身属性特征在影像上的直接反映，如形状、大小、色调（色彩）、影纹结构等。间接解译标志是指与地物的属性有内在联系，通过相关分析能够推断其性质的影像特征。例如某一地质体的岩性、构造特征可以通过地貌形态、水系格局、植被分布、土地利用、人类活动等影像特征间接地表现出来。直接与间接标志是一个相对概念，相互之间并没有严格的界限，同一解译标志对甲物来说是直接解译标志，对乙物则可能就是间接解译标志。需注意的是，不同的研究区域、研究领域建立和运用的解译标志并不相同，特别是遥感地质解译标志存在着局限性和可变性。遥感地质解译在不同地形、气候、岩性构造的不同区域，解译标志是多变的，因此必须建立工作区的解译标志。在地质解译过程中，常用的影像解译标志有色调（色彩）、形态（形状和大小）、纹理特征、地形地貌特征、沟谷水系、植被、土壤等。

（一）色调与色彩

不同地质体和地质现象吸收、反射、透射和发射电磁辐射的能力不同，在遥感影像上表现为不同的色调或色彩，因此解译者可以根据地质体在影像上表现出的色调（色彩）特征，判别其属性。色调、色彩是地物波谱信息构成的影像特征，而地物的形状、大小也都要通过色调显示出来，因此色调特征是地质解译中最常用、最重要的解译标志。

1. 色调在影像上的物理含义

色调的深浅在不同类型遥感影像上的物理含义不同。在可见光、近红外黑白像片上，色调的深浅反映地物反射光谱能力的大小，色调越浅反射能力越强。在热红外影像上，色调的深浅表示地物发射电磁辐射的能力不同，一般色调浅的辐射温度高。在雷达影像上，色调的深浅反映地物后向散射微波能力的大小，浅色调的后向散射能力强。

2. 色调、色彩影响因子

不同地物反射、透射和发射不同数量和波长的能量，在影像上则呈现出不同深浅的黑白色调或不同 H、I、S（色调、亮度、饱和度）的色彩。其与地物自身的物质成分、结构构造、含水性、风化程度、物理参数（包括温度、湿度、反射率、发射率、表面粗糙度、介电常数等）以及所处环境（包括地质地理环境、植被覆盖度、气象条件、太阳高度角、地形坡度和方位等）等因素密切相关。此外，影像处理过程、方法、显示设备等对色调、色彩也有影响，如感光材料的选择、洗印技术等因素对（航片）色调的影响较大；对于多光谱遥感影像，地物的色彩除受上述因子的影响外，还与彩色合成方法相关。

具体来说，上述因子对影像色调、色彩的影响如下：

（1）风化作用。通常其会使地质体的色调变浅，如超基性岩易于风化，常常不似理论上那样深色调。但也有一些岩石风化后色调会变深，如石灰岩风化后淋溶作用使孔隙、裂隙增多，地表粗糙度加大，造成在影像上色调变深。

（2）湿度。相同的地质体，湿度大的色调深，湿度小的色调浅。

（3）土壤和植被的影响。凡是土壤的颜色比较深者，影像的色调也深，反之色调浅；凡是植被覆盖的地区，在可见光像片上影像色调变深，植被稀少地层色调较浅。

（4）光照条件与地表结构（糙度）的影响。光照条件随着太阳高度角、季节以及摄影时间的变化而变化，光照条件改变使色调产生变异。此外，传感器入射角度不同，接收到同一水体反射进入镜头来的光量也是不相等的，因而同一水体在不同影像上色调也不一致；相同的影像，在同一条河流各个部位的色调也不是一致的。光照条件与表面结构的差异也会引起色调的变化，如同一岩石阴坡与阳坡上的色调是不相同的。

受上述因子以及“同物异谱”“同谱异物”的影响，影像上地物的色调变化是非常复杂的：不同的地物可以具有相同的色调，而同一物体也可以表现出不同的色调。在同一幅遥感影像上，即成像条件基本相同、物性相同的地质体理应有相近色调，实际上却往往不同，或差异很大。这是因为影像反映的是地表自然综合景观，而影像上的色调也必然是地物光谱的综合反映，即遥感影像存在“混合像元”问题，因而色调的深浅与地物的地面实测结果常出现不符的现象，其根本原因在于地质体的色调受上述一系列因素的影响。

由上述内容可知，影像色调存在不稳定性，解译时应做具体分析，不能仅仅依靠色调来识别地物。解译人员只有在了解影响色调的因素后，才可以把色调、色彩作为识别地物的重要标志。在地质解译中，把色调作为一个重要标志，主要是研究地质体间的色调差异和相互关系。如在干旱 - 半干旱区，利用色调差异，可以很好地追索岩层露头或勾绘地质界线。

3. 色调的划分

黑白影像上色调称为灰度或色阶。根据眼睛的识别能力将可见光黑白影像的灰度分为 10 级。

彩色红外像片上的颜色不是地物的真实颜色，色彩及浓淡的不同仅表示反射的强弱。在多光谱彩色合成影像中，不同波段组合形成的彩色，只是代表了不同地物反射特征的差别。人眼分辨色彩的能力比分辨黑白灰阶的能力强得多，可以分出百种以上色彩的变化，因此利用色彩特征进行地质解译是十分重要的。

如 WorldView-2 数据具有高辐射量化级、高空间分辨率、多波段的特点。其影像清晰度、信噪比比 ETM、Aster 数据更高。在影像上，构造、岩性信息所表现出来的色调、纹理特征十分明显。因此，在 1∶50000 甚至更大比例尺的遥感地质解译中使用 WorldView-2 数据具有明显的优越性。

4. 影像色调分析

地物在遥感影像上的色调虽然经常变化，但仍有规律可循。在地质解译中，常根据色调的深浅、色调 (色彩) 的均匀性、边界清晰程度等来描述影像的色调特征。

(1) 色调的深浅：影像上地质体的灰度大小，通常分为以下三种：

①浅色调 (亮)：指白 - 淡灰之间的色调变化。如冰、雪、干燥沙子；排水性良好、干燥的土壤，粗粒的、有机成分低的土壤，盐碱地和新开垦的耕地；大理岩、泥灰岩、石英岩、中酸性岩浆岩和松散堆积物。

②中等色调：指浅灰 - 深灰色调，如石灰岩、白云岩、石膏层、砂岩以及浅色花岗岩等。

③深色调（暗）：指淡黑 - 黑色，总体色调较暗，地物内部细节显示得较模糊。如排水不良的地面，含水性很高或富含有机质、粗粒物质的土壤；风化不深的煤层及含煤地层；铁染的褐色砂岩；含暗色矿物较多的基性、超基性岩浆岩等。

（2）色调的均匀性：影像上地质体内部色调的均匀程度，可分为以下三种情况：

①色调均匀：反映物质比较均一，地质体物质成分、含水量和结构变化不大。

②色调的规律性变化：出露面积较大的地质体，内部色调有时会出现规律性的变化。如侵入岩体的环带状色调变化，可能反映岩体内部的分带现象；沉积岩区的色调重复出现可能指示岩性地层的韵律性组合或褶皱构造的发育；变质岩区的条带状色调则可能指示不同的变质程度或变质相带；蚀变岩区的色调变化可能指示不同的矿化蚀变。

③色调紊乱：色调呈斑块状或不规则状，总体显得杂乱无章、无规律可循。斑状色调可能表示局部成分、含水状况的显著变化，结果出现一片暗一片亮的斑块状色调，如冰碛平原、冰水沉积平原、冻土沼泽等地区。此外岩体接触变质带、盐碱地段等也常呈紊乱的色调。

（3）边界清晰程度：指不同的地质体之间色调的差异程度。有两种情况：

①边界清晰：反映地质体之间界线分明，是截然不同的、突变的关系。如侵入岩体的边界。

②边界模糊：反映地质体之间的界线不甚分明，呈过渡的关系。第四纪松散沉积物或为细粒结构，或残积层较厚，以致色调边界模糊不清。

（二）地物的几何形态与空间特征

地物几何形态特征通常是指现实地物的三维特征在影像上的二维反映，包括地物的形状、大小；空间特征则主要指地物的位置、相互间的空间组合关系等。许多地质体、地质现象可以根据其在影像上的几何形态直接判断出来。在分析地物的几何形态时，只有将其与空间特征相联系，才能获得更具针对性的解译意义。如在相同的比例尺影像上，同是条带状的沉积岩层、作物和林带，可根据它们的几何形态细节、出现的位置、与地形的关系不同而加以区分。

1. 几何形态

不同类型的地物或地质体常有其特定的形状，因此地物影像的形状是目标识别的重要依据。遥感影像上地物的大小，既与影像的空间分辨率有关，也与地物本身尺寸有关。具有不同形状和大小的地物，可以从不同角度和目的，划分为各种类型和等级。一幅遥感影像上总是会出现各种地质体的形状，如岩层三角面，地貌的形状如山丘，其他地物的形状如道路、树林等。这些地物均由不同几何要素（点、线、面、体）所组成。例如一座山总是由几个面形的坡、线形的山脊所构成。在遥感影像上这些几何要素总是互相包含，密切不可分的。因此，识别形状大小的差异，区分高低、长短、曲直、陡缓、宽窄，并与色调、影纹、地形地貌等特征进行组合区分地物，是一个重要的解译内容。

2. 空间特征

地物、地质现象常有一定的位置，受地带性与非地带性因素的影响，其可以间接地反映许多遥感信息。如处在阳坡和阴坡上的树，可能长势不同或品种不同。又如同是花岗岩，在寒带风化地区形成石海冰缘地貌，而在亚热带化学风化地区则形成厚层红色风化壳，这不仅是区域地貌上的差异，还反映了水分、热量等的区域差异。

地物空间组合关系是指在遥感影像上，利用临近区域的已知地物或现象，根据地学理论，通过对比和“延伸”，对研究区的地质体、地质现象进行辨认和研究。该方法的主要依据是一种地物的存在常与其他一些地物的存在相关联，即事物是普遍联系的，因而地物空间组合关系是一个重要的间接解译标志。如熔岩流指示火山活动的存在；地层一定范围内的重复性对称出现可能指示区域褶皱的存在；在遥感影像上可以根据岩性变化关系推断水系是否反映断裂体系；可以利用冲积扇前缘推断地下水的出露带等。分析影像上地物的空间组合关系，要求解译人员具有较深广的地学知识和实践经验。

另外，随着比例尺大小、影像类型等因素的不同，同种地质体的解译标志会发生一定的变化，在解译过程中应予以注意。

（三）阴影

阴影是由地物形态和色调派生的解译标志，阴影也具有不同的形状、大小、方向。色调一般为黑色。在航片上，由于俯视成像而不易观察到的地物侧面形状，可借助阴影来加以判断。还可以借助阴影来测量地物的高度，判定航片的方位。

晴天时，高出地面的物体，或者物体本身起伏不平，总会出现阴影。在地质解译时，借助地物的阴影，有利于建立立体感，也能帮助我们观察到的物体侧面形态，弥补垂直摄影的不足。但地物的阴影常常掩盖物体的细节，给地质解译带来不利。阴影有本影和落影两种，其在地质解译中具有一定的指示作用，如在高级变质岩区，利用阴影可以区分节理和片麻理构造：节理由于切割地层深度较大，在影像上呈现出一定的阴影区；片麻理具有透入性，在影像上通常不发育阴影。

1. 本影

物体未被阳光照射的阴暗部分称为本影，即本身的阴影。在山区，山体的阳坡色调亮，阴坡色调暗，而且山越高、山脊越尖，山体两坡的色调差别越大、界线越分明，这种色调的分界线就是山脊线。因此，利用山体的本影可以识别山脊、山谷、冲沟等地貌形态特征。另外，由于地物有了阴面和阳面就会使人眼观察时产生立体感。按照人的视觉习惯，在观察影像时，将阴面（即北方）朝向自己得到的是正立体效应；若将阳面（即南方）朝向自己，则为反立体效应。山的阴坡、瓦屋的背阴坡、树冠的背阴面都是它们的本影。本影有助于获得地物的立体感。

2. 落影

地物投落在地面的影子为落影，即投落阴影。利用落影可以识别地物侧面的轮廓，如山脊形态、桥梁的孔数和结构类型等。落影还可以判明地物的高度，在航片的解译中，经常借助阴影来测量地物的高度。

太阳高度角度不同，能造成不同的阴影效果，太阳高度角过大，阴影小而淡，影像缺乏立体感；太阳高度角过低，则阴影长而浓，会掩盖很多地质内容，通常以 30°~40° 的太阳高度角比较有利。选择影像时应根据地区的纬度及地形特点，并注意成像季节和成像时间。地形起伏不大的地区，太阳高度角偏低一点较好，高山区则偏高一点较好。

(四) 沟谷水系特征

一个地区的沟谷水系特征除受气候因素影响外，还取决于该地区的岩性、构造、地貌形态等因素；而水系的演变则会保存一些地质构造历史演变过程的形迹。因此，沟谷水系的特征分析有利于对地形地貌、岩性、构造的解译。

一个水系包括的水道级别有很多，但在地质解译中，常用的是五级水道划分，1～3级水道都不是常年流水，只有降雨时才有流水通过，可称为1～3级冲沟。1级冲沟代表地表径流开始下切时所形成的小沟，规模较小；2级冲沟由两个以上的1级冲沟汇合而成，具有一定的规模；两个2级以上冲沟汇合成具有相当长度和宽度的3级大冲沟；4级、5级水道为常年流水，或季节性流水的较大河道，它们成为组成一个基本水系的主要干流。在大比例尺遥感地质解译中，着重解译研究区的岩性分布、构造发育时，1级、2级、3级冲沟的形态、密度、分布组合等最为重要，是水系分析中的重点。此外，水系是新构造活动存在的很好指示。遥感地质解译中的沟谷水系分析，通常通过以下几个方面来推断研究区的地貌、岩性、构造特征，包括水系的密度、均匀性、对称性、方向性、冲沟的形态以及水系类型。

1. 水系的密度分析

水系密度是指在一定范围内各级水道（主要指1级、2级或3级）发育的数量；但也有用相邻两条同级水道之间的间隔来表示水系的疏密的。水系密度的大小是由岩石的成分、结构、含水性及地形决定的。因此，通过对水系密度的分析，我们可以了解该地区的岩性、地貌特征。水系密度分为三种。

(1) 密度大（密集）：地表径流特别发育，形成密集的1级、2级冲沟（间隔小于100 m），冲沟密集、短而浅；反映岩石和土壤结构致密、透水性差、质地软弱、易被流水侵蚀。大片黏土、泥岩、板岩、粉砂岩、易碎片岩发育的地区，容易形成密集的水系。

(2) 密度中等：介于密集与稀疏二者之间，地表径流比较发育，间隔为100～500 m，地面有一定的坡度；反映岩石透水性较差、抗侵蚀能力中等，是比较多见的水系类型。透水砂岩地区多发育中等密度的水系。

(3) 密度小 (稀疏)：地表径流不发育 (间隔大于 500 m)，1 级小冲沟很少，沟谷长而稀疏，反映地表坡度均一、岩石坚硬、裂隙发育、透水性好。大面积出露的灰岩及松散堆积物地区多为稀疏水系。在遥感影像上对水系密度进行定量统计，可以为地质解译提供更为可靠的依据。统计时，可以测量规定范围内各级水道 (主要是 1 级、2 级、3 级) 出现的条数；也可以用单位面积内水系的总长度来表示。

2. 水系均匀性分析

水系的均匀性与岩性、构造有密切的关系，同时可以反映岩石的抗风化能力和裂隙发育程度。若区内地层岩性均匀而变化少，水系表现出均匀分布的特点，如大片花岗岩或是岩性接近的沉积岩出露地区；若地质构造复杂、岩性变化很大，水系则呈现出不均匀性，如冰碛物堆积地区的水系方向是杂乱无章的等。

3. 水系的对称性分析

水系的对称性常反映区域地形、大片岩层向一侧倾斜产出或区域性断裂的存在。如主干水系两侧的水流有时发育得极不对称，不同河段支流的发育也很不相同，个别地段如大峡谷两侧，有时相当长一段距离内几乎没有较大主流注入。这种不对称情况，常常反映河段的局部构造抬升或沿大破碎带发育成深谷等。

4. 水系的方向性分析

水系常受地貌和构造条件的控制，其方向主要反映区域山系的走向、岩层走向及构造走向。如在地面坡度和岩层产状平缓、岩性简单的情况下，水系的方向性不甚明显；在岩性均一，某方向构造占优势时，水系的方向性受构造控制明显。

5. 冲沟形态分析

地表径流汇合后，向下切割形成切沟和冲沟，沟谷的形态与被切割地区的岩性物质成分有关。黏土、粉砂质黏土地区冲沟横断面常呈浅 U 形；中等黏性土 (包括黄土、冲积粉砂土、细火山灰) 地区的冲沟横断面呈箱形；粉砂岩、砂岩、砂砾岩地区冲沟横断面呈 V 形。在纵剖面上，黏性土地区为均匀缓坡，中等黏性土地区为有陡有缓的复合坡，非黏性土地区为陡坡。

冲沟分析除注意纵、横剖面形态外，还应注意平面形态、长宽深等。冲沟的长度、宽度、深度都与其所在地区地表的物质组成的透水性、地貌发育年龄、水文特征有关。颗粒粗大、透水性较强的未胶结物质中的冲沟是短、深、窄；发育在细粒、低孔隙度、胶结的物质中的冲沟则长、浅、宽。

6. 水系类型

水系类型是指同一水系系统内，各级水道在平面上组成的形态和轮廓。水系的平面形态一般都是一定的图形，水系类型的划分主要是依据这些图形的形状来命名的。每种水系类型都反映了一定的地质构造环境，它们与岩性、构造、岩层产状和地形有着密切的关系。此外，水系对新构造活动反应很灵敏，对地质解译很重要。地质解译工作最重要的是分析最低级别的支流组成的水系图形，它们是由最末 1、2 两级细小支沟汇成的。常见的水系类型有如下几种。

(1) 树枝状水系是最常见的水系类型，各级水道自由发展，没有明显的固定方向。主要特点是次级水道与高一级水道以近似的锐角相交，一般为没有急弯的河道或直角交汇，多出现在坡度不大、产状平缓、物质差异不明显、岩性均一、构造简单的地区。

页岩、粉砂岩、泥质岩、黏土岩、黄土等细粒结构岩性区常形成密集型树枝状水系；不易风化、裂隙发育的花岗岩、变质岩、砂岩地区多形成中等密度的树枝状水系；透水性强的砂岩、抗侵蚀能力强的均质岩石，如花岗岩、玄武岩、砾岩以及古老的结晶岩地区常形成稀疏树枝状水系。但也不能一概以岩性而论，水系的疏密还与侵蚀基准面和相对高差以及地貌发育阶段有关。

树枝状水系有几种变种，它们是在特定的岩性或特定的地质地理环境中形成的。羽毛状水系是树枝状水系的变种，主要特点是主流粗壮，1 级水道细短、紧密且平行，如羽毛状。在黄土区最为典型，有时在含泥质很高的粉砂岩区能见到。钳状沟头树枝状水系总体也呈树枝状，但 1 级冲沟往往成对出现，在其交汇处形成虎钳状的沟头，多见于我国南方中新生代砂砾岩层及酸性侵入岩发育地区。形成钳状沟头的原因是块状岩石 (如花岗岩) 原生节理发育，在温暖多雨的气候条件下，均匀风化后形成圆丘状地貌，沿着丘状山包的边缘发育的冲沟便形成了钳状沟头。

(2) 平行状水系多级冲沟大致平行，并以近似的角度呈直线状与主流相交汇。受地形控制，多出现在稳定倾斜、岩性较均一、构造简单的地区。大型的平行状水系往往受区域构造线控制。小型的多发育在滨海平原、大的冲洪积裙、页岩或黏土地区、玄武岩流的倾斜地表、褶皱的翼部。在掀斜构造的倾斜面上、单斜山的一侧也会发育。

(3) 格状水系是一种严格受构造控制的水系，呈方格状、菱形格状或梳状。格状水系的 1 ~ 3 级水道均很平直并以直角相交，多沿断层、节理发育。主要出现在裂隙发育、坚硬而稳定的岩层中，如块状砂岩、花岗岩、大理岩等。我国武陵山、大娄山、巫山等地，就发育很多受格状构造控制的格状水系。此外沉积岩褶皱构造地区也常发育梳状水系。

格状水系也有几种变种：

菱形格状水系：冲沟顺着强烈破碎的节理面或软弱面发育，两个方向的冲沟呈锐角相交形成菱形水网。如广西东陵大片灰岩出露区，受 NW 向及 NE 向两组同等发育的共轭扭性节理控制，形成菱形格状水网。有时菱形格状水系表现为不对称，两个方向的冲沟不均等发育，反映了两组构造发育程度不同。

丰字形水系：其支流稀疏、相互平行、发育程度不等，与主流呈直角相交。如黑龙江被植被覆盖的震旦纪结晶片岩上发育的一种独特的丰字形水系，多半是沿断裂或片理发育而成。

角状水系：是树枝状与格状水系的变种。主流出现突然的直角或近于直角的转弯，支流呈直角或锐角与主流相交；主流的急转弯多受断裂控制。主要发育在缓倾斜的大片砂岩或灰岩区，平原地区有时也会出现角状水系。角度的大小和方向视岩性不同而异。如砂岩区发育互相平行的节理；灰岩区则发育彼此以锐角相交的节理，它们都形成一定形态的角状水系。其他如花岗岩、板岩、大理岩、燧石灰岩中也常发育一定形态的角状水系。

(4) 放射状水系水道呈放射状自中心向四周延伸。多发育在火山锥和穹窿构造上升区，沟谷一般切割较深，多呈 V 形谷，两侧常发育有短小的冲沟；侵蚀残山区也可能出现放射状水系。水流从四周向中心汇集的水系称向心状水系。多发育在构造盆地与局部沉降区，已被侵蚀的向斜转折端，干旱区的湖盆洼地或岩溶区的坡立谷等处。

(5) 常与放射状水系同时出现，共同组成车轮状水系。沿花岗岩穹丘的环状节理、穹窿构造上的岩层层理、片理，环绕高地等常形成环状水系。

(6) 其他类型：

扇状水系：发育于河流三角洲上的水系，局部发育于河流入海和湖口处、洪积扇、洪积裙上，水流沿着扇面地形突然撒开，形成细而浅的放射状冲沟，总体呈扇状。

辫状水系：多发育在宽阔的平原区，尤其是河流从山区突然进入平原区的河段最为常见。水流形成多条水道互相穿插、交织在一起，形成辫状或网状。

曲流型水系：主要由平原区河流的主河道发生曲流形成。在地壳抬升的山区，发展形成深切曲流。

倒钩状水系：其特点是支流多以反方向，即呈钝角与主流相汇合。这种水系是断裂控制的典型标志，或反映河流的袭夺结果。如云南小江北部支流尖山沟、泥浆沟、板河均由北东向南西呈倒钩状流入小江。倒钩状水系虽不常见，但它对于分析新构造运动有很大意义。

星状水系：在广大石灰岩或白云岩地区，特别是湿润气候的石灰岩区，地面满布着垂直呈漏斗状的溶洞、溶蚀洼地和溶蚀谷。地表河流有时潜入地下而为伏流，伏流又以泉水出露于地表。因之地表河流没有一个完整格局，许多大小积水盆地彼此分立，呈星点状，故称星状水系。星状水系是识别石灰岩的重要标志。此外，风蚀的基岩区、近期火山活动区、冻土地区都可能出现这样多个盆地组成的星状水系。

串珠状水系：由一系列湖泊和流入湖泊的干流、支流组成的水系形式。它发育在高寒地带，具有不透水的下伏冻土层。这种水系处于水系发育的幼年阶段。湖泊大多为构造湖。入湖的河流可为树枝状、羽状或平行状水系。

水系图形的分析，往往是地质解译的起点，勾绘河道和水系是解译的第一步。它也是一种能够敏锐地反映最新地质变动的一种解释标志，对于揭示现代地壳运动具有重要意义。由于影响沟谷水系图形的因素很多，它的可变性较大，主要受岩石抗风化抗侵蚀能力、孔隙度、可溶性、透水性，以及气候条件影响，地面坡度、相对高差、侵蚀基准面的不同，以及地质构造条件的不同影响，其他如植被分布、人工的改造、新构造活动等都可能使水系图形发生改变。因此，利用沟谷水系解译时，要善于分析其形成条件、影响因子及组合原因，结合其他各项标志综合考虑，弄清控制水系的主导条件、形成的地质条件，才能有助于解释岩性、构造特征。

（五）地形地貌

地貌形态是岩性、构造等在多种内、外动力综合作用下的结果。如沉积岩区，地貌形态多受岩性、构造共同影响；而在古老变质岩区，起控制作用的主要是断裂构造。岩石的抗风化能力通常由地貌形态反映出来，抗风化能力强的岩层形成陡坡、陡崖；抗风化能力弱的岩石形成缓坡、低地。如广西的花岗岩常被剥蚀成为缓坡低丘，并具有球状风化的微地形和馒头山的地貌特征。在不同的外动力条件下，如不同的气候、水文，同一岩性也可以形成不同的地貌。如我国南方的碳酸盐岩地区常形成典型的岩溶地貌特征；而北方的碳酸盐岩区，若岩层产状水平，地貌上多表现为嶂谷与桌状山；若是倾斜岩层，则表现为具尖棱岩层三角面的单斜山。由此可见地貌形态除与岩性有关外，也与构造、产状、地质发育历史、自然环境条件等有关。

一般来说大的地貌形态与大的构造轮廓有关，小的地貌形态多半反映岩性或小的构造特征。其形态特征可以结合形状、大小、阴影、色调等特征，从宏观和微观两个角度去观察分析。宏观地貌形态特征可分为山的形态、地形的相对高差、山体的规模大小和组合格局；微观地貌形态特征可从山顶形态、山坡形态、冲沟形态特征去观察和分析。

1. 宏观地貌分析

宏观地貌形态指高山区、中山区、低山丘陵区和平原区，通常具有不同的地质构造特征和地质发展历史。对于这些规模巨大的地貌形态，利用遥感影像可以方便地对其进行分析。通过研究山地的形态以及山脊之间的组合关系，可以了解小范围的地质构造特征。

（1）常见山地的形态可分为长条形和块状等，其组合形态又有平行的、羽状的、放射状的、格状的、不规则状（姜状）的、圆形的、椭圆形的、三角形的、肾状的、马蹄状的等。单个山体的形态更多与组成山体的岩性及外动力特点有关；山的组合格局更多地受区域构造特征影响；山脉的展布，则更多地反映了区域构造的轮廓。如断块山地是由断块差异升降造成，其边缘常发育区域性断裂；大型块状山地则常常是在断块构造的基础上发育起来的；熔岩高地是大面积玄武岩溢流的结果；长条状山地主要发育在沉积岩、变质岩地区，受强烈挤压运动影响，广泛发育褶皱、单斜构造及伴生断裂，主构造线方向与山体延伸方向大体平行。

(2) 山体间的组合关系是区域构造特征的反映。主干山脊相互之间是平行的、相交的，还是放射状或不规则状，都反映了岩性、地层和构造发育状况的差异。主干山脊与次级山脊之间的交切关系也是一项重要的分析内容，不同的交角能反映不同的构造特点。如主干山脊与次级山脊呈直角相交或具有一定的角度，则多半是断层、节理引起。山脊、山谷的突然中断、转折或错开，更是构造现象的直接表现。研究山体间的组合关系时，要与沟谷水系分析结合起来，因为它们之间有着密切的联系。此外，地貌形态的突变，正负地形的相间排列（如山地、盆地相间分布）也应引起重视，它们可能与区域性断裂或规模较大的断层有关。

(3) 山体规模的大小指山体底部的大小，它亦受岩性、构造、地貌发育年龄三因素的影响。

2. 微观地貌分析

(1) 单个山体的形态特征主要包括山体的规模大小、山脊的形状、山坡陡缓及对称性。山体的规模影响因素较多，而山脊、山坡和沟谷的形态与岩性、构造的关系较密切。

山脊（山顶）：对单个山体分析，其山顶形态可分为圆浑、半圆浑、尖棱、平顶等不同形态。重复出现的单个山体连续组合，可构成波状起伏山脊、锯齿状山脊、梳状山脊、平整连续山脊等形态。山顶是浑圆的，还是方的（平顶山）；山脊是平整的、尖锐的，还是锯齿状的，均与岩层的产状、岩石的均匀性及抗风化能力有关。如锯齿状山脊常常是坚硬的岩层由于节理、裂隙发育而形成。

山坡：山坡的形态亦受岩性、地质构造、地貌诸因素影响。山坡形态可分为线形平直的山坡、凸形山坡、凹形山坡、阶梯形层状山坡、不对称形单面山山坡等。直线形山坡可能是岩层层面的反映；阶梯形层状山坡，可能反映了软弱与坚硬岩层的不同抗风化能力；山体两侧的对称性在很大程度上反映了岩层产状的陡缓及岩层倾向与坡面倾向的关系；而不对称山坡可能为向斜或背斜的一翼组成的单面山。总之，对山坡形态的分析，可以为地质解译提供一些线索。

沟谷：沟谷形态是岩性、构造和地貌特征的综合反映。具体见沟谷水系分析。

(2) 微地貌 (地形) 形态的局部异常现象，尤其是当它们在平面上沿着直线方向连续出现或呈有规律的转折时，往往也是岩性变化或构造现象的反映。例如，山脊上的垭口、山坡上的陡坎或低洼带，就可能是断层通过点或岩性发生了变化。平原地区微地貌的变化有时有助于隐伏构造的解译。

总之，对地貌特征进行综合分析时，要充分考虑地形、岩性、构造、外动力间彼此的关系，还应注意到一些遥感影像本身直接显示的地貌现象和成因，如火山锥的地貌形态显示火山机构的存在；沙丘、洪积扇等本身就直接指明了地面松散沉积物的成因类型。它们既是地貌形态特征，同时又说明一种地质现象。研究地貌形态对各种构造区的地质填图十分重要，特别是微地貌的分析、山坡形态的研究可为地质解译提供重要的线索。

(六) 纹理特征

1. 概念

地物的影像纹理特征又称为“影像结构”“影纹图案”等。目前学术界尚没有一个统一的关于纹理的确切定义。通常认为，纹理是由按某种确定性的规律或只是按某种统计规律重复排列组成的。霍金斯认为纹理的标志有三要素：一是某种局部的序列性，该序列在更大的区域内不断重复；二是序列是由基本部分非随机排列组成的；三是各部分大致都是均匀的统一体，纹理区域内任何地方都有大致相同的结构尺寸。由于纹理在局部区域内呈现不规则性，而在宏观上表现出某种规律，是一种与空间区域相关的特征，只有在某个区域中才能反映和测量出来，这种复杂性使纹理的表述十分困难，因此通常用密度、均匀性、粗糙度、对比度、规律性、线性度、方向性、频率等描述纹理的性质。传统基于统计特征的纹理特征描述方法包括自相关函数、灰度共生矩阵、滤波模板、随机模型 (Markov 随机场模型、Gibbs 随机场模型)、分形模型等。

由于地物的千差万别，因此影像上的纹理特征也是多种多样的，很难进行完美的归纳。在遥感影像上，地物纹理特征的标志由点、斑 (块)、线 (条)、纹、垄、链、格、栅等影纹所组成，并有规律地重复出现而构成各种图案，这种影纹图案是地物的形状、大小、色调、阴影、水系、植被、微地貌、环境因素的综合显示。

造成纹理的主要原因是某些地物往往太小，单独识别困难，而这些同类地物的集合则会给视觉造成粗糙度或平滑度等。物体表面结构、光滑程度的不同反映在影像上会造成某些色调上或细小影纹图案的差异，如平滑表面具镜面反射的性质，粗糙表面对反射光则具有漫反射性质，因而物体的色调变深，颜色不够鲜艳。这些影像结构为解译大片出露的岩性和植被提供可靠的标志。影像的比例尺越小，影纹图案作为解译标志的重要性就越突出。

纹理是判译细小地物，特别是岩性、植被的重要标志，其可以宏观地反映大面积出露的某一种地物（如岩类）。如贵州省峨眉山玄武岩常成为“蠕虫状”影纹特征，这些影纹图案是地貌形态和水系沟谷顺一定方向排列，其上发育一些特殊的植被；切割的深度由于岩性的一致而相差甚微，且沟谷沿两组节理发育而具有方向性。这样的特征在影像上重复出现，组成峨眉山二叠纪玄武岩解译的一种岩性解译标志。又如含盐和石膏的古近系粉砂岩，其溶蚀地貌的海绵状纹理特征与新近系地层相区别。有时两个大的地质构造单元，由于岩性、构造、地质历史的不同（如一侧强烈抬升，一侧拗陷），使得区域地形地貌特征也不同；在小比例尺遥感影像上，就会显示为两个影纹图案的差异。

2. 纹理类型

纹理主要是以地物表面影纹结构组成的一种花纹图案作为岩性解译、构造信息提取的重要解译标志。在地质解译中，除水系花纹外，常见的影纹图案有如下几种。

（1）层状、条带状影纹：由层状岩石信息显示，主体反映地层类。按组合规律可细分为单层状、夹层状、互层状、不规则互层状及条带状等形式。如沉积岩层层理和褶皱构造所表现的条带状影纹。

（2）非层状影纹：由非层状岩石（主指岩体）显示。因岩石类型复杂，影纹结构形式表现不一，除边界形状描述外，对于内部影纹结构应根据具体图案自行命名即可。应注意的是，影纹结构特征不同，代表的岩性也不同。

（3）环状影纹：主要针对空间产出形态呈环状的影像体内部信息特征的描述，包括圆形、半圆形、连续的或断续出现的环状影纹，如岩体、火山机构、穹隆、环状断裂和环状节理等。其也可以作为岩性详细划分的一个依据。实践表明，同一侵入岩体内，其微细影纹结构的差异，常反映岩石结构的变化。实际应用中，应尽量结合工作区具体情况，按影纹结构特点命名。

(4) 圈闭、半圈闭影纹：指相同特征的层状影纹的对称分布，弧形圈闭或半圈闭，直接反映褶皱构造现象的存在。

(5) 其他影纹形式：

网格状：由两组以上的线性影纹互相穿插、切割所构成的影纹结构图形。主要反映两组或多组节理、裂隙、断层或岩脉的相互穿插、切割，如菱格状、肋骨状、方格状影纹等。

垄状：坚硬的沉积岩层、岩脉以及冰川终碛堤所形成的脊垄状影纹。

链状、新月状：是沙漠地貌的典型影像特征，新月状影纹在河漫滩沉积沙中也可出现。

斑点状：森林、植被所形成的麻点状影纹，点的稀密、大小与植被覆盖程度有关，也与影像比例尺有很大关系。

斑块状：影像特征是在背景色调（彩）上出现基本一致的其他色调的块状体（花斑），形状不规则，杂乱分布。其以不同颜色的斑块影纹图案显示地质体属性的差异，如岩体、盐碱地、沼泽、冰水沉积物堆积区等。在中、低分辨率卫星影像上，多期火山岩喷发区也会呈现这样的影纹。

叠置影纹：反映的是构造超覆现象。描述不同构造块体影纹结构的不协调性，如影纹斜交、色彩差异、边界性质等。

在对地物的影纹描述时，还会出现上述影纹外的其他图案，描述时可根据图案的实际形态，用人们熟悉的、生活中常用的图案名称加以描述。对于两种或两种以上的组合图案，可用组合影纹加以描述。由于地物的种类、规模、大小、物质结构及影像空间分辨率的差异，各种影纹图案都会有多种表现形式，因此为区分地质体还可进一步分析其影纹的结构特征，如影纹的粗细、大小、均匀性。特别是在小比例尺航片和卫星影像上，有很多地质体显示不出明显的影纹图案，此时，影纹的结构分析更显得重要。

3. 纹理分析

对于影像上的纹理，可以从两个层面进行分析：

(1) 根据其影像特征，主要从纹理的物理意义角度分析，包括纹理强度、密度、方向、长度、宽度等；或从其统计特征入手，用均匀性、粗糙度、方向性等进行描述，如疙瘩状、核桃壳状、锅穴状。

(2) 将纹理的影像特征与其物理意义相联系。如平原区的纹理分析，主要的分析对象可能是耕地、草地、林地等，因此纹理特征为规则或不规则的点状、格状或块状纹理；而山区纹理分析的主要对象可能是山脊线和沟谷水系，这种情况下，纹理强度、密度等与山体地貌、阴影、岩性关系密切。

(七) 土壤、植被

这里说土壤，包括岩石风化后残留在原地的松散残积层。不同岩性残积物不同，其上的植被发育程度也不同，因此岩石、土壤、植被三者关系密切；可根据其土壤的色调、成分、结构以及植被的发育状况推断下伏基岩的性质。

植物的分布与气候的地带性和由地形引起的垂直分带性及小气候特点有关。在不同的地貌部位上由于基岩和第四纪沉积物的岩性、粒度、含水性、地下水的矿化特点以及地质构造因素等的影响，引起植物群落外貌、种属、层级、密度、长势、分布规律和排列组合的生态畸形、宏观生态特征上的改变。因此植物在某些特定条件下，能作为地质解译的间接解译标志。解译时应注意总结这类规律，以发现更多间接地质解译标志。

1. 土壤、植被与岩性、矿产的相互关系

基性、超基性岩风化后不溶解的残积物少，土壤贫瘠，且因含铬、镍、铁、镁等元素不利于植物生长，植被不发育。中酸性岩浆岩风化后形成亚黏土或黏土，土壤肥沃，植被茂盛。泥岩、页岩风化后成黏土构成灰蒙蒙的一片缓坡，有利于阔叶树生长，色调均匀、单调。砂岩风化后形成砂土，多生长灌木和针叶林。泥岩和页岩上植被相比砂岩区为密。灰岩、白云岩风化后，大部溶于水的物质被淋溶迁移，残留的黏土层较薄，且呈酸性，植被不甚发育；在影像上，该处冲沟的色调浅灰。

植被的类型、长势、密度变化、选择性生长、局部异常 (繁茂或空白) 都可为地质解译提供信息，但要视具体情况而定，并且应当引入相关植物学的知识。如我国热带亚热带地区，马尾松、高山松和茶树多生长在酸性上的花岗岩和砂岩地区；而棕树、竹则多生长在钙质土的石灰岩山区；柏树耐干旱、喜碱性，也多生长在灰岩地区。植物的选择性生长，也是地质找矿的一种标志和依据。

土壤、植被还可以反映某些地球化学异常，或作为某些金属矿产的解译标志。如硅化、绢云母化、黄铁矿化地段的土壤，其颜色与周围明显不同。一般植物吸收了过多的汞、铜、钼、锌、锰等元素后会死亡；而金伯利岩筒上土壤富含氮、磷、钾，植被茂密，农作物高产。苏联曾利用在金伯利岩筒上植被比较繁茂的标志，在雅库斯克辨认金伯利岩筒寻找金刚石矿床，取得很好效果。

2. 植物分布反映的地质构造

植物的选择性生长有时也能为构造解译提供线索，例如呈线状、带状分布的植物群落可能反映了断层、节理、破碎带或两套不同性质岩层的接触界面。如断裂破碎地段，由于凹地内水分保存条件有利或地下水埋藏较浅，植被常呈线状沿断裂分布。沿断层崖两侧，植被因地势高低和土壤湿度的差异而不同。向斜区比背斜区植被茂密，因其地下水补给条件较为有利。盐生植物群落（猪毛菜群落）呈环状分布可能与埋藏的盐丘构造有关。某些岩层界面上植被生长也较密集，便于勾绘其走向和轮廓。如石灰岩与页岩的接触面上，通常植被较为茂盛，是由于那里是地下水出露的地带。

（八）其他解译标志

其他解译标志包括位置、水文标志、环境地质及人工标志、“透视”信息等。它们多属间接标志。

1. 位置

是指地物的环境位置以及地物间的空间位置关系在像片中的反映，也称为相关特征。它是重要的间接判读特征。

2. 水文标志

主要指陆地水水文特征，包括湖泊、沼泽、冰雪、地下水溢出地、温泉等，它们在一定程度上能反映地质体的成分、结构特征以及基岩及松散堆积物的含水性、渗透性。例如沿断层两侧地下水位的深浅及含水性常常是不同的；温泉、地下水的溢出点和溢出带，常与构造有关。

3. 环境地质及人工标志

历史上人类活动遗留下的与地质体有关的痕迹，如古代的矿井遗迹、冶炼遗迹、废矿渣堆等。现代人类经济活动的各种标志，包括地质勘探工作中探槽、探坑，地下采水工程、地热工程、大型塌陷，道路、建筑、农垦活动，历史考古迹象等，都可作为地质解译的间接标志。在使用时，上述的所有解译标志应当综合分析。

二、遥感地学分析方法

(一) 地理相关分析法

在一定的区域范围内，地理环境中的各种自然景观、地理要素之间存在着相互依存、相互制约的关系。它们构成了一个统一的整体——地理综合体，其中包含着广泛的能量和物质交换。往往一种事物的存在，反映另一种事物的存在；一种现象可以揭示另一种现象。地面自然综合体在遥感影像上的影像本身就是综合体内各环境因子的综合反映。所谓地理相关分析法，就是研究某个区域地理环境内各要素之间的相互关系、相互组合特征。在遥感影像解译过程中要通过对这些因子的特点及其相互关系的研究，从各个不同的角度来分析、推导出某个专题目标的特征，即寻找与目标相关性密切的间接解译标志，从而推断、认识目标本身。在相关分析中，首先要考虑与专题目标有关的主导因素。当主导因素在遥感影像上反映不明显时，可以寻找与目标有关且在影像上反映较明显的非主导因素，研究它们与目标的相互组合特征，从而确定专题目标的空间分布特征和属性。

一个地区自然环境的特点是由自然和人为综合因素决定的。在多种因素中，又会有一两个起主导和决定作用的因素。对于不同的目的，其主导因素是不同的；同一目的中，不同等级的分类系统，主导因素也可能不一样。例如土壤是岩石风化物在生物、气候、地形、人类耕作等因素综合作用下形成和发展的，它是这些因素的综合反映。运用遥感影像进行黄淮海平原土壤分类，主导因素应考虑两个方面：一是土壤发育主要受地貌类型的制约，山麓是洪积冲积土，平原是冲积土，沿海是海积冲积土；二是影像上反映的岗、坡、洼相间的微地貌形态。它们是由黄河和海河水系的河流多次改道决口以及频繁泛滥所形成的。因而不难看出：洪水造成水系变迁，形成平原微地貌，影响地下水的分布与埋深，制约土壤的形成过程与盐渍化，呈现“岗旱、洼涝、二坡碱”的规律，控制作物、植被的分布。所以，水是该区自然环境起决定作用的因素。对该区进行土壤遥感分析时，应充分利用地下水所传递的信息——地下水的变化引起土壤表层湿度和盐度的差异变化，选择干旱土壤返盐季节的遥感影像，同时选用对水反映最敏感的红外与微波波段的影像来印证。又如，植被是各种环境要素综合作用的结果，但在一定条件下，其中必定有对植被极敏感的主导因素。在唐山地区植被分类中，地貌是作为植被分类的主导因素。由于地貌的形态和地面物质组成具有明显的几何形态和光谱特征，因此可以从遥感影像上直接解译出山地、丘陵、平原和河流。根据地貌形态、光谱特征、当地农事历等相关信息，不难确定植被结构和生态序列组合状况，并确定其边界。5月中旬的唐山，平原上有田垄整齐的小麦、玉米、高粱地和果园，山地和丘陵分布有落叶阔叶树和针叶树。平原上因地下采空引起地面坍陷的部分，或积水成湖，或成沼泽洼地，为唐山独特的地貌类别，部分已利用起来种植水稻。沙河河道带内的沙地种植花生，沙岗被树固定，牛轭湖散布在河道的两侧。

（二）环境本底法

环境本底法，即了解一个地区的区域概况以及分析该地区地理环境的总体规律，在分析环境背景的基础上，搞清区域内正常的组合关系、空间分布规律和正常背景值，也就是搞清环境本底，由此寻找异常，并追根求源，找出异常原因，通过成因机制分析，在更大范围内寻找与异常有关的环境特征。这在遥感生物地球化学找矿中应用较多。

遥感生物地球化学找矿，就是通过对成矿背景的认识和成矿机制的分析来寻找异常。特别是通过矿化晕、地球化学元素迁移规律的研究，找出因地球化学元素异常而引起的植物、土壤等异常，寻找明显的异常标志，如指示植物、指示矿物等，利用这些异常现象来发现地下矿藏。

近地表的矿床和矿化地层，经风化后形成元素组的分散流和分散晕（矿化晕），从而造成地表元素的地球化学异常。过量的金属元素对植物的毒害和抑制作用，引起植物体内化学成分的相应变化，在植物形态和色泽上有所反映，出现明显的植物异常。当元素富集的量超过植物所能适应的范围时，就会引起植物生态的变异，呈现出植物组合、植物密度、植物长势等明显异常，可能使一些植物种属消失，而出现另一些特有的种属。

如中非著名的“铜花”是一种灵敏的有显著选择性的铜指示植物，根据它可以非常准确地追寻铜矿的踪迹；杜松是铀的指示植物；波希米亚的七瓣莲为锡的指示植物。典型的指示植物以草本植物为多，它们能富集某些元素，而且富集系数高，形态、色彩特别，“花”特异，通过彩色红外像片加以识别。遥感影像可以获得这种异常发生的时间、范围、强度等有用信息，利用植物光谱特征的变化，可作出植物异常图。再结合地面调查、采样分析、钻探证实、追根求源，不仅可以寻找到矿源和新矿化带，而且可以研究植物分布与地下矿化带之间的关系等，为进一步找矿服务。

常用环境本底法寻找和确定环境污染（如酸雨）和病虫害对森林植被造成的损害范围和程度。这在彩色红外像片上很容易把植被损害区与正常植物区区分开来。利用热红外影像研究地物热惯量差异，寻找热源体、热异常。热异常标志着巨大的热能源的存在，多与新生代活火山、岩浆作用有关，往往伴有热泉、热液矿床出现。放射性矿物所辐射的射线，经介质吸收后可转变为热能，例如铀矿体可视为热源体。由于它们有别于环境本底，在遥感影像上可以加以识别。

（三）分层分类法

在自然界，地球表面的景物表现出复杂多变的特点。人们不可能利用一个统一的分类模式，对区域景物进行识别与分类。处理这种景物高度复杂性的重要方法，是了解某个特定区域范围内景物中各种类别的总体结构，用信息树的形式表示总体结构中的分级顺序和不同类别之间的相互关系，也可以根据特定的目的把信息树中最感兴趣的部分描述得更详细。

遥感分层分类法就是根据信息树所描述的景物总体结构来进行逐级分类的。实际上是按照信息树的第一级所列的类别进行分类，然后按照信息树的分支继续进行下一级的分类，直到信息树的最终结点上的类别被判识出来为止。它与传统分类法的不同之处在于，它不仅是按层次一步步地分类，而且在层次间不断加入遥感与非遥感的决策函数，从而组成一个最佳逻辑决策树，得出满意的分类结果。

分层分类法运用分级逻辑判别方式，使人的知识和判别思维能力与影像处理有效地结合，避免出现某些逻辑上的错误的分类结果。由于复杂景物根据一定原则做了层层分解，因此在信息树的各个中间结点上只存在较少的类别，并具有较好的可分性。这样便于根据具体情况分别采取有针对性的分类方法，如特征选取、最大似然分类等。实践证明，分层分类方法在遥感数据分析工作中具有很大的潜力，可以提高信息提取能力和分类精度，还可以减少计算机处理的时间。

第二节　岩性地层遥感解译与分析

遥感资料记录下地壳表层各种岩性的波谱与空间信息。在遥感图像上解译出的岩性、岩类和岩性单元是“哑”的，得不到地质年代和地层顺序的资料，必须依靠已有地质资料和相应地面地质研究，才能进行岩性（岩类）编图。

一、地层角度不整合接触关系的解译

上下两套地层在地质历史上有过沉积间断或地层缺失，两套地层成一定角度相接触是角度不整合的基本概念。利用遥感影像具有宏观把握的特征，排除其为断层接触关系的可能性，进一步利用影像确认地层角度不整合的存在，可依据下列解译标志：

（1）区域岩性地层单元产状的标志及其变化。区域性产状不同的新、老两套地层走向线斜交；或同一岩性地层单元沿走向在不同地段分别与产状不同的其他影像单元相接触，接触面产状与上覆新地层产状基本一致。

（2）角度不整合的两套地层构造型式、构造发育强度、变质特点等不同。其在遥感地质上表现为：线性构造优势方向不同、线性构造密度不同、褶皱组合形式不同，变质与未变质等。

（3）地质上的上述差异，必然造成地貌景观分区、水系类型、影纹图案和色调色彩等影像特征的不同。

(4) 形成较早的地质体 (脉岩、断裂、褶皱、岩体等) 被较新的岩性地层单元所覆盖。

二、岩相变化的遥感分析

根据某个地层影像特征的变化，尤其是当沿走向方向变化有一定规律可循时，配合地质资料，可获取区域地层相变的一些信息，但需慎重。因为更多情况下，影像特征的变化是自然地理环境或成像条件引起的。根据安顺市的陆地卫星影像分析，从影像特征上可以看到西部三叠纪为层理较明显的碳酸盐岩，向东很快变为层理不太明显、色调也比较浅的碎屑岩系，中间为一条南北向深灰色的岩堤礁，是相变界线。这是我国比较有名的西南地区三叠系相变的遥感实例。

最后，要指出的是，基岩区的地层角度不整合接触关系和岩相变化的解译效果不佳，但松散沉积物与基岩的不整合接触关系以及松散沉积物的相变，其解译效果则相对要好。

第三节　构造遥感解译与分析

一、岩层产状解译与分析

地壳中各种层状岩石由于地壳构造运动而发生变位，引起岩层的抬升、下降、弯曲和倾斜，使岩层呈水平、倾斜、直立等产状。各种岩层的露头与岩层产状、地形切割、地层组合等密切相关。不同产状的岩层在影像上会呈现不同的地形地貌、水系类型等影像特征，是判断各类岩层产状的重要标志。在遥感影像上，通常使用岩层三角面来分析岩层产状。岩层三角面是指在遥感图像上同一倾斜岩层地表露头线上的最高点 (山脊点) 和与之相邻的两个最低点 (河谷点) 相结而成的一个假想三角形平面。岩层三角面是岩层风化剥蚀出露的实体上三点连接成的面，所以这个三角面的产状可代表岩层的产状，它是在遥感图像上判断岩层产状要素的最佳标志。它的形态受岩性和地形侵蚀形态的影响，遥感图像上可以是三角形、熨斗形、半圆形、半月形、梯形等形状，多个岩层三角面常沿岩层倾向形成叠瓦状影像，沿岩层走向断续相连形成锯齿状、波浪状或不规则的折线状。与倾斜岩层的层面一样，任何倾斜的构造面（包括断层面、节理面、不整合面等）在地表遭受切割后都会构成“三角面”（或“V”字形影像特征）。

二、褶皱构造解译与分析

在遥感影像上研究褶皱构造可以充分利用遥感影像的宏观、概略的特点，首先在中小比例尺影像图或镶嵌图上做总体观察，识别褶皱构造的总体轮廓，然后选取合适的部位做大比例尺立体观察，进行褶皱要素的解译和测量，从而分析褶皱的类型、性质，最后综合解译结果分析研究褶皱与其他构造的关系。褶皱构造解译的基本任务是：确定褶皱构造的存在。分析褶皱构造的形态类型和地质背景，将其划归为穹窿构造、构造盆地、短轴褶皱、线状褶皱等类型中的一种。研究褶皱的内部构造及褶皱的组合形态特征，具体内容包括根据褶皱的形态特征、两翼地层的产状及对称性、褶皱转折端产状，推断褶皱轴面和枢纽的产状；并结合野外查证确定褶皱类型，根据组成褶皱岩层的倾向和新老顺序确定褶皱的性质。研究褶皱构造与其他构造的关系并分析褶皱构造的形成机制。

三、线性构造解译和分析

在遥感地质解译中，线性构造的解译效果最好。应用遥感影像解译线性构造常常比常规野外工作更有效。因为，大型断裂构造的地面迹象可能是隐蔽的，野外很少能直接见到断层面的露头；此外，与隐伏和深部断裂有关的植被、土壤含水量及地表结构的变化很难在地面近距离观察中识别出来。但通过遥感影像的概括作用，可以使这些个别的、分散的迹象与线性构造联系起来，从而有助于识别出那些在地面工作中不易发现或遗漏的断裂构造，有效地弥补地面地质工作的不足，从而提高地质工作的精度。

线状形迹（linearfeatures）是指在遥感影像上由色调或地形地物所显示的沿空间某一方向有规律地展布的直线状或微弯曲的线状影像特征。它是一个只考虑几何形态而不具成因意义的术语。遥感影像上构成线状形迹的地表因素主要有：地质构造现象，如断裂、节理、区域性构造裂隙、岩层层理、片麻理、不整合线、岩脉以及岩层分界线等；自然的地形地物，如直线曲线状的山脊、沟谷、河流，平直的湖泊、海岸线，定向延伸的沙垅、沙梁，不同地貌单元的直线状边界等；人类工程，如运河、灌渠、铁路、公路、堤坝、输油管线、防护林等。

线性构造（lineament，线性体）是指在各种遥感影像上，被认为与地质作用有关的直线、弧线、折线状的线性（状）影像特征。强调的是其成因与地质作用有关，而不是专指构造。线性构造包括各种直线状或微弯的弧线状的地质界线。如岩性界线、岩相界线、不整合界线及岩层层理线、片理线、片麻理线、岩脉、矿脉等。断裂构造成因的线性构造包括有明显断裂位移的断层、断裂带，无明显断裂位移的破裂（节理带、劈理带、构造裂隙和构造破碎带），以及大型的地壳断裂、深大断裂、隐伏断裂等。

在遥感影像上，线性构造通常以控制当地岩性、岩相、地形地貌、水系发育特点等间接方式显示出来，并在遥感影像上表现为不同的色调、形态、地貌等，因此遥感影像线性构造解译主要从色调、形态、地貌发育等方面着手。

综上所述，对断层、断裂带、线性构造的解译应当有一个逐步深化的过程。即把那些在遥感影像上以各种影像特征显示出来的线性形迹，经解译认为它的存在与地质作用有关时，就可统称为线性构造。如果能找到某些断裂的影像标志和地质证据时，它就称为断裂或断层。当能确定其产状、力学性质的有关证据时，就可以给予具体命名，如某某正断层、某某左行压扭性正断层、某某韧性剪切带等。

第四节　遥感影像地貌解译及其应用

一、概述

遥感影像具体而细微地显示成像地段的地表形态特征，通过解译可以识别地貌的形态特征、分析成因类型以及划分地貌单元。此外，通过综合分析还能从时空两方面把握地貌的发展趋势和规律。从时间上识别哪些是正在发展，哪些是已经停止发展并正遭受破坏的地貌类型；通过多时相遥感资料分析，可以对其发展进行动态分析。从空间上，利用遥感资料很容易判别不同级别的地貌单元，类型的叠合，如高原上发育断陷盆地，盆地内又发育更低一级的岩溶盆地等。同时，一个地区的地形地貌与当地的岩性、构造有着密切关系，因此，它又是地质解译的重要标志。

为了达到综合解译分析的目的，解译时要掌握要领：

(1) 从区域地貌入手，了解区域地貌形成条件与成因，以及区域主要地貌形态特征。通过地貌形态的分析，全面系统地了解地形演化动态。

(2) 注意各种解译对象的相互关系，包括剥蚀地貌和堆积地貌的相互关系、地貌单体和组合形态的相互关系、宏观与微观地貌的相互关系、影像影纹特征与地貌类型的关系、地貌形态与地质体之间的相互关系，以及不同比例尺和不同类型影像上同一地貌形态解译标志的差异性等。

(3) 从正常地貌中识别异常地貌。异常地貌是指与正常地貌过程形成不相符合的地形形态，常与岩性构造密切相关。例如水系的支流与主流成钝角相交（正常的应当是锐角相交）的倒钩状水系；又如美国密西西比河中游的牛轭湖所形成的堤呈长条状，堤坡呈缓倾；但局部牛轭湖出现环形堤，堤坡为陡倾斜。经研究环形堤是隐伏盐丘构造造成的异常牛轭湖形态。

(4) 要对各种标志进行综合分析。如对非洲和阿拉伯半岛间曼德海峡的遥感地貌与地质进行综合分析，确认红海及亚丁湾是裂谷型海湾，表明现代阿拉伯半岛与非洲分别向北西及南东漂移。

(5) 尽可能进行不同类型遥感影像的对比解译分析，编制各种地貌图件。

二、流水地貌解译

地表流水是最主要的外动力地质作用之一。流水地貌是地表分布最广的地貌形态，其影像特征随着气候条件、地质条件、地势高低、植被类型，以及人类活动的特点而不同。

(一) 侵蚀沟及冲、洪积扇影像特征

1. 侵蚀沟

侵蚀沟是遥感影像上常见的地貌形态。它以线状影像特征显示，不同方向的侵蚀沟组合在一起，形成不同类型的水系网。侵蚀沟的形态特征和发育强度与岩性、构造、大气降水等因素相关。在岩性坚硬，胶结物致密，新

构造运动上升区，侵蚀沟呈“V”形，发育程度好。侵蚀沟的延伸长度取决于季节流水量，水量大，沟形切割深、沟壁陡而窄；水量小，沟形切割浅、沟短而壁窄。在岩性较软的地区，如岩性以钙质或泥质胶结，风化强烈，透水性较好的地段，侵蚀沟呈“U”形或开阔型。在砾岩地区侵蚀沟呈树干状；在砂岩地区侵蚀沟呈树枝状；在页岩或黄土地区侵蚀沟呈密集树枝状。侵蚀沟的形态特征往往受岩性、断裂、构造节理控制，形成菱形、卵形、直线形、宽带形和梯形等形态。在遥感影像上可以利用侵蚀沟的形态特征和侵蚀沟的稀密程度以及它们的方向性解译不同类型的岩石和构造。

2. 冲积扇和洪积扇

一般分布在山麓的下部和山谷的出口处，平面图呈扇形。通常情况下冲积扇的色调一般较浅、坡度较大、规模较小；洪积扇的顶部色调较浅、下部较暗、坡度较小、规模较大。在遥感影像上，依据影像色调、纹形和相对高度特征，可以划分出改为不同时期的冲、洪积扇。

冲、洪积扇是遥感影像上常见的地貌形态，在干旱气候地带和山麓交互地带尤为常见。洪积扇在遥感影像上，侵蚀沟沟口呈锥形或扇形，其规模大小取决于洪水的大小和物质来源的多少，当洪水大，物质来源丰富时，洪积扇大，反之则小。在影像上可以清楚地观察到洪积物的分带现象，由洪积扇的顶部到扇缘，不均匀斑状影纹逐渐变成均匀深色的影纹，在扇缘边侧局部有沼泽或泉的出现，表明洪积扇的物质由粗颗粒逐渐过渡为细粒。洪积扇的叠置关系往往反映新构造运动和活动断裂。如果山体发生间歇性上升，洪积扇呈串珠状；山体发生不均匀的倾斜时，洪积扇沿构造掀起方向发生迁移。当洪积扇下部隐伏着岩体，穹窿或背、向斜时，则洪积扇呈圆形、椭圆形。在山麓交互地带洪积扇呈线状排列。洪积扇的分流点呈线形时，表明洪积扇受隐伏断裂构造控制。因此在遥感影像上，利用洪积扇形态和叠置关系可以分析隐伏构造和活动构造。

干旱气候区，冲、洪积扇前缘常因为表面有盐碱而色调变浅。冲、洪积扇在山前连成一片的组合形态成为山前倾斜冲、洪积平原，但仍可看到扇间的交接洼地，在影像上呈现偏深色调。我国西北地区山麓砾石滩的砾石表面有时附有沙漠漆皮，因而色调深暗呈斑点状。

(二) 河流地貌影像特征

在遥感影像上河流呈不同形状的带状或线状影像。在高分辨率影像上，河流呈带状，影像特征清晰，可以直接判别河流的侵蚀和堆积地貌。在低分辨率影像上河流呈线状，可以判别河流流域的概貌和河流的变迁。在多波段彩色影像上根据影像色彩（色调）可以判别河水的混浊度、悬移泥沙和水污染等。利用多时相遥感影像可以研究河流演变的动态变化和古河道的分布等。如美国宇航飞船拍摄的影像，在撒哈拉沙漠中发现地下古河道，证明该古河道是古尼罗河，这项发现为改造沙漠成绿洲提供了水资源。我国在吉林西部大安一带，应用陆地卫星影像发现嫩江的古河道。在影像上古河道以断续的、弯曲的凹地呈现，凹地中发育沼泽、牛轭湖、盐碱化地。含水湿地呈深色，盐碱化地呈斑状浅色，在影像上形成花斑状的带状凹地。在凹地两侧有城岗，是古阶地。这一发现为吉林省改造干旱草原区和城市开发提供了有利条件。

1. 河谷

河谷由谷坡和谷底组成。在影像上，山区河谷的河床平直、河谷深切、冲积物不发育，其形态多呈“V”形谷。在平原区或山间盆地河谷的河床弯曲，呈曲流型或蜿蜒型。当河床弯曲愈大时，形成狭窄的曲流颈，经流水截弯取直，可以形成牛轭湖。在遥感影像上常用牛轭湖等标志恢复古河道的位置。构造上升区河谷呈线状弯曲，似古蛇盘谷。在下降区河谷的弯曲呈辫状或游荡型，如黄河下游孟津一带的河谷。

沟谷的平面图形和横剖面形态与岩性密切相关，因而在地质解译中不应忽视。此外与沟谷发育有关的滑坡、山崩等地质灾害现象，在影像上能够直观地反映出来，是水文工程和灾害地质研究的重要对象。

2. 河漫滩

河漫滩是谷底的一部分。在山区河漫滩不发育，宽度较窄呈带状。在平原区河漫滩呈片状，色浅，形态上呈心滩、方形、弧形、堰堤式等，并常见心滩发育。其表面植被发育，有沼泽、积水洼地成牛轭湖的残迹，在热红外影像上河漫滩呈深色。

3. 阶地

河流阶地在高分辨率影像上特征清晰。较老阶地表面常遭受破坏，年轻阶地保留完整。阶地是新构造运动的标志，解译时应注意阶地的级数、宽度、高度和同一阶地的延伸长度。

在影像上，河流阶地沿河流呈带状展布，阶面一般比较平整、连续，向河心或下游缓倾。阶面与阶坎间的地形和色调有较明显的差异，阶坎向阳时为比阶面浅的条带，背阳时阶坎为比阶面暗的条带。此外，不同类型的阶地可依据不同的影像特征区分：

侵蚀阶地：完全由基岩组成。色调一般较暗，而且多位于河流上游山区。

堆积阶地：完全由河流沉积物组成。阶面平整，色调浅而均一，其上常有耕地和居民点，多位于河流中下游。

基座阶地：阶地下部底座为基岩，上部为河流沉积物。阶面色调一般较浅，陡坎处色调深。基座阶地与堆积阶地相似，两者不易区分。

4. 河流三角洲

三角洲是入海（或入湖）河流末端的沉积体。采用多时相的遥感影像可以把三角洲的完整形态、形成条件和动态变化等全面地反映出来。对研究三角洲上河道的变迁、三角洲的增长情况、三角洲的消长动态、发展趋势、形成次序有较好的效果。此外，利用影像对三角洲进行分类，或识别三角洲各汊河向海口输送的泥沙流以及河口外海底沉积的水下沙滩等都有良好的效果。

河流三角洲的影像特征，因其类型不同而异。在我国最常见的有扇形三角洲和三角湾形的三角洲。扇形三角洲形成于弱潮、浅水、内海或海湾内的河口处（如黄河三角洲和恒河三角洲），它与含泥沙量大的河流相关。影像上三角洲扇面的色调深浅，是其形成先后、组成物质不同的显示。各汊河都呈程度不同的浅色调，它们是现代河床相松散沙砾的影像显示。有些扇形三角洲的外缘还有贝壳砂组成的离岸坝，其色调既浅而亮（如滦河三角洲）。三角湾形的三角洲形成于强潮外海的河口（如钱塘江三角洲），也有的形成于弱潮，但在进潮量大的外海的河口（如珠江三角洲）处，其形成以海洋因素（波浪、潮汐）占主导。三角洲堆积体仅分布在三角湾的喇叭口腔内，它们的形体比较狭窄，在小片三角洲之间及其前缘通常有许多沙洲和岛间水道。水道深槽部分由于水体流急质清而偏暗。水道浅滩部分由于水体流缓质浊而色调偏浅。还有一种三角湾形三角洲，形成于河流与潮流作用都很强烈的外海的河口。此类河流输沙量较大，三角洲的河口两侧有沙嘴向海伸出，口门处发育着顺流延长的河口沙坝。如长江三角洲就是由三角湾形三角洲逐渐淤填演变而成的。

河流三角洲一般呈扇形、三角形、鸟爪形和尖头形等，在彩色合成影像上能够清晰观察其形态特征和演变的痕迹。三角洲由陆地向海可分为三部分：海上三角洲、海下三角洲和三角洲前缘。它们的色调深浅不一，近河床地段色调较浅，汊河较发育，组成稀疏网状水系。在遥感影像上，形成时代较新的三角洲或新增长部分呈浅色调，植被生长较少，而形成时代较早的三角洲呈深色调，绝大部分被改造为耕地，植被发育。在彩色合成影像上，通过色彩和植被生长的差异研究三角洲上河道变迁和三角洲增长情况，对研究三角洲的消长和发展趋势有较好的效果。

三、冰川、冻土地貌解译

(一) 冰川地貌的影像特征

我国冰川以冰斗冰川和山谷冰川为主，主要分布在高山区。它的地貌形态主要有冰斗、刃脊和角峰以及“U”形谷、冰碛垄、冰碛丘陵、鼓丘和冰水扇等。在遥感影像上冰斗外形近似卵形或三角形，周围高，中间低，形成一个围椅状洼地。两个冰斗之间的山脊是刃脊，呈锯齿状。角峰是由两个以上冰斗交汇的山峰，形状似金字塔形，放射状山脊，山顶崎岖不平，如我国的珠穆朗玛峰。冰川谷谷底较开宽，谷坡陡峭，呈“U”形谷。在冰川谷中有垄状地形，如侧碛垄、中碛垄和尾碛垄。由于侧碛垄和中碛垄不易保存，在冰川谷中以平行冰谷断续分布的垄状地形显示。尾碛垄呈弧状或垄状地形垂直于冰川谷。尾碛垄色调深，在垄内侧有沼泽，垄外侧有扇形地形，称冰水扇。尾碛垄经受后期流水切割成丘陡状地形，最终的尾碛垄是确定第四纪冰期的重要依据。山谷冰川形成的冰碛丘陵规模小，一般情况下难以判别。

(二) 冰缘冻土地貌影像特征

冰缘地貌、冻土地貌与全球气候变化、道路建设等有着密切的关系。其与气候和植被密切相关，是指由寒冻风化和冻融作用形成的地表形态。冰缘冻土地貌带土层长期冻结，仅表层发生日周期和年周期解冻，因此，频繁的冻融活动是冰缘地貌带的特色。我国多年冰缘冻土地貌分布在东边北部地区、西北高山地区以及青藏高原地区，面积约占全国总面积的22.3%。其中，青藏高原冰缘地貌分布面积约占我国冰缘地貌分布总面积的74%。

冰缘冻土地貌主要地貌形态有石海、石河、多边形构造土、石环、冻胀丘等。我国长白山天池下发育的石河，在遥感影像上以长条状斑状影纹显示，它的两侧有河流侵蚀，色调紊乱，有粗糙感。石海则以斑状影纹呈现。多边形构造土是由土层冻结缩裂产生的，在高分辨率遥感影像上呈多边形或蜂巢状影像。当冻土由石质组成时形成石环，在远红外影像上冻土呈深色调、非冻土呈浅色调，而多边土呈浅色，其周围的裂缝呈深色。

四、岩溶地貌解译

岩溶又称喀斯特，具有独特的地貌形态，是优美的风景胜地。我国喀斯特地貌在南北方均分布广泛，这里主要以我国南方岩溶地貌为例进行介绍。由于碳酸盐岩景观主要与溶蚀作用有关，因而南方滇、黔、桂湿热地区与西北干旱地区相比，其景观特征与解译标志有明显差异。岩溶地貌的综合图形，在中低分辨率影像上呈斑块状、菱格状图案；在高分辨影像上呈丘、坑、沟交织的图案。

岩溶的溶沟在遥感影像上常以线状和网状呈现，受节理和断裂控制。在厚层灰岩地区节理发育差，网状稀疏；在薄层灰岩地区节理发育，网状密集。在两组节理或断裂的交汇处常发育漏斗或落水洞，其形态不一，形态有圆形、椭圆形或不规则碟形。在岩层坡度较缓，裂隙发育的部位，漏斗较密集。在构造背斜、向斜轴部或破碎带上漏斗呈线形条带状分布，因此它的分布规律成为解译岩溶地区地质构造的重要标志。

峰林、峰丛是一种基座相连呈簇状，而顶部分散成一个个山峰、成群分布的连山山峰。其影像色调为不均匀的斑块状，山体迎光面色浅，呈灰白色，多发育在中山地带的厚层灰岩中。在舒缓的褶皱构造区，峰林、峰丛呈星点状；在紧密褶皱构造区呈脊状展布。峰林之间常发育着漏斗和洼地。孤峰是岩溶发育的晚期产物，其形态似圆锥形，地形上呈单面山，它是判别岩层产状的标志。溶蚀残山和峰林，其形态取决于岩层厚度、产状和岩溶发育阶段。在高分辨率影像上可解译出各种形态的峰林，常见的有锥状峰林和筒状峰林，前者在倾斜岩层区发育，后者在水平岩层区发育。在中低分辨率影像上，它们呈深色调密集的斑点状图案，也有的呈“橘皮状”或“花生壳状”花纹图案。

溶蚀漏斗是石灰岩层上溶蚀成的圆形或椭圆形碟状洼地，在高分辨率影像上常呈大小不同的斑点状的图案。溶蚀漏斗在石灰岩层上总是或疏或密地成群出现。石灰岩成分越纯，断隙越发育、坡度越缓（便于降水下渗），则漏斗越密集，较大的溶蚀漏斗分布在断层或裂隙的交切点上，它们呈直线或格状展布。漏斗在岩层水平条件下（水平岩层、向斜或背斜轴部）轮廓为圆形；在岩层倾斜条件下，轮廓为椭圆形，长轴顺岩层走向延伸。成串展布的漏斗多在互层状石灰岩层或与其他不溶岩层接触处出现，有时顺破裂带发育。

溶蚀洼地是漏斗不断扩大或合并而成的一种比漏斗规模大、形状又不规则的封闭洼地，洼地底部因经常堆积有松散沉积而色调偏浅。它的直径可达数千米。洼地再扩大形成坡立谷，其面积可达几十平方千米或几百平方千米，形状不规则。坡立谷是一种比溶蚀洼地规模更大的与地质构造关系更密切的负地形。它们常被河流贯穿形成喀斯特湖，湖中常残留一些溶蚀孤山或残山。坡立谷盆地边缘常受区域线性构造控制，且发育有落水洞和残山，盆地中间发育有河流、峰林和松散沉积，前者色调多暗，后者色调较浅。沿石灰岩与其他岩层接触面发育的坡立谷呈长条形，谷形不对称，石灰岩壁陡，非石灰岩壁缓；沿断裂发育的坡立谷，谷底平坦亦呈长条形；沿向斜轴发育的坡立谷多呈梭形或椭圆形。

在石灰岩分布区的影像上，有时还可看到呈线状的断头河、断断续续出现的盲谷。分析盲谷、干谷、成串漏斗等在影像上呈线状展布的特征，可以确定地下暗河的存在。暗河、出水口和泉水在红外航片上显示冷异常。岩溶地貌除上述类型外，还有溶洞、暗河等，一般在影像上难以观察到，可根据热红外影像或其他间接标志推测其分布。

参考文献

[1] 曾令权，卢士华．工程测量 [M]. 北京：机械工业出版社，2023.
[2] 安庆，刘晓梅，褚喆．测绘工程与测量技术研究 [M]. 哈尔滨：哈尔滨出版社，2023.
[3] 杨学锋．工程测量 [M].3 版．武汉：武汉理工大学出版社，2022.
[4] 周建郑．工程测量测绘类 [M].4 版．郑州：黄河水利出版社，2023.
[5] 陈洁．测绘工程技术研究与应用 [M]. 延吉：延边大学出版社，2024.
[6] 廖世芳，李光，陈俊任．测绘工程与遥感技术 [M]. 长春：吉林科学技术出版社，2023.
[7] 朱小韦．工程测量 [M].3 版．郑州：黄河水利出版社，2022.
[8] 潘松庆，朱文军．工程测量技术 [M].4 版．郑州：黄河水利出版社，2022.
[9] 张伟红，王伟．工程测量 [M]. 郑州：黄河水利出版社，2023.
[10] 张军，周健，刘岩．摄影测量与遥感技术 [M]. 成都：西南交大出版社，2022.
[11] 安晓光，郭玲．航空摄影测量与遥感技术研究 [M]. 长春：吉林科学技术出版社，2023.
[12] 刘建军．现代测绘技术与国土资源信息应用 [M]. 北京：北京工业大学出版社，2023.
[13] 雷添杰，刘战友，赵英虎，等．无人机遥感技术与应用实践 [M]. 北京：中国水利水电出版社，2023.
[14] 闫利．低空无人机遥感技术与应用 [M]. 武汉：武汉大学出版社，2022.
[15] 赵双明．卫星摄影测量 [M]. 武汉：武汉大学出版社，2024.
[16] 彭望琭，周冠华，江澄，等．中国遥感卫星应用技术 [M]. 北京：中

国宇航出版有限责任公司，2021.
[17] 张熠 . 遥感传感器原理 [M]. 武汉：武汉大学出版社，2021.
[18] 王建宇，李春来 . 高光谱遥感信息获取 [M]. 武汉：湖北科学技术出版社，2021.
[19] 邵振峰 . 遥感图像解译 [M]. 武汉：武汉大学出版社，2022.
[20] 田淳，周丰年，高宗军，等 . 海洋水文测量 [M]. 武汉：武汉大学出版社，2021.
[21] 张敏 . 海洋探测技术实践 [M]. 哈尔滨：哈尔滨工业大学出版社，2022.
[22] 任杰 . 海洋观测技术 [M]. 广州：中山大学出版社，2019.
[23] 马丽娜，陈羽，陈伟 . 海洋技术综合实践 [M]. 北京：海洋出版社，2022.
[24] 赵建虎 . 现代海洋测绘（第 2 版）[M]. 武汉：武汉大学出版社，2023.